처음 읽어 보는
겐지모노가타리

はじめての源氏物語(著者:鈴木日出男)
Copyright ⓒ 1991 by 講談社現代新書
All rights reserved.
Korean Translation Copyright ⓒ 2011 by Geulnurim Publishing Co.

이 책의 한국어판 저작권은 일본의 講談社現代新書와의 계약으로 글누림출판사가 소유합니다.
신저작권법에 의하여 한국 내에서 보호를 받는 저작물이므로 무단 전재 및 무단 복제를 금합니다.

はじめての源氏物語

처음 읽어 보는
겐지모노가타리

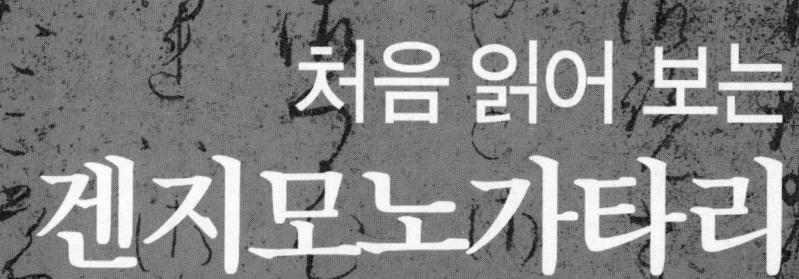

스즈키 히데오(鈴木日出男) 지음
김홍래(金弘來) 옮김

글누림

머리말

한국의 독자 여러분에게

　모노가타리라고 하는 문학형태는 서기 10세기초 일본문학사에 처음으로 등장하고 있습니다만 이것은 일본 고전문학 중에서도 특히 중요한 위치를 차지하고 있습니다. 모노가타리 문학은 어디까지나 인간세계의 이야기이면서도 이 세상에서 들어보기 힘든 희귀한 내용의 이야기로 구성되어 있습니다. 이 두 가지 요소를 갖춘 허구의 이야기이기에 인간세계의 다양함과 풍부함이 엿보이고 있습니다.

　11세기 초엽에 만들어진 『겐지모노가타리』에서, 주인공인 히카루겐지는 세상에서도 보기 드물게 수많은 사람들을 감동시켰던 이상적인 인물로 조형되고 있습니다. 히카루겐지는 이렇게 특수한 인물이기 때문에 수많은 사람들과 그물모양과 같은 다양한 인간관계를 경험하면서 절대적인 권력과 최고의 번영을 누리는 인생을 걸어가게 됩니다.

　그러나 이러한 인생의 한 장면 한 장면 속에는 자주 도대체 인간이란 어떠한 존재인가라는 과제가 엿보이고 있습니다. 영화로운 인생이라고는 하지만 그 이면에는 불안과 절망의 그림자가 잉태되고 있는 것입니다. 이것은 다름 아닌 인간의 보편적인 과제입니다. 이 모노가타리는 허구의 세계 안에서 이와 같은 특수성과 보편성을 매우 절묘하게 짜나가고 있습니다. 본 서적은 이러한 『겐지모노가타리』의 독특한 구조에 주목하고자 하였습니다.

　부디 이 서적을 통해서 『겐지모노가타리』의 재미를 조금이나마 느껴주시기 바랍니다.

―스즈키 히데오

차례

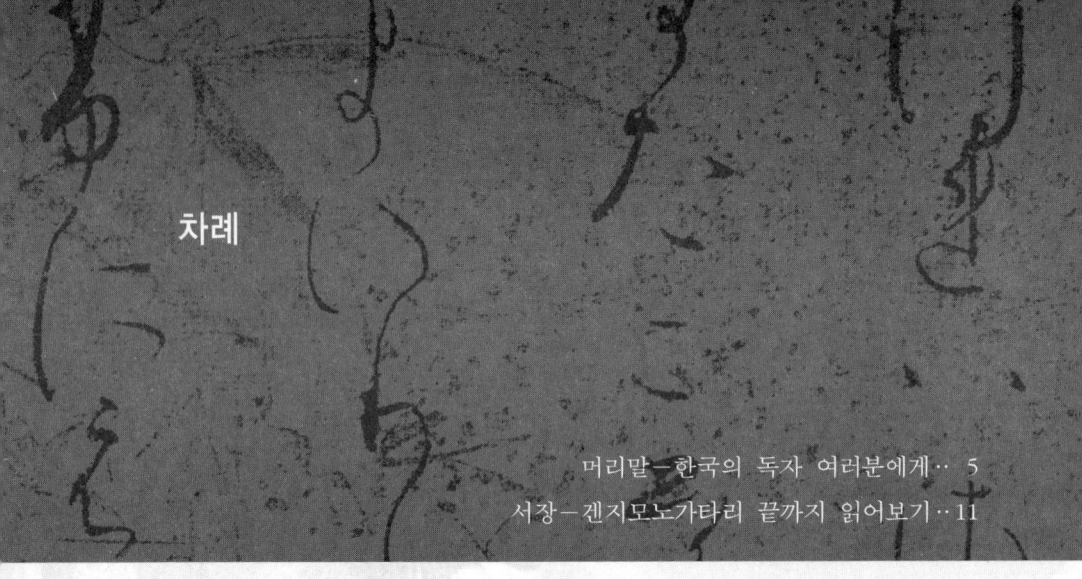

머리말―한국의 독자 여러분에게‥ 5
서장―겐지모노가타리 끝까지 읽어보기‥ 11

제1장 사랑의 카탈로그 = 겐지모노가타리

제1절 극한적인 사랑의 양식‥ 34
제2절 사랑과 권력‥ 44
제3절 '이로고노미'의 신화‥ 57
제4절 '모노가타리'가 만들어 나가는 자율의 세계‥ 69
제5절 심상풍경으로서 와카‥ 80
제6절 원작 겐지모노가타리는 있었는가?‥ 93
제7절 무라사키시키부의 시름‥ 103

제2장 히카루겐지의 여인들

제1절 후지쓰보‥ 123
　　　―이상적인 모성
제2절 우쓰세미・유가오・스에쓰무하나‥ 140
　　　―신혼의 구도
제3절 로쿠조미야스도코로‥ 152
　　　―애련 집착의 업보
제4절 아카시노기미‥ 163
　　　―인내와 굴종 그리고 영화

제3장 로쿠조인 저택의 세계

제1절 로쿠조인 저택 ‥ 180
  ─사계를 색색으로 물들인 구심적 공간
제2절 무라사키노우에 ‥ 196
  ─운 좋은 여인의 고독
제3절 온나산노미야 ‥ 207
  ─상대화되는 인간관계
제4절 가시와기와 유기리 ‥ 222
  ─피할 수 없는 숙명
제5절 방황하는 영혼 ‥ 237
  ─'이로고노미'의 구원

제4장 부록

제1절 줄거리 ‥ 253

『겐지모노가타리』_등장인물

히카루겐지 : 본 작품의 주인공. 기리쓰보 천황과 기리쓰보 고이 사이에서 태어난 왕자로 성인식과 함께 신하로 강등된다. 아름다운 외모와 뛰어난 재능을 겸비한 귀공자로 수많은 여인들과 사랑에 빠진다.

기리쓰보 천황 : 히카루겐지의 친아버지. 뛰어난 재능을 가진 히카루겐지를 중용한다.

기리쓰보 고이 : 히카루겐지의 친어머니. 후궁 여인들의 질투와 음해를 받다가 요절한다.

후지쓰보 : 선대 천황의 네 번째 왕녀. 죽은 기리쓰보 고이와 많이 닮아서 기리쓰보 천황에게 총애를 받는다. 후에 히카루겐지와 간통하여 왕자를 출산한다.

무라사키노우에 : 효부쿄노미야 왕자의 첩실 소생 딸로 후지쓰보의 조카딸이다. 히카루겐지는 후지쓰보와 닮은 그녀를 자기 저택으로 데려간다.

아오이노우에 : 히카루겐지의 정실부인. 좌대신의 외동딸로 도노추조의 여동생.

도노추조(후에 내대신) : 좌대신의 외동아들. 히카루겐지의 친구이자 아오이노우에의 오빠.

로쿠조미야스도코로 : 죽은 전 동궁의 아내. 당대 굴지의 귀부인으로 유명하다.

아카시노기미 : 아카시노뉴도의 딸. 히카루겐지가 스마 지방에 유배되었을 때 관계를 가진다.

우쓰세미 : 노령인 이요노스케의 후실. 히카루겐지와 관계를 갖게 된다.

유가오 : 원래 도노추조의 첩실. 히카루겐지와 관계를 맺지만 귀신에게 죽음을 당한다.

다마카즈라 : 도노추조와 유가오의 딸. 히카루겐지의 양녀가 된다.

스에쓰무하나 : 고 히타치노미야 왕자의 딸.

온나산노미야 : 스자쿠 상왕의 셋째 왕녀. 스자쿠 상왕의 배려로 히카루겐지와 결혼한다. 가시와기와 간통하여 남자아이를 출산한다.

가시와기 : 내대신(도노추조)의 아들.

유기리 : 히카루겐지의 아들.

스자쿠 천황 : 히카루겐지의 이복형. 고키덴노 뇨고와 우대신의 도움을 받아 천황에 즉위한다. 나중에 레이제 천황에게 왕좌를 양위하고 상왕이 된다.

레이제 천황 : 기리쓰보 천황의 열 번째 왕자. 실은 히카루겐지와 후지쓰보의 간통으로 태어난 자식이다.

서장

겐지모노가타리
끝까지 읽어보기

―겐지모노가타리 그림책, 「아즈마야 마키」

우지의 저택이 완성되어 우지를 방문했던 가오루는 우키후네의 소식을 전해 듣고 그녀가 숨어 지내고 있는 집으로 찾아간다. 오이기미와 꼭 닮은 그녀를 보면서 가오루는 감개가 무량하여, 그 다음날에는 오이기미와의 추억이 어려 있는 우지로 우키후네를 데려간다.

무료함을 달래는 소일거리

오늘날 『겐지모노가타리(겐지이야기)』는 세계적으로 널리 알려진 유명한 동양고전문학이지만 옛날부터 처음부터 끝까지 다 읽기는 어려운 난해한 작품으로 평가되어 왔다. '스마 겐지'라든지 '스마 되돌아가기'와 같은 말도 있는데 이것은 제12권 스마 마키(권) 근처에서 더 이상 읽는 것을 포기하거나 아니면 첫 권 기리쓰보 마키로 되돌아가서 다시 읽으려고 하는 것을 조금 야유해서 말하는 것이다.

『겐지모노가타리』는 확실히 읽기 어렵고 난해한 고전작품이기는 하지만 원래는 무료함을 달래주는 재미있는 읽을거리였다. 같은 시대 수필인 『마쿠라노소시』에는 '무료함을 달래주는 것'으로 '바둑' '주사위놀이'와 함께 '모노가타리(이야기)'[1]를 예로 들고 있다.

『사라시나일기』를 쓴 스가와라노 다카스에의 딸은 소녀시대 때 『겐지모노가타리』에 폭 빠져서 다음 이야기를 읽고 싶은 일념에 부처님에게 소원을 빌었다고 한다. 그리고 자신도 유가오처럼 아름다운 사랑을 하고 싶다던지 우키후네처럼 가오루 같은 멋진 남성과 결혼하고 싶다는 몽상에 잠기기도 했다. 또한 모노가타리를 읽은 뒤에 여자들만 따로 모여서 각자의 감상을 말하며 잡담을 나누는 것도 그녀들의 즐거움이었을 것이다.

개인적인 경험을 말하자면 대학에서 수업이 끝난 뒤 친목회 자리에서 "교수님은 겐지의 여인들 중 누구를 가장 좋아합니까?"라는 질문을 자주

---

1) 일본 문학사에 있어서 헤이안시대에 유행한 이야기 형식의 산문문학을 총칭하여 모노가타리(物語)라고 한다. 헤이안시대의 말로 모노가타리에는 이야기라는 뜻 이외에도 여자들의 잡담이나 아이들의 뜻 알 수 없는 말이라는 의미도 있다.

받게 된다. 그런 것을 평소 진지하게 생각해본 적이 없는 나는 상대방 얼굴을 유심히 바라보면서 임시방편으로 대답하기로 정해 두고 있다. 그렇지만 TV드라마나 잡지를 보다가 무심코 '이런 귀여움은 무라사키노우에의 소녀시절 같아, 이런 빈틈없을 정도의 고지식함은 아카시노기미 같구나!'라고 생각하게 된다. '그러고 보니 아까 본 요염함이 넘치는 젊은 여성은 오보로즈키요와 닮았을까? 나이 먹어서 젊은 남자를 가까이 하다니 마치 겐노나이시노스케 같구나. 잠깐 기다려봐 1월호 호화 그라비아 화보로 게재되다니 로쿠조미야스도코로 같은 느낌이잖아? 이것은 아사가오와 같이 융통성 없는 고지식한 여자네?'라는 식으로 얼토당토않은 품평을 늘어놓으면 뭇사람들의 빈축을 사기 십상이다.

마음에 드는 여인을 선별해서 상상하며 즐긴다던지, 현실 속에서 직접 보고 듣고 체험한 사람들을 이야기 속 여인과 비교하며 즐길 수 있는 것도 실은 『겐지모노가타리』의 여인들 대부분이 제각각 선명한 개성과 인상을 가지고 명확히 구별되어지는 존재들이기 때문이다. 한사람 한사람이 각각 외모, 성격, 나이, 신분, 언행을 기준으로 다양한 유형으로 구분되고 있다. 이와 같은 것도 '이로고노미'[2]의 영웅이라 할 수 있는 남자 주인공 히카루겐지가 차례차례로 수많은 여인들을 상대하며 다양한 여성 관계를 경험하고 있기 때문이다. 그곳에는 자연스럽게 여러 가지 이성 관계와 다양한 연애 형태가 나타나기 마련이다.

---

[2] 한자 '好色'을 일본식 훈으로 읽은 것. 그러나 겐지모노가타리가 만들어진 헤이안 시대에 있어서 '이로고노미'는 단순히 육체적 관계를 밝히는 호색한이란 의미가 아니라, 연애의 정취를 잘 알고 있는 사람 혹은 풍류를 잘 알고 있는 사람의 뜻으로 사용되고 있다.

돈 조반니와 히카루겐지

『겐지모노가타리』의 다양한 연애 형태는 사랑의 카탈로그라고 표현해도 좋다. 그러고 보니 모차르트의 유명한 오페라『돈 조반니』에 「카탈로그의 노래」라는 것이 있다. 방탕한 호색가인 돈 조반니가 지금까지 얼마나 많은 여인들과 관계를 가져왔는가를 하인인 레포렐로가 마치 자랑하듯이 노래하는 아리아다. 『겐지모노가타리』에 등장하는 고레미쓰를 약간 작게 만든 것 같은 남자이다.

"내 주인님이 사랑한 여인들에 대해 제가 만든 목록입니다. 한번 살펴보시죠. 저와 함께 읽어보시죠. 이탈리아에서는 640명, 독일에서는 231명, 프랑스에서는 100명, 터키에서는 91명 그렇지만 스페인에서는 이미 1003명……."이라고 노래하기 시작하여, 이곳에 열거된 것은 시골처녀, 도시처녀, 백작부인 등과 같이 모든 신분의 여성이고, 또한 금발여성, 감색머리여성, 은발여성, 혹은 뚱뚱한 큰 여성, 빼빼 마른 작은 여성 등 아름다워도 못생겨도 젊은 처녀에서 늙은 노파에 이르기까지라는 식이다. 이 책에서 다루는『겐지모노가타리』도 또한 여인들의 수많은 유형들을 모아두고 있다.

현대에 사는 우리들이 고전작품인『겐지모노가타리』세계를 처음으로 접하고 즐겁게 감상하자면 어떻게 하는 것이 좋을까? 어차피 중간에서 포기하고 다시 읽을 정도라면 처음 기리쓰보 마키에서 마지막까지 단숨에 다 읽어버리겠다는 생각은 접는 것이 좋다. 무엇보다도 작가가 처음 기리쓰보 마키에서부터 쓰기 시작했다는 증거도 없으니까.

우선 입문서나 안내서 같은 책으로『겐지모노가타리』전체의 구체적인 내용을 파악해 두는 것도 한 가지 방법이다. 이 책에서도 마지막에 『겐지모노가타리』 줄거리를 첨부해 두었으니까 참고하기 바란다. 그 다음에 후지쓰보도 좋고 로쿠조미야스도코로도 좋으니까 관심이 가는 여인을 중심으로 이야기를 읽어 보는 것은 어떨까? 모든 장면을 발췌하는 것이 귀찮다면 아주 유명한 장면만 선별해서 읽는 것도 좋다.

원래 『겐지모노가타리』는 한 장면 한 장면이 이야기 전개의 기본 단위가 되고 있다고 여겨지고 있다. 옛날부터 겐지그림이라고 총칭되는 일련의 회화작품이 만들어져 왔지만 이것은 이야기의 요소요소에서 손꼽히는 유명한 장면을 선별해서 그린 것이다. 예를 들어 로쿠조미야스도코로는 아오이 축제날[3] 히카루겐지의 정실부인에 의해 백주대낮 교토 시내에서 그녀가 타고 있던 소달구지차(牛車)가 부서져버리는 굴욕적인 장면이 있다.

이 소달구지차 싸움은 다음과 같은 이야기다. 로쿠조미야스도코로가 자신에게 차갑게 대하는 히카루겐지를 쉽게 포기하지 못하고 아오이축제 행렬에 참가한 히카루겐지의 화사한 모습을 한번이라도 보려고 나왔지만 정실부인인 아오이노우에의 하인들에게 험한 꼴을 당하게 된다. 무엇보다도 그녀가 분해했던 것은 히카루겐지가 결코 뒤돌아보지 않을 것을 잘 알면서도 미련을 버리지 못하고 있었던 자신의 모습을, 수많은 사람 중에서 다름 아닌 히카루겐지의 정실부인에게 발각되어 버렸다는 점이었다.

---

[3] 葵祭. 헤이안시대에는 새로운 천황의 즉위와 함께 천황과 국가의 안녕을 기원하는 무녀가 왕실에서 2명 선발되어 이세신궁(伊勢神宮)의 사이구(齋宮) 가모신사(賀茂神社)의 사이인(齋院)으로 임명되었다. 아오이축제는 원래 새로 선발된 사이인이 가모신사로 출발하는 행렬을 구경하는 축제였다. 현재는 매년 5월 15일 시민축제로 아오이축제가 열리고 있다.

뒤에 이것이 원인이 되어 마음에 병이 생기고 제멋대로 영혼이 육신에서 빠져나가 생귀신이4) 되어서 정실부인인 아오이노우에에게 씌우게 된다.

미련을 버리지 못하는 여인이라면 모차르트의 오페라에서도 돈 조반니가 뒤돌아보지 않게 된 귀부인 돈나 엘비라가 있다. 그녀는 악업을 거듭한 끝에 지옥에 떨어지는 돈 조반니를 향해 그래도 미련을 버릴 수 없다고 고백하며 자신을 '가련한 엘비라'라고 스스로 달래면서 나긋나긋하게 노래하는 부분이 있다. 로쿠조미야스도코로를 방불케 하는 이 아리아는 원작에서 보완되어 더해진 부분이다. 『겐지모노가타리』와 닮아서 작품 성립의 문제와 관계되고 있다.

자신만의 감상법을 가진다.

나 자신이 이 작품을 읽었던 경험을 되돌아보면, 처음 이 작품을 읽어본 청년시절 때 로쿠조미야스도코로의 무서운 집념에 놀라고 섬뜩한 생귀신에게 전율을 느꼈지만 나이를 먹어가면서 한 가지 생각에만 집착하지 않을 수 없는 여인의 슬픔을 통해서 세상의 덧없음을 사무치도록 이야기하고 있음을 깨닫게 되었다.

같은 작품이지만 그것을 수용하는 연령에 따라 확연한 차이를 보이게 된다. 이처럼 작품을 수용하는 독자의 성장 변화에도 유연하게 대응해주

---

4) 物の怪(모노노케). 헤이안시대 귀족들은 억울하게 죽은 사람의 영혼이 모노노케라는 귀신이 되어 사람들에게 재앙을 내린다고 믿고 있었다. 모노노케는 죽은 사람만이 아니라 산사람의 영혼도 귀신이 될 수 있다고 믿었다.

는 커다란 포용력이야 말로 위대한 고전문학의 매력이라고 할 수 있을 것이다. 이 고전작품은 어떠한 형태의 비판이나 분석도 허용하고 있다.

『겐지모노가타리그림집』에 실려 있는 겐지그림을 접해 보는 것도 좋다. 언뜻 보면 겐지그림 안에 그려진 인물들의 표정은 모두 무표정하고 서로 닮아 있는 것처럼 보인다. 그러나 실은 이것이야말로 겐지그림의 핵심적인 부분으로, 일본 전통극인 노의 가면과 같은 무표정한 모습이 사람들에게 자유로운 수용 방식을 가능하게 만들고 있다.

작품을 깊이 읽어 들어가다 보면 『겐지모노가타리』는 독자를 이렇게도 저렇게도 못하는 입장으로 이끌어간다고 한다. 책임감 없는 방탕한 호색가처럼 보이던 히카루겐지를 통하여 우리들은 인간과 인간세계의 허무하고 슬픈 진실에 다가가게 된다. 특정한 여인에 대한 열렬한 팬의식에서 시작하여 인간과 인간세계의 심원한 진실에 대한 감동에 이르기까지 모든 연령층의 다양한 감상방식을 이 작품은 허락하고 있다.

특정한 인물이나 유명한 장면을 다 읽었다면 이번에는 조금 크게 정리할 수 있는 마키(권) 단위로 읽어 가면 어떨까? 예부터 마키에 따라 나누어 읽는 관습이 있었다. 중세의 문관귀족들은 정월을 맞이하면 로쿠조인 저택의 정월 풍경을 그린 「하쓰네 마키」를 읽었다. 이런 식으로 계절에 맞춰서 읽어나가는 것도 하나의 방법이다.

그리고 이와 같은 시행착오를 거듭해 가던 중에 자기도 모르는 사이에 54권 전부를 완독했다는 경우도 많이 있다. 실은 본인도 이런 식이었다. 여기서 조금 저기서 조금 읽어 가는 식으로, 게다가 다양한 감상을 더하면서 찬찬히 음미하며 읽어 가는 것은 조금 과장해서 말하자면 인생을 자유롭게 살아가는 즐거움과 같다.

모노가타리의 계절

여기에서 '모노가타리라는 것은 무엇인가'라는 의문에 대해서 조금 언급하기로 하겠다. 서기 10세기 초엽 최초의 모노가타리『다케토리모노가타리』가 출현한 이래 10세기는 말 그대로 모노가타리의 계절이었다. 이 작품들의 주된 독자는 여성들이었지만 작가는 대부분 남성들이었다. 한시문에 능통한 남성 문인들이 말하자면 취미로 만든 문학작품이라고 할 수 있다.

남성 작가들은 뇨보의 입장에서 귀족가문 따님들에게 이야기를 들려준다는 설정 아래 허구의 모노가타리를 만들어서 히라가나문으로 적었다. 뇨보라는 것은 궁중이나 상류귀족가문에 고용된 중하류 귀족여성들로 시녀와 가정교사를 겸하고 있었다. 그 중에는 실제로 뇨보가 모노가타리를 귀족가문 따님들에게 직접 들려주는 경우도 있었고 듣는 사람의 이해를 돕기 위해 그림을 보여주는 경우도 있었다고 한다.

모노가타리는 여성들이 나누는 잡담을 기본형식으로 취하고 있다. 또한 모노가타리는 허구로 만든 이야기를 마치 옛날에 실제로 일어났던 사건처럼 말하는 것을 기본으로 한다. 모노가타리를 들려주는 서술자(내레이터)도 그 모노가타리를 듣는 청자도 똑같이, 자신들 주변의 일상과는 다르지만 이 세상 어딘가에는 있을 법한 이야기를 소재로 만든 모노가타리 세계에 폭 빠져 풍부한 상상력을 발휘하며 재미있는 상상의 세계를 같이 즐겼을 것이다.

11세기 초엽에 등장한『겐지모노가타리』는 남성 작가가 아니라 무라사키시키부라고 하는 여성에 의해 만들어진 방대한 모노가타리이다. 그

시점까지 만들어지고 오늘날까지 남아있는 작품으로서는 유일하게 여류 작가에 의해 만들어진 모노가타리이다. 물론 이 작품에서도 작가는 서술자로 가상의 뇨보를 설정하고 이 뇨보가 귀족가문 따님에게 모노가타리를 들려주는 형식으로 구성되어 있다. 모노가타리를 들려주는 형식이 작품 구조를 한층 심화시키고 있지만 이것에 대해서는 제1장 제4절에서 자세하게 다루기로 하자.

왜 난해한가?

『겐지모노가타리』는 서술자인 뇨보가 청자(독자)인 상류귀족가문 따님들에게 자세히 알기 쉽게 모노가타리를 들려주는 구조이기 때문에 현대의 우리들에게도 알기 쉽고 읽기 쉬운 작품이더라도 이상하지 않을 것이다. 그러나 실제로 현대 일본인이 이 작품을 쉽게 통독하기 어렵다는 것은 왜일까?

그 이유의 하나로 언어의 시대적 변천과 저항을 생각할 수 있다. 천년 이전에 사용되던 일본어의 대부분은 오늘날 현대 일본인들에게 그대로 의미가 통하지 않는 고어로 변해 버렸다. 예를 들면 '가련하다(ろうたし)', '불쌍하다(いとほし)', '싫다(うたて)'와 같이 현대 일본사회에서 거의 사라져 버린 말이 있는가 하면, '훌륭하다(めでたし)', '귀엽다(うつくし)', '이쪽이 창피할 정도로 훌륭하다(はづかし)' 등과 같이 말은 같지만 의미와 용법이 완전히 바뀌어 버린 말도 있다.

또한 경어가 복잡하게 사용되고 있다는 점도 오늘날 현대인들이 더더욱 다가가기 힘든 작품으로 만들고 있다. 하지만 이 경어는 인간관계를 나타내는 지표가 되기도 한다. 당시의 문장에는 누가 누구를 누구에게 라는 식으로 사람을 직접적으로 지칭하는 말이 극단적으로 적었다. 이것은 경어만 정확하게 구사하면 자연스럽게 그 인간관계를 알 수 있었기 때문이다.

헤이안 귀족사회의 연애와 결혼

『겐지모노가타리』가 난해한 이유는 고어에 익숙하지 않기 때문만이 아니다. 사회 습관이나 풍속도 오늘날과는 전혀 다르다. 여기에서는 모노가타리의 내용과 가장 직접적으로 관계되는 연애와 결혼에 대해서 다루기로 하자.

원래 귀족 집안의 여인들은 평소에도 칸막이나 발 뒤에 몸을 감추고 있었고, 외출할 때에도 발을 내린 소달구지를 이용하는 식으로 함부로 사람들 눈앞에 그 모습을 드러내지 않았다. 그럼에도 불구하고 귀족 남자가 귀족 여자와 연애할 수 있었던 것은 세간의 풍문으로 어디에 사는 누가 아름답다고 소문이 나서 알게 되거나 우연히 엿듣게 된 칠현금 연주소리나 우연히 발견한 필적에서 매력을 느낀다거나 우연히 담장사이로 여인의 모습을 엿보고 마음이 끌리거나 그도 아니면 누군가의 소개를 받아서 알게 되었기 때문이다. 특히 여인을 엿보는 행위는 남자의 연정을 강하게 자극하는 것으로 알려져 있어서 모노가타리에는 이러한 장면이 많이 설정되고 있다.

남자가 이윽고 구혼을 결심하게 되면 중간에서 양쪽을 이어줄 사람이 필요하게 된다. 이때 상대편 여인의 몸종인 뇨보를 자기편으로 만들거나 형제나 가까운 친인척을 달래서 연락을 부탁하는 경우도 있다. 교제는 남자가 여자에게 연애편지를 쓰면서 시작된다. 통상적으로는 화려한 색채의 얇은 닥나무 종이를 이용하여 쪽지편지를 만들어서 계절에 맞는 꽃에 끼워 보낸다. 처음에는 뇨보가 답장을 쓰지만 차츰 본인들끼리 편지를 주고받는 관계로 발전한다. 먼저 남자 쪽에서 와카5)를 보내고 여자가 그에 응해서 와카 답장을 쓴다는 식으로 와카를 주고받는 것을 기본으로 한다.

남녀가 관계를 가지고 결혼이 성립되면 남자는 3일 동안 계속해서 여자 집을 방문해야 한다. 남자는 저녁 땅거미가 질 무렵 여자 집을 방문하고 다음날 새벽 날이 새기 직전에 이별을 아쉬워하며 자기 집으로 돌아온다. 이것을 키누기누(後朝)의 이별이라고 한다. 집으로 돌아온 남자는 자기 집에서 바로 여자 집으로 키누기누의 편지를 보내는 관습이 있다. 신혼 삼일 째 되는 날은 부부가 떡을 같이 먹으며 축하한다. 이것이 미카요(三日夜)의 떡 의례다.

그 다음에 여자 부모가 결혼성립을 발표하는 잔치를 열고, 처음으로 두 사람의 결혼이 세간에 공식적으로 인정받게 된다. 이 잔치를 도코로아라와시(露顯)라고 부른다. 히카루겐지는 평생 무라사키노우에를 가장 사랑하며 소중히 대했지만 미카요의 떡 의례만 치루었을 뿐 도코로아라와시는 없었다. 원래 효부쿄노미야 왕자의 첩실 딸자식인 무라사키노우에

---

5) 和歌. 고대부터 전해져 내려온 일본의 전통 정형시. 5 7 5 7 7 형식으로 만들어진다.

에는 친아버지의 허락도 없이 아무도 모르게 히카루겐지 저택에서 기거하게 된 것에 불과하다. 나중에 히카루겐지에게 온나산노미야가 시집왔을 때 자신은 정식으로 결혼 절차도 밟지 않았다고 회상하면서 새삼스럽게 자신의 덧없는 숙명을 깨닫게 된다. 고대 일본사회에 있어서 결혼은 도코로아라와시와 같은 절차가 무엇보다도 중요했던 것이다.

당시 귀족들의 결혼은 남편이 아내의 거처를 자유롭게 오가며 동거하는 것으로 시작된다. 이러한 결혼형태 때문에 사위맞이결혼[6]이라고 불린다. 그러나 수개월 혹은 수년 이내에 남편이 아내를 자기 저택으로 데리고 와서 같은 저택에서 생활하게 된다.

또한 신분이 높은 상류귀족사회에서는 일부다처인 경우도 적지 않았다. 그러나 이러한 일부다처제는 서민은 물론 신분이 낮은 중하류귀족들에게 그다지 일반적이지 않았다. 많은 아내를 같이 데리고 살기 위해서는 그만큼 상당한 재력이 필요했기 때문이다. 그러나 아무리 상류귀족사회의 관습이라고 하더라도 그곳에는 처첩들 사이에서 펼쳐지는 다양한 질투와 증오가 자연스럽게 스며들어 있었을 것이다.

물론 천황이 기거하는 궁중에 입궁하는 것도 결혼의 한 형태라고 할 수 있다. 천황의 부인에게는 뇨고나 고이 등의 신분차가 있지만 이것 또한 일부다처제의 변형이다. 상류귀족들은 자기 가문의 딸자식을 입궁시켜 천황과 친인척관계를 맺음으로써 절대적인 권력을 쟁취하려고 획책하였다. 원래 귀족의 결혼에는 정략결혼의 요소가 강하고 개인적인 결합보다는 가문과 가문의 결합을 중시하였다. 궁중에 입궁하는 것은 이러한

---

6) 招婿婚. 남편이 아내 집을 오가며 부부관계를 이어가는 결혼 형태. 데릴사위와는 다르다.

결혼의 정치적인 측면을 잘 보여주는 가장 좋은 사례이다. 또한 좁은 귀족사회에서 신분에 상응하는 결혼이 이루어지고 있었기 때문에 사촌 끼리나 삼촌과 조카가 결혼하는 근친혼적인 요소도 강했다.

현대어로 읽어보는 『겐지모노가타리』

지금까지 보아온 것처럼 『겐지모노가타리』의 세계는 언어, 풍속, 습관에 있어서 현대 일본인들과 상당한 인식의 차이를 보이고 있다. 이와 같이 난해한 작품을 알기 쉽게 해석하고 설명하기 위해서 오래 전부터 주석서의 개발이 활발하게 이루어진 것은 극히 당연한 일이었다. 오늘날 구하기 쉬운 주석서를 출판년도에 따라 간단히 소개하기로 하자. 모두 헤이안시대 원문에 주석을 달고 있다.

이케다 키칸 주석의 『고전전집』(전7권, 아사히신문사), 야마기시 도쿠헤 『고전대계』(전5권, 이와나미서점), 다마가미 다쿠야 『겐지모노가타리 평석』(전12권, 가도가와서점), 아베 아키오·아키야마 켄·이마이 겐에이 주석 『고전전집』(전6권, 소학관), 이시다 조지·시미즈 요시꼬 주석 『고전집성』(전8권, 신조사), 아베 아키오·아키야마 켄·이마이 겐에이·스즈키 히데오 주석 『완역 일본의 고전』(전10권, 소학관), 아베 아키오·아키야마 켄·이마이 겐에이·스즈키 히데오 주석 『신편고전전집』(전6권, 소학관). 또한 에도시대에 널리 유포된 기타무라 기긴의 주석서 『고게츠쇼(湖月抄)』는 옛날 국학자들의 주석을 잘 정리해 두었기 때문에 오늘날에도 해석을 심화시키기 위하여 많은 참고가 되고 있다. 입수하기 쉬운 것은 이쿠마 나

츠키 주석 아리카와 다케히코 교정 『증보 고게츠쇼』로 강담사학술문고에서 출간되었다.

『겐지모노가타리』를 통독하는 데 있어서 위와 같은 주석서를 길잡이로 삼아 원문을 찬찬히 읽어가는 것보다 더 좋은 방법은 없다. 이 경우 현대 일본어 번역문도 참고가 될 것이다. 현대 일본어 번역문을 매개로 하면서 원문과 비교 대조하면 된다. 상기한 저서들 중에 『겐지모노가타리 평석』, 『고전전집』, 『완역 일본의 고전』, 『신편고전전집』에는 현대 일본어의 전문 번역문이 들어있다.

또한 이런 주석서는 너무 번거로워서 싫고, 도중에 포기하지 않고 빨리 다 읽어버리고 싶은 사람에게는 현대 일본어로 번역된 책으로 통독하는 것을 권한다. 이미 고전적인 명번역서가 된 요사노 아키코 번역(가와데서방신사), 타니자키 준이치로 번역(중앙공론사)이 있다. 전자는 원문직역이 아니라 간결한 의역이지만 매우 알기 쉽게 번역되어 있다. 후자는 원문직역으로 매우 유려한 번역문이며 이것만으로도 하나의 작품이 되고 있다. 그러나 원문에 밀착되어 번역되고 있다는 점에서 조금 난해한 부분도 있다. 또한 엔지 후미코의 번역서(신조사)도 유명하다. 뛰어난 번역서인 것은 새삼스럽게 말할 필요도 없지만 주석이나 해설적인 요소도 포함하고 있어서 알기 쉬운 번역문이다[7].

---

[7] 한국어로는 유정 번역서(전2권, 을유문화사), 전용신 번역서(전3권, 나남출판), 김난주 번역서(전10권, 한길사)가 있다.

원문의 매력

　현대 일본어 번역서만이라도 읽어보라고 앞에서 기술했지만 이해를 심화하기 위해서는 역시 원문과 친숙해지지 않으면 안 된다. 번역문은 어차피 이해를 위한 매개에 불과하다. 독해의 즐거움을 더해주는 것은 모노가타리의 내용을 단순히 안다는 차원에 머무르는 것이 아니라 이 모노가타리의 문장이나 언어의 힘이 우리들의 상상력을 어떻게 자극하는가를 안다는 것이다. 이것은 원문과 직접 대면하지 않으면 느낄 수 없다.
　여기에서 한 가지 용례를 들어보자. 기리쓰보 마키의 한 구절로, 기리쓰보 천황이 죽은 기리쓰보 고이와 쏙 빼닮은 후지쓰보를 입궁시키기까지의 경위를 말하는 부분이다.

　　기리쓰보 천황께서 세상을 덧없는 것으로 생각하게 되셨을 무렵에 선왕의 네 번째 공주님이자 외모가 뛰어나게 아름답다고 소문이 자자하신 분으로(a), 친모이신 대비마마도 또한 특별히 소중하게 돌보며 키우시던 그 분을(b), 천황을 가까이에서 모시는 덴나이시노스케는 선왕 때부터 받들어 섬기던 사람으로 친모이신 대비마마 거처에도 친밀하게 자주 찾아뵙고 있었기 때문에 이 네 번째 공주님도 어릴 때부터 봐와서 지금도 가끔은 잠시 만날 기회가 있어서······.

　　　　　　　　　　　　　　　　　　　　　　―「기리쓰보 마키」

　상기한 문장은 전체가 덴나이시노스케의 말과 행동을 중심으로 정리되어 있는 장문의 한 구절이지만, (a)와 (b)가 나란히 병렬되면서 '······그분을'의 문절을 형성하면서 다음 문장에 연결되고 있다. 전체 문맥에서 보면 (a)를 삽입구로 볼 수도 있다. 이 모노가타리에는 이런 식의 삽입구가 곳곳에 박혀 있기 때문에 자연히 복잡하고 난해한 문장이라는 인상을 주게 된다.

그렇다 하더라도 왜 (a)에서 미모의 왕녀로 평판이 자자한 것과 (b)에서 친어머니인 대비마마가 가장 애지중지하는 공주님이라는 것이 중복되어 병렬되지 않으면 안 되는 것일까. (a)는 후지쓰보의 입궁을 실현시키기 위한 필수적인 조건이지만, (b)에는 어떤 의미가 있다는 것일까? 실은 상기한 장문 뒤에 다음과 같은 문장이 이어지는 점에 주의한다.

> 친모이신 대비마마는 "어머나 무서운 일이군요. 동궁의 친모께서는 실로 심술이 고약해서, 기리쓰보 고이가 노골적으로 업신여김을 당한 전례도 꺼림칙한데."라고 조심하시며 쉽게 결심하지 못하시던 와중에 이 대비마마도 돌아가시게 되었다.
>
> ―「기리쓰보 마키」

친어머니인 대비마마는 공주님(후지쓰보)를 너무 애지중지해서 쉽게 입궁시키지 못하고, 한편으로는 고키덴노 뇨고(동궁의 친어머니)가 기리쓰보 고이(히라루겐지의 친어머니)를 학대했었던 것을 상기하고 있다.

(a)가 후지쓰보의 입궁을 추진하기 위한 필요조건인 것에 비하여, (b)는 반대로 그것을 약화시키는 요건이 되고 있다. 이러한 (b)의 요건이 강하게 작용하는 한 후지쓰보의 입궁은 불가능하게 된다. 그러나 뒤에 이어지는 문장에서 친어머니인 대비마마의 죽음을 설정하고 이에 따라 후지

쓰보의 입궁을 실현시키고 있다.

　모노가타리의 이야기 전개만으로 따지자면 친어머니인 대비마마가 처음부터 죽어 있었던 편이 입궁시키기 용이했다. 그러나 이와 같이 공주님을 애지중지하는 대비마마가 건재하고 입궁을 결심하지 못한 채 죽었다는 조금 제자리를 맴도는 듯한 경위를 설정함으로써 실은 모노가타리 세계에 극적으로 긴장된 현실성을 만들어 가게 된다.

　후지쓰보 입궁에 관하여 그녀가 비견할 수 없이 뛰어난 미모의 왕녀였던 사실과 친어머니인 대비마마가 애지중지하던 공주님이었다는 사실은 이 모노가타리 세계의 현실성을 끌어내기 위해서 똑같이 중요한 것이었다. 이 때문에 문맥은 한편으로 (a)를 삽입구로 다른 한편인 (b)와 병렬되게 하는 복잡한 구성을 가지게 된다. 다면적으로 겹쳐지는 복잡한 문맥을 통하여 자연스럽게 사건의 진상이 드러나게 하고 있다. 이와 같은 삽입구에 의한 복잡한 문맥의 매력도 실은 원문과 직접 대면함으로써 비로소 맛볼 수 있는 것이다.

　이러한 난해함은 무엇보다도 서술자에 의해 내레이션(이야기)되어 가는 방법에 따른 『겐지모노가타리』의 고유한 문장구조가 본질적으로 껴안고 있는 매력적인 난해함에 불과하다. 복수의 서술자들의 다양한 시점이 서로 겹쳐지고 있기 때문이다. 또한 이 모노가타리의 문장을 주의 깊게 살펴보면 오늘날 문장과 같이 직접화법과 간접화법이라는 구분도 뚜렷하지 않다. 또한 서술자들이 모노가타리를 들려준다는 문장구조가 무엇보다도 우선하고 있기 때문에 종종 작중인물과의 경계가 애매하게 되기도 한다.

처음으로 『겐지모노가타리』를 읽는 법

　전54권의 마키(권)들로 구성된 이 모노가타리는 오늘날 이야기의 주제와 이야기 전개 방법의 차이 등을 근거로 일반적으로 3부로 구분할 수 있다고 이해되고 있다. 제 1 부(기리쓰보 마키에서 후지노우라바 마키까지의 33권)에서는 주인공 히카루겐지의 탄생부터 연애 편력을 중심으로 그려진 청장년기를 거쳐 더 이상 바랄 수 없는 부귀영화를 누리기까지의 사건을 이야기하고 있다. 제 2 부(와카나조 마키에서 마보로시 마키까지의 8권)에서는 하키루겐지의 신변에서 어두운 죄의식의 자각을 유발하는 여러 가지 사건이 일어나고 영광과 부귀영화 속에서도 내면에서는 깊은 고뇌를 껴안고 일생을 마무리하려는 장면까지 이야기한다. 제 3 부(니오우미야 마키에서 유메노우키하시 마키까지 13권)에서는 히카루겐지의 둘째 아들인 가오루와(실은 가시와기와 온나산노미야의 간통으로 낳은 자식) 외손자인 니오우미야가 등장하여 숙명적으로 맺어진 남녀의 비극적인 인생이 이야기된다.

　이 책에서는 이 중에서 특히 제 1 부와 제 2 부에 해당하는 히카루겐지 일생의 이야기를 중심으로 다루고 있다. 무엇보다도 이 부분이야 말로 『겐지모노가타리』의 핵심에 해당하기 때문이다.

　「제 1 장 사랑의 카탈로그 = 겐지모노가타리」는 말하자면 총론으로 이야기 전체에 대한 현대적인 매력과 과제를 다각적으로 다루었다. 「제 2 장 히카루겐지의 여인들」에서는 제 1 부(기리쓰보 마키에서 후지노우라바 마키까지)의 이야기 전개에 따라서 겐지와 여인들의 관계에 초점을 맞추어서 기술하였다. 「제 3 장 로쿠조인 저택의 세계」에서는 제 2 부(와카나조 마키에서 마보로시 마키까지)를 중점적으로 다루면서 이 모노가타리의 가장 뛰어난 요소라고 할 수 있는 장편 구조의 매력을 밝히려고 한다.

　앞에서도 기술하였듯이 『겐지모노가타리』를 읽기 위해서는 큰 줄거리의 내용을 염두에 두면서 어디에서부터든지 자유롭게 도전해 보는 것이 좋다. 실은 이 책도 어디에서부터 읽어도 무방하도록 구성하였다. 또한 마지막에 히카루겐지를 주인공으로 하는 이야기 41권의 줄거리를 부록으로 게재하였으니 많이 활용하기 바란다.

제 1 장

사랑의 카탈로그

= 겐지모노가타리

―겐지모노가타리 그림책, 「유기리 마키」

　유기리는 오치바노미야에게 자기 마음을 호소하고 그녀 옆에서 하룻밤을 지낸다. 그러나 그녀는 결코 마음을 열지 않았다.
　이윽고 두 사람이 하룻밤을 같이 보냈다는 사실은 오치바노미야 친어머니 이치조미야스도코로에게 알려지게 된다. 이치조미야스도코로는 유기리의 진심을 알아보기 위해 편지를 보낸다. 그러나 그녀의 편지는 유기리가 읽기 전에 유기리 아내인 구모이노카리에게 빼앗긴다.

두말할 필요도 없이 모노가타리는 헤이안시대 문화를 탄생시킨 중요한 문학 형태의 하나이다. 그렇지만 모노가타리 문학은 이전 시대의 신화나 전승설화를 받아들여서 만들어졌고 또한 모노가타리다운 부분은 중세 이후 현대에 이르기까지 어떠한 형태로든지 계승되고 있다. 이러한 점에서 모노가타리는 일본문학의 근간에 관계되고 있다. 그렇기 때문에 모노가타리란 무엇인가라는 질문은 실은 지극히 현대적인 과제이기도 하다.

모노가타리는 근본적으로 서술자가 청자에게 흥미로운 내용을 들려준다는 형식으로 만들어졌다. 『겐지모노가타리』에서는 이 내레이션의 방법을 보다 철저하게 심화시키고 있다. 작가는 모노가타리의 내용 전부를 뇨보라고 여겨지는 서술자(내레이터)의 입을 빌어 서술하고 있다. 때때로 여기에는 서술자와 청자의 협동적 감정이 자연스럽게 나타나기도 한다.

이 때문에 작품을 직접 써내려가는 작가라고 하더라도 이야기 전개를 자기 마음대로 조작할 수 없어서, 모노가타리는 작가로부터 독립되어 보다 자율적으로 전개되어가게 된다. 『겐지모노가타리』가 방대한 장편 모노가타리 세계를 형성하고 있는 것도 이러한 내레이션의 방법에 의지하고 있기 때문이라고 할 수 있다.

또한 모노가타리는 원래 신기하면서도 재미있는 내용을 가지고 있다. 즉 다시 말해서 일상적인 사실이 아니라 비일상적인 허구이다. 청자나 독자의 상상력을 풍부하게 펼칠 수 있도록 도와주는 이야기들이다. 그러나 모노가타리는 신화나 설화와는 달리 어디까지나 인간세계의 이야기를 다루고 있다. '옛날에 어디에서 이러한 일을 한 사람이 있었다.'라는 식으로 신기하면서도 인간으로서 정말 있었을 법한 사건을 이야기로 들려준다. 이것이 모노가타리였다.

　이 작품의 주인공인 히카루겐지는 타고난 매혹적인 힘을 발휘해서 수많은 여인들을 품에 안게 된다. 게다가 그의 이러한 연애 편력을 중심으로 한 인간관계가 나중에 당사자들의 의도와는 상관없이 더할 나위 없는 부귀영화를 누리게 만든다. 종래의 해석으로는 겐지의 부귀영화와 여인들과의 사랑은 거의 무관한 것으로 해석되어 왔지만 실은 이 두 가지를 연결하는 독특한 논리가 이야기 전개의 구도가 되고 있다고 생각한다.

　그 구도가 다름 아닌 '이로고노미'의 힘에 의한 것이다. 이것은 상대 여자를 그 영혼에서부터 장악할 수 있는 힘을 말한다. 히카루겐지는 이러한 '이로고노미'의 힘을 이용하여 복잡한 여성들과의 관계를 실현시키고 이야기는 바야흐로 두텁게 장편화되어 간다. 비슷한 시기에 성립된『이세모노가타리』도 연애의 다양한 모습을 보여주지만『겐지모노가타리』는 '내레이션'으로서의 문장구조와 히카루겐지의 '이로고노미'에 의하여 수많은 연애를 긴밀하게 연결시키고 보다 통일성 있는 이야기 세계를 조성하고 있다.

　제 1 장에서 중점적으로 다루고 있는 '내레이션'과 '이로고노미'의 문제는『겐지모노가타리』가 가지는 가장 중요한 과제이다. 모노가타리의 '내레이션' 구조는 앞에서 기술한 바와 같이 서술자와 청자의 협동에 근거하고 있기 때문에 단순히 작가 한사람의 문제가 아니라 모노가타리가 보다 자율적으로 전개되는 것과 밀접한 관계를 가지고 있다. 어찌되었던 무라사키시키부라고 하는 한 작가의 문제로 다루어지기 쉬운 이 모노가타리의 매력을, 모노가타리 작품 그 자체의 구조적 문제로 생각해 보자는 것이 가장 현대적인 관점이다.

또한 앞에서 기술한 것과 같이 히카루겐지를 '이로고노미'의 이상적 인물로 설정하고 다양한 연애 편력 이야기를 꾸며나가고 있으니까, 이 작품에 그려진 다양한 연애 모습은 말 그대로 '사랑의 카탈로그'라고 할 만하다.

한편 이 모노가타리를 읽어가는 과정에서 '이로고노미'나 '내레이션'의 개념을 도입함으로써 이야기를 보다 새롭고 현대적으로 재해석할 수 있으리라 생각한다. 「극한적인 사랑의 양식」, 「사랑과 권력」은 이 '이로고노미'와 연관된 문제이다.

그리고 「심상풍경으로서 와카」에서도 '내레이션'과 '이로고노미'를 연관시키면서 모노가타리가 인간의 마음을 표현하는 수단이라는 것을 언급하였다. 또한 「원작 겐지모노가타리는 있었는가?」에서는 본 작품의 복잡한 장편성과 성립 문제에 대해서, 「무라사키시키부의 시름」에서는 작가에 대해서 각각 다루었다.

제1절 극한적인 사랑의 양식

『이세모노가타리』와 『겐지모노가타리』

11세기 초엽 무라사키시키부에 의해서 만들어진 『겐지모노가타리』는 일본 문학사상 최초의 모노가타리인 『다케토리모노가타리』가 출현한 이래 거의 1세기가 지난 다음에 등장한 작품이다. 그 사이 약 100년간 방대한 수량의 모노가타리가 만들어졌지만 현대까지 남아있는 몇 안 되는 작품에서 추측해 볼 때, 아마도 그 대부분은 남녀의 사랑을 둘러싼 인간들의 모습을 그린 것으로 생각된다.

예를 들면 125단 정도의 짧은 이야기들로 구성된 『이세모노가타리』도 대부분의 내용이 사랑이다. 이 작품은 아리와라노 나리히라로 추정되는 '옛날에 살았던 남자'의 일대기 형식을 취하면서, 한 단락 한 단락이 거의 독립되어 있다. 각 단락이 전혀 다른 별개의 연애 편력을 이야기하고 있는 것이다.

권문세가 가문에서 세상 풍파를 모르고 자란 심규의 상류귀족 따님과의 금지된 사랑. 그녀는 나중에 천황의 왕비로 입궁하여 니조키사키라고 불리게 된다. 또한 남자를 가까이 해서는 안 되는 사이구(이세신궁에서 신을 모시는 왕녀)와의 금기된 사랑. 그 외에도 유배되어 내려간 미치노쿠 지방에서 우연히 만난 야생적인 여인, 무리해서라도 사랑을 이루려고 동쪽 지방으로 같이 도망쳤던 여인, 죽도록 연모하고 있다는 소문을 듣고 찾아 갔지만 이미 때가 늦어서 죽어버린 여인, 그리고 간절히 청하는 대로 정을 통하게 된 늙은 여인 등과의 연애 모습이 그려지고 있다.

'사랑의 카탈로그'라고 말해도 좋을 정도로 다양한 여인들과 '옛날에 살았던 남자'와의 다양한 연애 모습이 이야기되고 있다. 혹시 '옛날에 살았던 남자'가 구체적인 하나의 인격체로 구상되고 각 단락이 연속적이었다면 어쩌면 이 인물은 독자에게 지리멸렬한 인상을 주었을 지도 모른다. 그러나 극히 추상적으로 '옛날에 살았던 남자'라고 설정했기 때문에 이렇게 다양한 사랑이야기를 수집할 수 있었던 것이다.

그러나 『겐지모노가타리』는 히카루겐지라고 하는 구체적인 한 주인공의 인생을 축으로 하여 많은 여인들과의 사랑이 모여지고 동심원을 그리면서 전개되어 간다. 히카루겐지는 초현실적인 부분마저 소유한 거대한 인물로 설정되어 있다. 성장과 더불어 뛰어난 재능과 미적 감각을 발휘하고 있으며, 더욱이 모든 일에 대하여 민감하게 반응할 수 있는 다정다감한 영혼의 소유자로 묘사되고 있다. 그는 이 때문에 마치 자기장을 만들 듯이 수많은 여자들을 이끌어 당기고 복잡한 여자관계를 이어가게 된다. 이것이 '이로고노미'의 미덕[8]을 갖춘 인물로 평가되는 이유이다.

---

8) 오리구치 시노부(折口信夫)에 의하면, 고대 일본에 있어서 '이로고노미'는 부정적인 성벽을 지칭하는 '호색'이 아니라 남자가 가져야할 이상적인 덕목의 하나라고 한다.

히카루겐지를 둘러싼 네 명의 여인들

 히카루겐지의 인생은 여인들과의 관계를 통해서 구체적으로 조형되어 간다. 그 인생에 있어서 매우 중요한 여인은 후지쓰보, 로쿠조미야스도코로, 무라사키노우에, 아카시노기미 이상 네 명일 것이다.
 후지쓰보는 히카루겐지의 친아버지인 기리쓰보 천황의 왕비들 중에서 히카루겐지의 죽은 친어머니(기리쓰보 고이)와 많이 닮았다는 이유로 특별히 요청해서 입궁시킨 왕비였다. 어렸을 때 겐지는 기리쓰보 천황의 총애를 받던 그녀를 친어머니처럼 따르고 있었지만 어른으로 성장해 가면서 이상적인 여성으로 남몰래 연모하게 된다. 그리고 히카루겐지의 미칠 것 같은 연모의 정념은 마침내 두려움을 잊은 채 의붓어머니와 간통까지 하게 만들고, 후지쓰보는 히카루겐지의 자식을 임신하게 된다. 결코 용서받지 못할 이러한 관계 때문에 두 사람은 함께 그 생애를 통해서 자신들이 범한 죄업에 떨며 괴로워해야 했다.
 나중에 두 사람이 만든 불의의 씨앗이 레이제 천황으로 즉위하게 되자 후지쓰보는 태평성대를 이룩한 천황을 낳은 친어머니로서 상왕의 지위에 오르게 되고, 히카루겐지도 또한 천황의 알려지지 않은 친아버지로서 준태상천황의 자리에 군림하게 된다. 그렇지만 이러한 영광 뒤에는 늘 의붓어머니를 범했다고 하는 어두운 정념의 그림자가 따라다닌다.
 로쿠조미야스도코로는 죽은 전 동궁에게 총애를 받아 왕녀를 한명 낳았지만 동궁이 요절하면서 젊은 미망인이 된 여인이다. 그녀는 히카루겐지의 열렬한 구혼에 마음이 움직여 그와 공공연한 애인관계가 된다. 그러나 그녀가 한번 마음을 허락한 뒤로는 오히려 겐지의 방문은 뜸해지고 소원하게 된다. 원래 몸에 익힌 취미나 교양도 타의 추종을 허락하지 않을 정도로 탁월하게 뛰어나서 당대 최고의 귀부인으로 명성이 자자했던 그녀는 자존심도 높았기 때문에 히카루겐지가 뒤돌아보아주지 않는 현실에 울분을 쌓아가게 된다.

이러한 절망적인 현실에 좌절한 로쿠조미야스도코로의 영혼이 자신의 의지와는 관계없이 자기 멋대로 육체에서 빠져나와 생귀신으로 변하고 히카루겐지의 정실부인인 아오이노우에에게 씌여서 마침내 그녀를 저주하여 죽이게 된다. 히카루겐지는 로쿠조미야스도코로의 생귀신을 통해서 인간이 가진 섬뜩할 정도로 무서운 애련집착에 경악하고 한때는 인간세계에 회의를 느끼며 불문으로 출가하고 싶다는 염원을 갖게 된다. 로쿠조미야스도코로는 사이구가 된 나이 어린 딸을 따라가는 것을 구실로 히카루겐지와 헤어진 뒤, 먼 이세 지방으로 내려간다. 몇 년 뒤 교토로 다시 귀경한 로쿠조미야스도코로는 바로 병에 걸려 죽는다. 겐지는 유족으로 남은 사이구를 양녀로 맞아들인 뒤 궁중에 입궁시켜 레이제 천황이 총애하는 왕비로 만든다. 이것이 히카루겐지의 부귀영화를 떠받치는 하나의 초석이 된다.

무라사키노우에는 왕자인 효부쿄노미야와 첩실 사이에서 태어난 딸로 후지쓰보의 조카에 해당한다. 히카루겐지는 교토 교외 기타야마 산에서 연모하는 후지쓰보를 쏙 빼어 닮은 나이 어린 무라사키노우에를 우연히 발견하고 강제로 자기 저택에 데려 온다. 원래 그녀는 친아버지인 효부쿄노미야가 돌봐주지 못하고 친어머니도 일찍 여의어서 외조모가 키우고 있었지만 이 외조모도 죽게 된다. 고아처럼 갈 곳 없는 처지가 된 그녀를 히카루겐지가 거두어 주었다는 식이다. 처음에는 양녀로 데리고 왔지만 성인이 된 후에는 겐지와 관계를 맺는다. 무라사키노우에는 후지쓰보를 대신하는 여인으로 권력가로 성장한 히카루겐지의 총애를 한 몸에 받아서, 첩실소생으로 의붓어미에게 학대를 받았던 불운한 그녀의 운명이 역전되어 세상 사람들 모두가 부러워하는 행운의 여인이 된다.

그러나 후년에 스자쿠 상왕이 애지중지하는 딸 온나산노미야 왕녀가 히카루겐지의 정실부인으로 시집오게 되는 사태를 맞이하고 새삼스럽게 자신의 불운한 운명을 깨우치게 된다. 이러한 비참한 심경이 다른 사람들에게 알려지게 되면 자신을 더욱 비참한 처지에 몰아넣게 될 것이라고 생각한 그녀는 언제나와 같이 아무런 일도 없었던 것처럼 평정함을 연기하면서 살아가려 한다. 무라사키노우에는 지체 높은 온나산노미야 왕녀에게는 물론 아카시노기미나 하나치루사토와 같은 다른 처첩들에게도 융화적인 태도를 꾸준히 보여준다. 그녀는 이러한 태도를 취함으로써 자신을 가까스로 속세에 이어두고 있었다.

아카시노기미는 지방 관리인 수령의 딸로 히카루겐지가 스마에 유배되었을 때 아카시 지방에서 인연을 맺게 된 여인이다. 그녀는 처음부터 겐지와의 현격한 신분 격차를 우려하며, 버림받기 위해서 맺어진 것과 다름없는 결혼이라고 한탄한다. 아카시노기미는 겐지가 상경한 뒤에 딸아이를 출산한다.

히카루겐지는 은밀하게 이 딸아이를 장래의 황후감으로 기대하면서 자신의 슬하에서 키우려고 한다. 그는 아카시노기미에게 교토의 자택으로 거처를 옮기라고 권하지만 그녀는 높은 신분의 처첩들에게 압도될 것을 두려워해서 쉽게 결심하지 못한다. 이윽고 타협해서 교토 교외 사가 지역 오오이가와 강 근처 산장으로 이사하게 되지만 교토 시내에 있는 겐지 저택에는 들어가려고 하지 않았다. 히카루겐지는 아카시노기미의 친딸을 무라사키노우에의 양녀로 삼아 강제로 딸아이만이라도 자택에서 키우기로 결심한다. 딸아이의 장래를 생각하면 히카루겐지의 의향을 따르는 것 외에 달리 방도가 없다고 생각한 아카시노기미는 생살을 도려내는 심경으로 자신의 어린 딸아이와 헤어진다.

그 뒤 사랑하는 딸아이와 한 번도 만나지 못한 채 기나긴 인내와 굴종의 시기가 이어진다. 딸아이는 생모와 헤어지고 8년 뒤 동궁비로 입궁하게 된다. 그리고 나중에 동궁의 총애를 한 몸에 받는 동궁비로서 첫 번째 왕자를 출산한다. 이렇게 아카시노기미가 낳은 딸아이는 히카루겐지가 뜻한 대로 황후가 된다. 이에 따라 일개 지방 관리로 전락했던 아카시 일족도 화려하게 다시 일어나게 되었고, 히카루겐지의 자택인 로쿠조인 저택도 또한 지속적인 번영을 보장받게 된다. 그러나 이러한 부귀영화는 아카시노기미의 살을 도려내는 듯한 인내와 굴종의 인생에 의해 지탱되고 있었다.

극한을 살아가는 여인들

이렇듯 히카루겐지에게 매우 중요한 여인들, 후지쓰보, 로쿠조미야스도코로, 무라사키노우에, 아카시노기미는 겐지와 관계하게 되면서 보통 세상 사람들과는 비교할 수 없을 정도로 험난한 인생을 살아가게 된다. 그녀들 모두가 비교할 수 없는 화려함으로 치장되고 있지만 그 내면에는 보통 사람들이 상상조차 할 수 없는 근심과 걱정을 껴안고 있었던 것이다.

여기서 상기되는 것은 호타루 마키에서 작가가 히카루겐지의 말을 통해 들려주는 모노가타리 허구론이다. 그 요지를 한마디로 말하자면 다음과 같다. 모노가타리라는 것은 인간이 살아가는 모습에 대한 깊은 감동을 후대에까지 전하기 위한 것으로 모노가타리 안에서 만들어진 부분(허구)은 단순한 사실의 나열보다 오히려 더 깊은 진실을 드러낼 수 있다. 따라서 과거의 사실에 집착하는 『일본서기』 같은 역사책은 단편적인 것에 불과하고 오히려 허구인 모노가타리야말로 인간의 진실을 더 잘 표현하고 있다는 것이다. 이 장면의 유명한 구절로 다음과 같은 것이 있다.

> 또한 결코 그런 일은 없을 것이야라고 생각하기도 하고, 한편으로는 어마어마하게 과장되고 있는 부분에서는 나도 모르게 눈이 화들짝 커질 정도로 놀라기도 하지만 마음을 가라앉히고 다시 한 번 들어보면 정말 그런 일이 일어날 수 있을까라고 마음 내키지는 않지만 그래도 한편으로는 불현듯 마음 이끌리는 부분이나 생생하게 이야기되는 부분도 있습니다.
>
> ―「호타루 마키」

여기서 언급되는 실제로는 있을 수 없는 어마어마하게 과장되었다고 말하는 부분을 인간이나 인간세계의 전형적인 현상으로 바꾸어 보면 위에 적은 문장의 취지는 한층 명확해 진다. 이 이야기의 주요 인물들은 앞에서 보아온 것처럼 현실세계에서는 거의 체험할 수 없는 극한적인 상황에서 살아가야 한다. 실은 이 부분이야 말로 인간의 보편적인 모습이 전형적으로 드러나고 있는 것이다. 단순한 헤이안시대적인 풍속이나 사실을 뛰어넘어서 보편적인 의미로 현대사가 여기에 펼쳐지고 있는 것이다.

보편적인 사랑의 원형

앞에서 언급한 네 명의 여인들을 다시 한 번 주목해보자. 이 여인들은 각자의 인생을 살아가면서도 그곳에는 공통된 발상의 형식을 발견할 수 있다. 이들은 똑같이 히카루겐지와 관계함으로써 자신들의 불행을 자각한다. 그러나 상대방인 겐지를 원망하는 것이 아니라 '무상한 나 자신', '무상한 내 숙명'이라는 식으로 자기 숙명이 덧없음을 통감하고 있다. 그리고 위기적인 상황을 뒤돌아보고 이윽고 자기 내면에 파멸의 위기의식을 불러들이고는 우선 당장 자기 자신을 구원하는 방법을 모색한다.

후지쓰보는 히카루겐지의 연모를 피하고 동궁을 지키기 위해서 비구니로 출가한다. 또한 로쿠조미야스도코로는 히카루겐지와의 절망적인 관계를 청산하려고 이세 지방으로 낙향한다. 그 외에도 온나산노미야가 강혼한 이후 무라사키노우에는 더 이상 비참한 처지가 되지 않기 위해 자신의 고충을 마음속 깊이 감추어두고 평정한 태도로 일관한다. 아카시노기미도 사랑하는 딸자식을 무라사키노우에에게 보내고 양모가 된 그녀에게 겸양의 태도로 일관한다. 이렇게 여인들은 자신의 숙명을 자각한 다음 치열하고 절실하게 자신이 살아갈 방도를 모색하고 있다.

이 여인들이 공통된 형식을 답습하면서 살아간다는 것은 그만큼 그녀들의 인생이 극한적이라는 것을 말한다. 히카루겐지의 인생이 이렇게 여인들의 인생과 연관되면서, 또한 반대로 여인들의 인생이 겐지의 인생과 연관되면서 시시각각으로 변화하고 움직이는 모노가타리 세계가 동태적으로 형성되어간다. 이렇듯 히카루겐지와 여인들이 짜나가는 모노가타리의 한 장면 한 장면이 현대적인 보편성을 내포한 사랑의 원형에 근거하고 있다고 할 수 있다. 이 모든 사랑의 감동 속 어딘가에는 애별리고(愛別離苦)의 슬픔과 한탄 애련집착(愛憐執着)의 두려움과 어려움이 깃들어 있다.

물론 상기한 네 명 이외에도 수많은 여인들이 히카루겐지와 남녀관계를 맺고 있다. 나이 든 지방 관리의 후처 신분으로 겐지의 사랑을 받았기 때문에 자신이 직면한 가혹한 처지를 생각하는 우쓰세미, 서로 정체를 알지 못한 채 사랑을 탐닉하며 관능적인 시간을 보내던 도중에 목숨을 잃어버린 유가오, 몰락한 왕자 일가의 유족으로 추한 외모 때문에 겐지를 놀라게 했던 스에쓰무하나, 죽은 유가오의 딸로 겐지의 연정을 자극하여 번민하게 만든 다마카즈라 등 수많은 여인들이 있다. 이들도 각각 특징적인 사랑의 형태를 취하고 있다.

앞에서 기술했듯이 여인들은 히카루겐지와 관계함으로써 극한적인 인생을 겪게 되고 나아가서는 보편적인 모습을 보이고 있는데 이것은 각각의 여인들이 개성적인 광채를 발휘하고 있다는 것이기도 하다. 한발 더 나아가 말하자면 히카루겐지의 '이로고노미'가 각각의 여인이 가지고 있는 찬란한 매력을 이끌어 내고 있는 것이다.

히카루겐지는 타고난 천성인 '이로고노미'의 힘을 이용하여 여인들을 차례차례로 자신의 인생에 짜 넣어 간다. 특히 그의 영원한 이상형인 후지쓰보와의 결코 이루어질 수 없는 사랑을 기점으로, 필연적으로 다양한 사랑을 끌어들이게 된다. 『이세모노가타리』의 '옛날에 살았던 남자' 이야기가 단편적인 이야기들을 모아 놓았던 것과는 달리 이것은 히카루겐지의 장편적인 인생을 통하여 사랑의 다양한 유형을 이끌어 내고 있는 것이다.

　히카루겐지의 다양한 사랑의 유형들 중, 후지노우라바 마키까지 제1부에서는 대체로 겐지와 수많은 여인들이 방사선적으로 연결되어 있고 여인들 사이의 관계는 거의 그려지지 않고 있다. 이에 비해 제2부에서 노년을 맞이하게 된 부분부터는 히카루겐지를 중심으로 하면서도 사람들의 상호 관계가 이야기 전면으로 나오게 된다. 작가는 이 모노가타리를 보다 상대적인 세계로 만들어 가고 있다.

제 2 절 사랑과 권력

기리쓰보 천황의 슬픈 사랑

『겐지모노가타리』는 히카루겐지라고 하는 뛰어난 왕자의 눈부시면서도 고뇌에 가득 찬 생애를 전하는 웅대한 장편 모노가타리다. 그는 기리쓰보 천황과 그다지 신분이 높지 않은 고이(천황의 왕비, 뇨고보다 낮은 지위)와의 사이에서 제2왕자로 태어난다. 덧붙여 말하자면 첫째왕자는 우대신[9] 딸로 신분이 높은 고키덴노 뇨고가 낳은 왕자였다.

원래 궁중에는 천황의 수많은 부인들을 모아놓은 후궁이라는 금남의 장소가 있었다. 후궁은 대신 이하 구교(公卿, 종3품 이상의 고관대작) 딸이 책봉되는 뇨고와, 대납언 이하 덴죠비도(殿上人, 천황 접견이 허락된 중상류 관직으로 조선시대 당상관과 유사) 딸이 책봉되는 고이로 구성되며, 신분에 따라 처우에 차별이 있었다. 그리고 나중에 많은 뇨고들 중에서 한명만이 중궁(황후)으로 간택되었다. 대개의 경우 황위 계승자인 동궁(세자)을

---

[9] 右大臣. 고대 일본의 율령에 있어서 최고 관직인 정승은 태정대신(영의정) 좌대신(좌의정) 우대신(우의정) 삼정승이 규정되어 있다.

낳은 높은 신분의 뇨고가 선출되었다.

또한 이러한 부인들에 대한 천황의 대우도 자연스럽게 일정한 규칙을 가지고 있었다. 천황은 동궁을 낳아서 장래 중궁에 오르리라고 예상되는 뇨고를 가장 총애해야 한다. 이것이 후궁에 안정된 질서를 유지시키는 지혜이기도 하다. 이러한 후궁 본연의 모습은 자기 가문의 딸을 왕실에 들여보내서 친인척관계를 만들고 황실의 외척세력으로 권력을 장악하고 세력을 증대시키려는 소위 섭관가문[10]의 세력 신장에 유래하고 있다. 이것은 황실과 섭관가문과의 타협에 의해 만들어진 헤이안시대 특유의 정치권력 구조였다.

따라서 후궁에서 유일한 남성인 천황과 후궁 여인들과의 사랑은, 여인들 배후에 있는 정치 세력과 고대 이후 천황가의 황위계승 등의 문제와도 유착되어 서로 겹쳐지고 있다. 천황의 사랑은 당대 권력을 좌우할 수 있을 정도로 사랑과 권력이 서로 밀접하게 연계되고 있었던 것이다.

이 이야기에 등장하는 기리쓰보 천황은 후궁의 질서 유지, 나아가서는 당대 정치권력사회의 안정이라는 측면에서만 본다면 명문가문인 우대신 일가 출신으로 게다가 첫째왕자를 낳은 고키덴노 뇨고를 가장 소중하게 처우해야 마땅했다. 그러나 기리쓰보 천황은 오로지 신분이 낮은 일개 고이만을 총애하게 되었다. 그 때문에 당연하지만 후궁에는 불온한 분위기가 만연하게 되었다.

단지 총애만을 받는 것이 아니라 제2왕자까지 가지게 된 고이는 후궁

---

10) 攝關家. 섭관이란 섭정(攝政)과 관백(關白)을 말한다. 섭정은 어린 천황을 대신해서 정치를 돌보는 것이다. 이에 비하여 관백은 천황이 성인이 된 후 정치를 보좌하는 것을 말한다. 섭정 관백 모두 율령에 규정이 없는 관직으로 헤이안시대에는 보통 천황의 외조부가 맡았다.

의 수많은 여인들에게 질투와 음해의 표적이 되어 홀로 고립될 수밖에 없었다. 게다가 그녀는 친아버지인 대납언과 사별해서 친어머니 혼자만이 후원자로 남아 있는 불안한 처지이기도 했다. 주위의 끈질긴 학대를 견디지 못한 고이는 병이 들어 겨우 3살 밖에 되지 않은 어린 왕자를 남기고 허무하게도 젊은 생애를 마감하게 된다. 후궁 여인들의 질투와 학대 때문에 죽은 것이나 다름없었다.

섭관세력에 대한 반역

모노가타리는 다음과 같은 첫머리 한 문장으로 시작된다.

> 어느 천황의 치세였는지 확실하지 않지만 뇨고와 고이가 많이 섬기고 있던 그 중에 그다지 고귀한 가문출신이 아닌 분으로 각별하게 천황의 총애를 받고 계시던 분이 있었다.
>
> —「기리쓰보 마키」

이 한 문장의 전반부에서는 천황을 둘러싸고 수많은 여인들이 서로 경쟁하는 화려한 시대였음을 이야기하고 있다. '뇨고와 고이'라고만 적혀 있고 '중궁'이란 말이 없다는 점에서 여기에는 장래에 누가 중궁 자리에 오를지를 두고 후궁 여인들이 제각각 치열한 경쟁심을 불태우고 있었을 것이라고 생각된다.

그런데 후반부로 전개되면 그다지 높지 않은 신분으로 일개 고이에 불과한 여인이 천황의 총애를 독점하고 있다는 사실을 이야기하기 시작한다. 이 고이는 당연히 주위의 질투와 반감을 사고 있었을 것이다. 전반부 후궁 사회의 모순적인 상황 설정이 후반부에서 고이의 죽음을 필연적으로 이끌어 내고 있다.

기리쓰보 고이를 향한 천황의 열애는 후궁 질서나 섭관체제적 논리에서 말하자면 반체제적인 사랑이었다. 그리고 고이의 죽음에 의해 끝날 수밖에 없었던 이 사랑은 이러한 세속적인 정치권력에 굴복할 수밖에 없는 한 사람의 패배이자 희생이라고 할 수 있다. 천황이라는 강대한 지위와 권력을 가지고도 자기 사랑을 자기 마음대로 끝까지 관철할 수 없었던 것이다.

이 모노가타리의 작가는 섭관가문을 꿈꾸는 정치권력세력이 집중하는 후궁이라는 장소에, 한 인간의 사랑과 정치권력을 포개어서 하나로 만드는 작업에서부터 이야기를 시작하고 있다. 독자들은 천황과 고이의 슬픈 사랑을 통해서 헤이안시대 귀족사회 현실이 가진 험난함을 수용하고 혹은 반대로 세속적인 정치권력의 모습을 통해서 사랑을 위해 살아가는 자들의 인류보편적인 인정과 도리를 응시하게 된다. 이러한 권력과 사랑이라는 이중적 관계는 사회와 개인의 긴장된 현실을 나타내고 있다. 이와 같은 모노가타리의 시작부분에서도 과연 『겐지모노가타리』다운 고유의 참신함이 배어나오고 있다.

일 세대 겐지의 이상형

기리쓰보 고이가 낳은 왕자는 어머니의 따뜻한 품속을 알지 못한 채 궁중에서 자라게 된다. 그는 태어났을 때부터 '옥 같은 왕자'라고 칭송되었던 만큼 이 세상 사람이라고 여겨지지 않을 정도로 아름답게 성장해서 마치 신의 아들과 같은 뛰어난 외모와 자질을 발휘하기 시작한다. 이 때문에 기리쓰보 천황은 내심 이 왕자를 자신의 후계자로 삼아서 동궁으로 책봉하려고 생각 했다. 그러나 여기에서도 세속적인 정치권력의 힘 앞에 굴복할 수밖에 없어서 고기덴노 뇨고가 낳은 첫째왕자를 동궁으로 책봉할 수밖에 없었다.

무심하게도 천황의 소원은 이루어지지 못하고 제2왕자를 신하로 강등시켜서 겐지 성을 하사하게 된다. 원래 천황에 즉위하지 못한 왕자들은 친왕으로서 왕족에 남아 있든가 아니면 왕족 계보에서 빠져서 일반인인 신하로 강등되는 두 가지 길을 선택할 수 있었다. 천황이 이 왕자에 대해서 일부러 후자를 선택한 것은 억지로 황위계승의 가능성을 남겨둔 왕족 신분으로는 장래에 오히려 황위계승을 둘러싼 정쟁의 희생자가 되지 않을까 걱정했기 때문이었다.

겐지 성을 하사받고 성인식을 치른 이 아름다운 왕자는 이윽고 모든 일에 신기에 가까운 재능을 발휘하게 되어 이 세상에 있을 수 없는 이상적인 인물로 구가된다. '옥 같은 왕자'라고 불렸던 만큼 '빛나는 겐지(히카루겐지)'라는 평판이 자자하게 된다. 보옥 같이 찬란히 빛나는 귀공자라는 이미지가 이 모노가타리에 있어서는 중요한 부분이었던 것 같다.

헤이안시대의 겐지가문(미나모토씨족)이라고 하면 후지와라씨족에 의한 섭관체제 권력구조에서 배제되기 쉬워서 고립되는 인물도 적지 않았다. 예부터 히카루겐지의 모델로 여겨져 온 미나모토노 타카아키라는 좌대신까지 출세했기 때문에 오히려 후지와라씨족에 의한 타 씨족 배척운동의 희생자가 되어 유배되는 쓰라린 체험을 겪게 된다.

또한 후지와라씨족이 아닌 사람들 중에는 이러한 비극적인 사건을 경험하지 않았지만 귀족사회 안에서 고립되면서도 홀로 풍류, 학문, 연애로 나날을 보내던 사람들도 많아서 이들은 자주 우타모노가타리(와카 이야기책)의 주인공으로 등장한다.

모노가타리에 그려진 일 세대 겐지의 이상형은 왕통의 피를 직접 계승하고 뛰어난 자질을 가지면서도 사회 체제에 편입되지 않음으로써 인간적인 삶의 방식을 지키려는 인간상이었다. 히카루겐지의 일면에도 이러한 일 세대 겐지의 이상성이 포함되어 있다.

한편 히카루겐지의 이상성은 더 나아가 초월적이었다. 성인식 이전의 유년시절부터 '사납고 용맹스러운 무사나 철천지원수지간이라고 하더라도 나이 어린 히카루겐지와 눈이 마주치면 저절로 미소가 지어질 뿐'이었다고 한다. 설령 사람들의 감정을 잘 이해하지 못하는 사납고 용맹스러운 무사나 서로 상대와 공감할리 없는 철천지원수지간이라고 하더라도 히카루겐지와 조금만 마주하면 무심코 미소를 지을 수밖에 없을 정도였다는 것이다. 히카루겐지의 친어머니를 끝까지 증오했던 고키덴노 뇨고조차도 한때 히카루겐지의 아름다움과 귀여움에 공감하지 않을 수 없었다고 기술되고 있다.

이러한 이상적인 인물은 현실 세계에서 있을 수 없는 허황된 공상이라고 말할 수밖에 없다. 그러나 이 초월적인 외모와 자질 없이는, 고아와 다름없었던 왕자가 홀로 궁중 안에서 자라날 수 없었다. 경우에 따라서는 궁중 밖으로 은밀하게 추방되었을지도 모르는 일이었다. 그러나 이렇게 뛰어난 외모와 자질을 가지고 있었기에 천황은 동궁으로 책봉하고 싶다고 바라게 되었고 궁중사회의 총아로서 뭇사람들의 관심을 한 몸에 받기도 한다. 이 허황된 공상 같은 이상성도 실은 궁중사회의 냉엄한 현실성에 뒷받침되고 있다.

후지쓰보를 향한 사모

히카루겐지의 생애는 고아와 다름없는 성장과정에서 출발하여 17살에 고노에추쇼(근위군 중장)에 임명된 후, 타이쇼(근위군 대장) → 곤추나곤 → 내대신[11] → 태정대신으로 승진하고 이윽고 일본 역사상 유례가 없는 태상천황에 준하는 지위에 오르게 되는 극히 이례적인 영달의 역사를 쌓아 올리고 있다.

한번 신하로 강등된 왕자가 준태상천황이라는 왕통에 다시 되돌아가는 영달을 이룬다는 것은 현실적으로 있을 수 없는 일이다. 게다가 히카루겐지의 경우 단순히 권위나 명예만을 높인 것이 아니라 절대적인 권세와 재력도 장악하고 있다. 말하자면 섭관가문이 결코 이룰 수 없는 권위와 왕실로서는 결코 얻을 수 없는 권세를 아울러 가지는 절대적인 존

---

11) 內大臣. 율령제하 일본에 있어서 정승은 태정대신(영의정) 좌대신(좌의정) 우대신(우의정)으로 운영되었다. 그러나 실제로는 삼정승 이외에 내대신을 율령외 관직으로 신설하여 정승 업무를 대신할 수 있었다.

재로서 세상에 군림하게 된다.

이와 같은 절대적인 부귀영화를 쌓아가는 그의 인생은 실은 그의 복잡한 여성관계의 역사와 불가분의 관계를 가지고 있다. 물론 이 모노가타리는 주인공 히카루겐지의 전 생애에 걸친 순수한 사랑이야기다. 그러나 이러한 사랑 하나 하나가 짜내는 인간관계의 문양이 그를 번영의 길로 밀어 올리고 있다.

따라서 히카루겐지 이야기는 주인공이 사회적으로 성공해가는 순서가 처음부터 설정되어, 이러한 큰 틀 안에서 새로운 사랑과 사건의 이야기가 삽입되는 식으로 전개되지 않는다. 사랑의 맥락과 부귀영화를 향한 맥락이 긴밀하고 유기적으로 연결되어 있다. 궁중 안에서 일어난 기리쓰보 천황과 기리쓰보 고이의 뜨거운 사랑처럼 여기에도 개인과 사회가 불가분의 관계를 유지하고 있다.

먼저 후지쓰보와의 관계를 여기에서 다시 한 번 언급하고 싶다. 죽은 기리쓰보 고이를 쉽게 잊을 수 없었던 기리쓰보 천황은 죽은 고이와 외모가 매우 닮았다는 소문을 듣고 선왕의 공주인 이 왕녀를 입궁시켰다. 그녀는 거처하는 궁궐의 이름을 따서 후지쓰보노 뇨고라고 불린다. 어린 겐지도 이 아름다운 여인에게 기억하지 못하는 친어머니의 따스함과 상냥함을 직감하게 된다.

이윽고 성인으로 성장함에 따라 어머니에 대한 동경이 자연스럽게 이상적인 여성에 대한 동경으로 변해간다. 후궁 사회의 특성상 당연히 성인이 된 뒤에는 후지쓰보에게 다가가는 것조차 허락되지 않는다. 그러나 히카루겐지는 좌대신의 딸인 아오이노우에와 결혼한 뒤에도 오히려 마음속으로 후지쓰보에 대한 격렬한 연모를 키워가고 있었다.

마침내 히카루겐지 18살 초여름에 그는 궁중 밖 사저에 돌아와 있던 후지쓰보 거처로 숨어들어가 강제로 관계를 맺어 버린다. 게다가 이 하룻밤의 정교로 후지쓰보는 히카루겐지의 아이를 임신하게 된다. 만에 하나 다른 사람에게 알려지게 되면 두 사람만이 아니라 임신한 아이까지 모두가 공멸할 수밖에 없는 사태에 당연히 히카루겐지도 후지쓰보도 각각 두려움을 느낀다.

　후지쓰보가 공포와 고뇌 그리고 불안 속에서 낳게 된 불륜의 자식은 기리쓰보 천황의 열 번째 왕자로 세상에 공인되고 진실은 은폐된다.

동궁의 후견인

　기리쓰보 천황은 갓 태어난 이 왕자가 히카루겐지와 많이 닮아 아름다운 외모와 뛰어난 재능을 가지고 있었기 때문에 장래에 동궁으로 책봉시키려고 생각한다. 그렇게 하는 것이 일찍이 히카루겐지에게 황위를 계승시키려고 했지만 그 뜻을 이루지 못했던 마음의 빚을 갚는 것이라고 생각했기 때문이다. 이윽고 천황은 첫째왕자인 스자쿠 천황(고키덴노 뇨고가 낳은 왕자로 현재 동궁)에게 황위를 양위하면서 이번에 태어난 열 번째 왕자를 자신의 의도대로 동궁에 책봉한다.[12] 그리고 히카루겐지를 이 나이 어린 동궁의 후견인으로 삼는다. 이에 의해 후지쓰보는 동궁의 친

---

12) 고대 동북아시아의 대다수 왕조에 있어서 왕은 종신제였지만, 일본의 경우 천황이 죽기 전에 황위를 양위할 수 있었다. 양위한 천황은 대부분 불교에 귀의하여 상왕(上院)이 되고 차기 세자책봉에 영향력을 가질 수 있었다.

어머니가 되어 장래에는 천황의 친어머니가 되는 가능성이 열리게 된다.

그러나 기리쓰보 상왕이 붕어하자 스자쿠 천황의 외조부로 정계의 실력자가 된 우대신과 고키덴노 뇨고 일족에게 있어서 나이 어린 동궁이 거추장스러운 장애물로 여겨지기 시작한다. 즉 차기 천황도 자신들이 마음대로 조종할 수 있는 왕자를 추대함으로써 현재 무소불위의 권세를 보다 안정시키려고 하였다. 그들은 동궁과 그 친어머니인 후지쓰보 그리고 후견인인 히카루겐지를 증오하면서 어떻게 해서든지 퇴위시키려고 압박을 가하기 시작한다. 히카루겐지와 후지쓰보를 실각시키기 위해 두 사람의 실수를 호시탐탐 노리고 있었다.

히카루겐지는 이러한 위기적 상황에 처해 있으면서도 여전히 후지쓰보에 대한 연정을 마음속 깊이 숨겨두지 못하고 틈을 보아서는 그녀에게 다가가려고 한다. 그뿐만이 아니라 히카루겐지는 채우지 못하는 자신의 감정을 억누르지 못하고 금남의 순결을 지켜야 하는 무녀인 사이인(가모신사에서 신을 모시는 왕녀)에게도 연모하는 자신의 마음을 고백하는 편지를 자주 보내고 있었다. 그 외에도 적대적 관계에 있는 우대신 일가의 여섯 번째 딸로 나이시노가미로서[13] 스자쿠 천황에게 총애를 받고 있는 오보로즈키요와도 정을 통하고 있었다.

이러한 행위는 마치 천황체제를 거역하는 반역도처럼 위험을 전혀 두려워하지 않는 태도로 볼 수도 있다. 작품 속 서술자는 이러한 히카루겐지의 행동을 자못 그다운 성벽이라고 말하고 있다.

후지쓰보와의 관계는 차마 세상에 알려지지 못하고 비밀로 남겨지게

---

13) 尚侍. 천황의 접견과 문서를 관리하는 나이시노츠카사 여자 장관. 왕비와 같은 대우를 받았다.

되었지만 사이인에 대한 연모와 오보로즈키요와의 육체적 관계는 이윽고 우대신과 고키덴노 뇨고에게 알려지게 된다. 그들은 겐지의 불손함에 격노한다. 그러나 우대신 일가는 장래의 황후감으로 길러온 자기 일가의 딸자식과 육체적 관계를 가졌다고 해서 히카루겐지를 대역죄인으로 고발할 수는 없었다. 이 때문에 오히려 초조해진 이들은 히카루겐지를 역모를 꾸민 반역도로 조작하여 중앙 귀족사회에서 영원히 추방하려고 획책한다.

한편 후지쓰보는 자기 자식인 동궁을 지키기 위해 무엇보다도 세상사람들이 히카루겐지와의 비밀을 결코 눈치 채지 못하게 하기위해서 항상 처신을 조심했다. 그리고 이를 위해서는 더 이상 히카루겐지를 가까이 해서는 안 된다고 생각했다. 그러나 히카루겐지를 너무 철저하게 외면하고 피하게 되면 그는 절망한 나머지 동궁의 후견인 역할을 포기하고 출가해 버릴지도 모른다고 생각했다.

후지쓰보는 히카루겐지와 연모의 감정을 배제한 친밀관계를 유지하기 위해서는 자신이 먼저 출가하는 것이 최선의 방법이라고 생각했고, 그녀의 계획은 적중하였다. 히카루겐지는 후지쓰보가 출가해 버린 이상, 동궁을 지킬 수 있는 것은 자신뿐이라는 사명감을 자각하게 된 것이다.

우대신 일가의 계략을 직감한 히카루겐지는 동궁의 후견인인 자신이 죄인으로 조작되면 동궁에게까지 미칠 부당한 영향을 고려하여 모반을 꾸민 역적으로 조작되기 전에 스스로 유배의 땅에 낙향하기로 결심한다. 이에 따라 동궁도 폐태자로 퇴위되는 잔혹한 체험을 겪지 않아도 되게 되었다. 이것이 히카루겐지 스마 유배의 진실이다.

순수한 사랑이 영달로 이어진다

후지쓰보의 출가는 자연스럽게 히카루겐지를 동궁의 보호자로서 자각하게 만들었다는 점에서 정략적인 측면을 가지고 있다고도 할 수 있다. 그러나 그 본질은 어디까지나 자기 자식의 안녕을 바라는 모정에서 시작되었다는 점에는 변함이 없다.

원래 기리쓰보 천황의 붕어에서부터 히카루겐지의 스마 유배에 이르기까지 겐지도 후지쓰보도 그 행위의 결과만을 본다면 앞날의 번영으로 이어지는 정략적인 언행으로 가득 차 있는 것 같지만 그들이 처한 상황에 있어서 두 사람의 의식 하나 하나는 자기 자신과 패륜의 자식인 동궁을 살리려고 하는 절실한 부모의 정과 의지에 의거하고 있다. 특히 히카루겐지의 경우 한편으로는 후지쓰보를 미칠 듯이 연모하는 자신의 억제하기 힘든 감정에 괴로워하고 있었다.

히카루겐지는 1년 이상에 걸친 자발적인 유배생활을 보내고 난 뒤 다시 교토의 조정으로 돌아가게 된다. 이윽고 스자쿠 천황이 퇴위하고 동궁이 즉위해서 레이제 천황이 된다. 당연히 히카루겐지는 새로운 천황의 후원자로서 조정의 중책을 맡게 되었고 후지쓰보도 출가한 몸이지만 천황의 친모로서 대왕대비가 되어 사람들의 존경과 경애를 한 몸에 받게 된다.

그리고 후지쓰보 대왕대비가 붕어한 뒤 레이제 천황은, 자신이 히카루겐지의 친자식이라는 출생의 비밀을 알게 된다. 이에 레이제 천황은 히카루겐지에게 황위를 양위하려고 하지만 끝내 이루어지지 않는다. 그는 어떻게 해서든지 자신의 친아버지를 공경해야 한다는 생각을 갖게 되었다. 나중에 히카루겐지가 태상천황에 준하는 지위에 오르게 되는 것은 무엇보다도 이러한 레이제 천황의 뜻을 반영한 것이었다.

영화로운 히카루겐지의 일생은 이렇게 후지쓰보를 시작으로 수많은 여인들과의 관계에 의해 이끌려가고 있다고 말해도 좋을 것이다. 물론 이러한 사랑의 모습들은 그에게 찬란한 영화만을 가져다 준 것은 아니다. 후지쓰보와 이룰 수 없었던 사랑의 우수를 일평생 품에 안고 살아가야만 했던 것처럼, 역사상 전례가 없는 부귀영화를 향해 권세를 더해가면서도 한편으로는 어둡고 무거운 정념을 홀로 품에 안고 살아가게 되었다.

만년이 되어 히카루겐지는 자주 자신의 인생에 있어서 영화영달이 다른 어떤 사람보다 뛰어났지만 그 대신 마음속으로 느끼던 우수도 또한 다른 어떤 사람과 비교할 수 없는 것이었다고 회고하고 있다. 이것은 이야기 전개의 본질을 정확하게 파악한 히카루겐지 자신의 거짓 없는 고백이었다.

또한 히카루겐지의 인생이 사랑과 영화를 긴밀한 하나의 사건으로 만들고 있지만 이것을 의식하고 일부러 한 것은 아니다. 그는 부귀영화를 목적으로 그것을 이루기 위해 수많은 여인들과 관계를 맺으려고 한 것이 아니다. 오히려 하나하나의 사랑을 순수하게 경험하며 살아가고 있다. 다만 그것이 결과적으로 히카루겐지를 영화와 영달의 길로 이끌어 가게 된 것이다. 이와 같이 개인적인 사랑과 사회적인 영화를 긴밀하게 이어주는 역학구조야 말로 이 모노가타리 작가가 독자적으로 고안한 허구의 구조이다.

제3절 '이로고노미'의 신화

쓰쿠시노고세치

오늘날 '이로고노미'라고 말하면 근세 에도시대 이후 '호색'이란 말과 같아서 남녀의 정사를 탐하는 것이라는 정도의 의미밖에 가지지 못하게 되었다. 그러나 여기에서 말하는 '이로고노미'라는 것은 남자가 상대편 여자의 영혼 깊숙하게 작용하여 이윽고 그 마음을 이해하는 힘을 말한다.

실은 헤이안시대에서도 '이로고노미'는 '스키(すき)'와 유사한 말로 상대편 이성의 마음을 잘 아는 것, 남녀가 사랑에 푹 빠지는 것이라는 뜻으로 사용되는 것이 일반적이었다. 참고로 말하자면 '스키'라는 것도 연애 풍류 문학 등에 영혼을 쏟아 붓듯이 열중하는 것을 뜻한다. 모두 상대편을 끌어당기는 힘이라기보다는 이쪽 마음가짐을 표현하는 말이었다.

그러나 앞에서 기술했듯이 상대편 여자의 영혼을 빼앗을 수 있는 힘이 '이로고노미' 본연의 뜻이었다고 생각된다. 그리고 『겐지모노가타리』의 히카루겐지는 이러한 힘을 미덕으로 갖추고 있는 주인공으로 조형되어 있다.

'이로고노미'를 보다 정확하게 이해하기 위해서 모노가타리 곳곳에 점묘되고 있는 쓰쿠시노고세치라는 여인과의 관계를 주목해 보자. 이 호칭의 유래는 소녀 시절에 고세치 행사의 무희[14]로 선발되어 궁중에서 아름답게 춤을 추었던 여인이, 쓰쿠시 지역 지방관리인 다자이노다이니로 부임하는 부친과 같이 하행하게 된 것에서 유래한다. 그녀는 쓰쿠시로 내려기 이전부터 히카루겐지와 관계를 가지고 있었다.

최초로 그녀의 이름이 등장하는 하나치루사토 마키에서는, 스스로 마음을 바꾸고 새로운 남편을 구해서 나카가와에 살던 여인과 비교하면서, 같은 중류계층의 여자로서는 쓰쿠시노고세치가 확실히 귀여운 부분이 있는 여인이었다고 히카루겐지가 회상하고 있다. 또한 히카루겐지의 스마 유배 시절에 교토로 상경하는 다자이노다이니 일행이 겐지와 편지를 주고받으면서 쓰쿠시노고세치와 히카루겐지는 다음과 같은 노래와 대화를 나누었다.

> 쓰쿠시노고세치
> 칠현금 소리에 발걸음을 멈추고 동아줄처럼 흔들리는 이 마음
> 당신은 아시나요?
> 가녀린 여자의 풍류를 사람들은 비난하지 않겠지요?
> 히카루겐지
> 마음 있어서 당기는 동아줄이 흔들린다면 지나치진 않겠죠 파

---

14) 오절(五節). 추수감사제인 니이나메사이에는 소녀가 춤을 추는 궁중의례가 있었다.

도치는 스마를
물고기 잡이라도 하자라고는 생각하지 않나요?

-「스마 마키」

여자인 쓰쿠시노고세치 쪽에서 먼저 노래를 부르고 있다는 점이 주목된다. 통상적으로 남녀의 증답가(노래를 주고받는 와카 형식)에서는 남자가 먼저 연모의 와카를 부르고 여자가 어떤 식으로든지 이에 반발하는 내용의 와카로 답하는 것이 일반적인 형식이다.

그러나 여기에서는 순서가 반대여서 여자 쪽이 적극적으로 앞서가고 있다. 이것은 아마도 처음부터 그녀의 마음을 히카루겐지가 차지하고 있었기 때문일 것이다. 첫 번째 노래는 '당신(히카루겐지)의 칠현금 소리에 이끌려 걸음을 멈추고 동아줄처럼 흔들리는 나의 마음을 당신은 헤아려 주실까요?'라는 뜻이다. '동아줄'을 이용하여 히카루겐지의 매력에 견인되어 흔들리는 여인의 마음이 솔직하게 표현되고 있다.

그리고 이 와카에 이어서 "가녀린 여자의 풍류를 사람들은 비난하지 않겠지요?"라고 덧붙여 말하고 있는 것은, 고대 와카인 '사람들이여 비난하지 말아요 바다 위 배가 파도에 출렁이듯 흔들리는 이 마음'(『고금집』, 戀一, 작자미상)에 의거한 표현으로, 여자의 몸으로 자기가 먼저 적극적으로 와카를 만들어 보내는 경망스러움을 스스로 변명하기 위한 회화문이다. 이러한 회화문에서 와카를 만들어 전할 수밖에 없었던 여인의 속마음이 드러나고 있다.

한편 히카루겐지의 답가는 '나를 생각해서 당기는 동아줄처럼 당신 마음이 흔들리고 있다면 내가 사는 스마 해변을 이대로 모르는 척 지나갈 수 있을까요?'라는 뜻이다. 상대의 반발하는 듯한 말투를 그대로 받아 사용하면서 반대로 상대에 대한 친숙한 애정을 표현한 노래다. 이어서 말한 "(여기서 함께) 물고기 잡이라도 하자라고는 생각하지 않나요."라는 회화문은 유배된 외로움과 한탄을 노래한 고대 와카 '상상해 봤나 시골로 내려가서 나이를 먹고 해녀 동아줄 당기며 고기잡이 할 것을'(『고금집』, 雜下, 오노 다카무라)를 인용한 표현으로 상대 여자의 "사람들은 비난하지 않겠지요."라는 말에 대응하면서 고적한 유배생활의 외로움을 호소하고 있다.

와카와 '이로고노미'

모노가타리에는 두 사람이 처음에 어떠한 경위로 마음을 주고받게 되었는지는 이야기되지 않았다. 다만 전해지지 못한 이야기의 후일담으로 이러한 에피소드가 장대한 모노가타리 속에 삽입되어 있을 뿐이다. 실은 히카루겐지에게는 쓰쿠시노고세치 만이 아니라 이런 식의 일화가 적지 않아서 수많은 여인들과의 관계가 모노가타리의 배후에 엿보이고 있다.

물론 수많은 남녀관계 중에는 히카루겐지 자신의 인생을 꼼짝달싹 못할 곳으로 이끌어가는 여인들도 있었다. 후지쓰보, 로쿠조미야스도코로, 무라사키노우에, 아카시노기미 등이 그러한 여인들로 히카루겐지와 함께 독자적인 인생을 걸어가게 된다. 새삼스럽게 다시 말할 필요는 없지만 이러한 여주인공들과의 인간관계도 또한 겐지의 '이로고노미'에 의해 이어지고 있다.

위에 적은 일화에서도 알 수 있듯이 히카루겐지의 '이로고노미'가 발휘되기 위해서는 와카를 만들어서 서로 주고받는 것이 큰 힘이 되고 있다는 점에 주목하고 싶다. 겐지와 고세치는 어떠한 경위로 여기까지 이르게 되었는가는 중요한 문제가 아니고 무엇보다도 와카를 매개로하여 서로의 영혼과 접하고 있다는 것이 중요하다. 다음에 이어지는 아카시 마키 마지막 부분에 의하면 교토로 귀경해서 얼마 되지 않았을 때 쓰쿠시노고세치가 다시 히카루겐지에게 와카를 보내고 겐지도 답가를 만들어 보내고 있다. 여기에서도 여자 쪽이 먼저 노래를 만들어 보내고 있다.

  쓰쿠시노고세치
  스마 해변에 마음으로 다가간 이 뱃사람의 이윽고 썩어버린 소매를 보여줄까
  히카루겐지
  오히려 나는 원망을 하고 싶네 다가온 마음 그 때문에 소매가 마르기 힘들어서

  ─「아카시 마키」

쓰쿠시노고세치의 와카는 스마 포구에서 히카루겐지에게 마음을 전한 뱃사람(여인 자신)이 눈물에 젖어 썩어버린 자신의 소매를 겐지에게 보이고 싶다는 뜻으로 뒤돌아보지 않는 남자에 대한 사랑과 슬픔을 호소한 노래이다. 이에 대한 히카루겐지의 답가는 당신이 보낸 편지 때문에 자기 소매가 항상 눈물로 젖어 있었기에 오히려 내가 당신을 원망하고 싶

다는 뜻이다. 이와 같이 서로 와카를 주고받는 것을 되풀이하면서 상대에 대한 집착이 남게 되고 서로가 상대로부터 자유롭지 못하게 된다. 다음 미오쓰쿠시 마키에는 아래와 같은 구절이 있다.

히카루겐지님은 이 쓰쿠시노고세치를 잊어버리시지 못하고 다시 한 번 만나고 싶다고 마음에 담아두셨지만 지금은 매우 어렵고 세상 사람들의 이목도 도저히 피할 수 없었다. 여인(쓰쿠시노고세치)이 겐지님을 그리워하는 마음을 버릴 수 없었기 때문에, 부모는 이것저것 고심해서 맞선을 보게 했지만 다른 보통 사람들처럼 결혼시키는 것은 단념하고 있었다. 겐지님은 마음 편히 지낼 수 있는 새 저택을 만들고 이러한 여인들을 모아서 살게 하려고······

―「미오쓰쿠시 마키」

쓰쿠시노고세치는 히카루겐지에 대한 집착 때문에 부모가 주선하는 혼담조차 듣지 않고 평생을 독신으로 지내려고 마음먹었다. 겐지 또한 이 여인을 잊을 수가 없었다. 그에게는 이렇게 집착하는 여인이 많이 있어서 차라리 새로운 저택을 만들어서 수많은 여인들을 모두 받아들이려고 생각하고 있었다. 히카루겐지의 집착도 그렇지만 상대편 고세치의 마음이 거의 겐지에게 점령되어 버린 느낌이다.

유략 천황의 '이로고노미'

이로부터 4년 뒤인 오토메 마키에서 히카루겐지는 친아들인 유기리가 고세치 행사의 무희에게 관심을 가지는 것을 보고, 자기 자신도 이전에 사랑했던 쓰쿠시노고세치를 매우 그리워하며 아래와 같이 와카를 주고 받게 된다.

> 히카루겐지
> 어린 소녀도 거룩하신 선녀의 옷소매처럼 이 오래된 친구도 나이를 먹었기에
> 쓰쿠시노고세치
> 생각해 보면 바로 오늘 일처럼 생각납니다 음지에 내린 서리 옷소매에 녹듯이
>
> ―「오토메 마키」

여기에서는 이전까지와는 달리 일반적인 증답가의 형식에 따라 남자가 먼저 와카를 보내고 있다. 히카루겐지의 와카는 '옛날에 파릇파릇하게 앳되던 무희도 이제 나이가 들었을까, 선녀처럼 옷소매 휘날리며 춤추었던 시절부터 오랜 세월을 같이 보낸 친구인 나 자신도 이렇게 나이가 들었으니까.'라는 의미이다.

이에 대한 여자의 답가는 '고세치 행사의 춤이야기를 듣고 있자니 옛날 음지에서 자란 덩굴을 머리에 장식하고 춤을 추었던 제가 햇볕을 받아 서리가 녹아 옷소매를 적시듯이 당신에게 마음 끌리던 옛 추억이 마

치 오늘 일처럼 느껴진다.'라는 뜻이다.

모노가타리의 서술자는 여기에서 다음과 같은 취지의 말을 하고 있다. 히카루겐지는 많은 세월이 지나갔음을 되돌아보고 문득 느껴지는 심경을 마음속에 그대로 담아둘 수 없어서 그 이상의 의미는 없지만 편지를 보내게 된 것이다. 그러나 상대인 쓰쿠시노고세치에게 아무리 그리운 마음이 새록새록 되살아났다 하더라도 이제 와서는 아무 소용이 없다는 조금 야유가 섞인 말투이기는 하지만 오히려 히카루겐지를 향한 고세치의 뜨거운 심경을 절실하게 표현하고 있다. 이 장면에서 몇 년의 시간이 흘러도 여전히 쓰쿠시노고세치를 공감시킬 수밖에 없는 히카루겐지의 '이로고노미' 힘이 생생하게 드러나고 있다.

여기에서 상기되는 것은 『고사기』의 「아카이코 전설」이다. 어느 날 유랴 천황이 미와가와 강변에서 세탁을 하고 있는 아름다운 소녀를 만났다. 이름을 물어보자 쉽게 히케타베노 아카이코라고 대답했다. 고대 일본사회에 있어서 여자가 남자에게 자신의 이름을 밝히는 것은 구혼을 허락한 것을 의미했다. 유랴 천황은 다른 남자에게 시집가지 않고 기다리고 있으면 가까운 시일 내에 데리러 오겠다고 약속한다.

그러나 유랴 천황은 이 사실을 까맣게 잊어버리고 만다. 긴 세월이 지난 후 이미 노파가 되어버린 아카이코가 천황의 거처를 찾아가 당시의 일을 고한다. 놀란 유랴 천황은 정조를 끝까지 지킨 그녀의 가여움에 감동하는 한편, 이미 상대가 너무 나이를 먹어서 새삼스럽게 결혼할 수 없는 현실을 슬퍼한다.

남자가 여자와의 약속을 잊어버린 것은 무책임한 것이지만 여자가 남자의 결혼약속을 완전히 신뢰하고 정조를 지켰다는 부분에서 유랴 천황의 '이로고노미' 힘을 주장할 수 있다. 아카이코의 생애가 유랴 천황의 소유물로 되어버린 것이다. 또한 이것을 통해서 반대로 유랴 천황이 가진 '이로고노미'의 영웅성이 증명되고 있다고도 할 수 있다. 위에 적은 오토메 마키의 히카루겐지와 쓰쿠시노고세치가 지나간 세월을 서로 회상하는 일화도 이러한 아카이코 전설을 떠올리게 하는 측면이 있다.

용맹스러운 무사나 철천지원수지간이라 하더라도

'이로고노미'라는 것은 무엇보다도 다른 사람의 영혼을 자기 쪽으로 끌어당기는 힘을 의미한다. 겐지모노가타리에 있어서 서술자는 어릴 적부터 그가 얼마나 주위 사람들을 매료시켜 왔는가를 누누이 강조하고 있다. 예를 들면 '사납고 용맹스러운 무사나 철천지원수지간이라 하더라도 직접 눈으로 보면 무심코 미소 지을 수밖에 없는 모습을 하고 계시기에'(기리쓰보 마키)라고 기술되어 있다. 아무리 무서운 무사나 원수지간이라 하더라도 나이 어린 히카루겐지를 보면 무심코 미소를 지을 수밖에 없다고 한다. 혹은 17살로 성장한 히카루겐지가 이요노스케의 후처인 우쓰세미를 갑자기 덮치는 장면에서도 '……매우 부드럽게 말씀하셔서 귀신도 난폭해지지 못할 분위기였기 때문에'(하하키기 마키)라고 적고 있다.

이러한 수식표현들은 실은 『고금집』 가나조(히라가나로 적힌 서문)에서 '힘을 들이지 않고 천지를 움직이고 눈에 보이지 않는 귀신과 신들도 가엾게 여기게 하며, 남녀의 사이를 부드럽게 만들고 사납고 용맹한 무사의 마음도 어루만져 달래는 것이 와카(노래)다.'라고 기술한 부분에 의거하고 있지만 단순한 수식어구 인용으로 끝나지 않고 있다. 와카가 영혼 차원에서부터 사람들에게 깊은 감동을 주고 있듯이 히카루겐지의 존재도 또한 사람들의 영혼을 뒤흔들고도 남을 감동적인 존재로 그려지고 있다.

또한 '이로고노미'의 사람은 사랑하던 상대를 잃어버렸을 때 비정상적일 정도로 깊은 비탄에 잠긴다. 예를 들면 히카루겐지가 유가오와 갑자기 사별했을 때, 아니면 다마카즈라(유가오의 딸)가 히게쿠로의 수중에 떨어졌을 때, 그의 낙담과 슬픔은 다른 보통사람과 비견할 수 있는 것이 아니었다. 이러한 모습들은 '이로고노미'가 상대의 영혼을 끌어당기고 마음속 깊이 소통하는 힘이라는 것을 또 다른 측면에서 증명해주고 있다.

히카루겐지와 관계를 가진 여인들은 이러한 '이로고노미'의 힘에 의해 영혼의 뿌리에서부터 뒤흔들리고 있기에 자주 그녀들의 인생이 결정적으로 바뀌어 버린다. 예를 들면 어린 나이에 부친을 여읜 우쓰세미는 고령인 이요노스케의 후처로 들어앉게 된 자신의 처지에 대하여 그다지 불만을 품고 있지 않았다. 하지만 히카루겐지와 만나 관계를 가지게 되면서 자신의 숙명이 보잘 것 없음을 처절하게 한탄하게 되는 것도 전형적인 예라고 말할 수 있다. 이것을 히카루겐지 쪽에서 말하자면 상대방 여인의 마음을 자신의 것으로 소유해서 관리하고 있다는 것을 의미한다.

'이로고노미'는 영웅의 조건

여기에서 상기되는 것은 오리구치 시노부15)에 의해 제창된 일본 고대 영웅 특유의 '이로고노미' 미덕이라는 발상이다. 이에 따르면 일본 고대 영웅들은 각 지방의 토착 신을 모시는 무녀들을 취함으로써 그 지방을 지배하게 되었다고 한다. 이와 같이 여인의 영혼에 호소하여 그것을 빼앗아 버리는 힘인 '이로고노미'가 무력을 초월하는 고대 영웅 고유의 초인적인 위력이라고 한다(『오리구치시노부 전집』 제1권 등). 그러나 이러한 영웅이 정말로 고대에 실존하고 있었다고는 말할 수 없다. 다름 아닌 고대 신화와 전승설화 속에서 자라난 고대적 영웅상에 불과하다.

예를 들면 『고사기』 하권에 '성스러운 천황'으로 전해지고 있는 닌토쿠 천황이 나라 안을 둘러보고 저녁 무렵이 되어도 마을의 아궁이굴뚝에서 연기가 올라오지 않는 것을 보고 피폐한 백성들의 생활을 깨닫고 그 후 3년간 과세와 노역 등을 면제해 주었다고 한다. 그는 유교 도덕에서 말하는 덕치를 몸소 실천한 이상적인 제왕이 되었다.

그럼에도 불구하고 다른 한편으로 닌토쿠 천황은 이와노히메 황후의 무시무시한 질투이야기를 주축으로 하면서 구로히메, 야타노와키이락꼬, 혹은 메도리노오오기미를 둘러싼 사랑이야기로 이어지는 연애편력 이야기의 주인공으로 등장하고 있다. 백성에게 선정을 베푼 것으로 칭송되는 닌토쿠 천황은 한편으로는 여인의 영혼을 매혹시키는 힘을 가지고 있었기 때문에 한층 더 '성스러운 천황'으로 숭앙받고 있었다.

---

15) 折口信夫. 일본 근대 민속학자 및 국문학자.

이 닌토쿠 천황만이 아니라 앞에서 기술한 유랴 천황 같이 위대한 제왕이라고 전승되던 대왕들, 더 거슬러 올라가서 오오쿠니누시노미코토 등과 같은 신들의 일대기가 사랑 이야기로 전해지고 있다는 점도 주목해야 할 것이다. 나라의 백성을 관리하는 것과 여인들을 소유하는 것은 모순되지 않을 뿐만 아니라 오히려 사람의 마음을 매혹시키는 힘으로서 같은 뿌리를 가지고 있다고 생각하고 있었던 것이다.

히카루겐지의 매력은 위와 같은 고대 신화와 전승 속에서 자라온 '이로고노미'의 미덕이 헤이안시대 모노가타리 문학 속에서 재생산된 것이라고 생각해도 무방하지 않을까? 히카루겐지는 마치 자력을 뿜어내는 듯한 힘으로 차례차례 여인들을 매혹시켜 간다. 이와 같이 여인과의 관계를 누적해 감으로써 장편 모노가타리 주인공인 히카루겐지의 인생이 구상화되어 간다. 모노가타리는 필연적으로 그의 인생에 의거하면서 장편화된다. 이러한 점에서 히카루겐지의 인물상은 일본 고대 '이로고노미' 영웅의 재생산이라고 할 수 있다.

히카루겐지 이야기는 여인들의 마음을 이해하고 장악하는 초월적인 '이로고노미'의 힘과, 한편 반대로 여인들이 그것을 인간관계의 현실적인 입장에서 다시 파악하려는 힘이 긴장관계를 유지하면서 구축되고 있는 것이다.

제4절 '모노가타리'가 만들어 나가는 자율의 세계

여성이 여성에게 말하는 '모노가타리'

모노가타리(이야기)라는 것은 히라가나로 쓰인 산문작품이기 때문에 한자와 한문 교양을 갖추지 못한 여성들에게도 널리 환영받았다. 모노가타리 독자층의 중심은 당연히 여성들이었다. 당시의 최고 문학이라고 하면 중국 한자로 쓰인 한시와 한문이고, 그 다음으로 히라가나로 쓰여진 와카가 중요시되었으며, 모노가타리는 어린아이나 여자를 대상으로 한 소일거리에 가까웠다. 『마쿠라노조시』[16]에는 '무료함을 달래주는 것은 바둑, 주사위놀이, 모노가타리'라고 적혀 있어서, 모노가타리는 바둑이나 주사위놀이 같이 집안에서 즐기는 놀이의 하나로 무료함을 달래주는 심심풀이 정도로 생각되고 있었던 것 같다.

모노가타리는 서술자가 청중(독자)에게 이야기를 들려주는 형식으로 전개되어 간다. 작가는 작가 자신과는 다른 가상의 서술자를 설정하여

---

[16] 枕草子. 헤이안시대 수필 작품.

이 서술자에게 이야기를 풀어가도록 한다. 이것이 모노가타리 본연의 방식이었다. 독자들 대부분이 어린아이나 여자들이고 작품 안에 설정된 서술자도 역시 여자였다. 대부분은 뇨보가 상류귀족가문 아가씨에게 이야기를 들려주는 형식을 취한다.

그러나 『겐지모노가타리』가 출현하기 이전의 모노가타리 작가들은 대부분 남자들이었다. 일본역사에 있어서 서기 10세기는 모노가타리의 계절이라고 말해도 좋을 정도로 수많은 모노가타리가 만들어진 시대였지만 그 작품 대부분은 귀족사회 안에서도 한시와 한문에 대한 풍부한 교양을 몸에 익히고 있었던 남자 문인들이 취미로 만든 것으로 추측되고 있다.

최초의 모노가타리 작품인 『다케토리모노가타리』에서도 10세기 말엽 무렵의 『우쓰호모노가타리』에서도, 어딘가 남자 문인다운 말투를 곳곳에서 엿볼 수 있다. 이들 남자 문인들은 가상의 여자 서술자를 설정하고 허구의 이야기를 들려준 것이 된다.

서기 11세기 초엽 무라사키시키부에 의해 만들어진 『겐지모노가타리』에서는 이러한 내레이션의 방법이 한층 더 철저하게 완성되었다. 작가는 서술자의 등 뒤에 감쪽같이 숨었고 모노가타리는 허구 속 뇨보들의 내레이션으로 전개된다. 내레이션을 만들어 가는 작가 자신은 매우 뛰어난 재능을 가진 천재였지만 서술자로 설정된 뇨보는 특별한 자질과 감각을 가진 사람이 아니다.

실은 이러한 지극히 평범한 서술자가 가지고 있는 당시 귀족사회의 상식적인 교양과 감각이 이야기를 듣는 사람 즉 이야기 세계와 독자 사이에 튼튼한 다리를 만들어 주고 있다. 상식을 가진 평범한 서술자가 작가와 독자 사이에서 서로의 공통분모가 될 수 있는 모노가타리를 만들어가고 있다.

모노가타리의 상대화

이 서술자는 자주 작중 인물이나 사건에 대해서 감상을 말하거나 비평을 더하기도 한다. 예를 들면 기리쓰보 마키에서 일개 고이를 총애하는 기리쓰보 천황을 비판적으로 바라보는 간다치매(종3품 이상의 최상류 귀족) 덴조비토(천황에게 알현할 권리를 가진 상류 귀족)의 모습을 '공연히 눈을 흘기며'라고 묘사하고 있다. 여기서 '공연히'라고 말하는 것은 그렇게 하지 않아도 되는데 쓸데없이 눈을 흘기며라는 뜻이다.

이것은 천황과 고이가 서로 사랑하는 모습을 바로 옆에서 보아온 뇨보들이 두 사람의 사랑에 편을 드는 식의 감상이 되고 있다. 이와 같이 모노가타리는 대부분 서술자의 개인적인 견해로 이야기되고 있어서, 이 때문에 가까운 인물에 대해서는 서술자가 역성을 들 수도 있다.

또한 위에서 적은 바와 같이 서술자의 비평이나 감상이 더해짐으로써 모노가타리 세계가 보다 객관적인 것으로 상대화되기도 한다. 모노가타리의 서술에 따르자면 기리쓰보 천황의 총애에 대한 간다치매나 덴조비토의 비판은 당나라 현종황제가 양귀비를 너무 총애해서 국정을 뒤돌아보지 않았고 이 때문에 홍건적의 난을 초래했다는 고대 중국의 사례를 근거하고 있다.

확실히 당시 일본의 현실 정치에 있어서 중국의 역사는 정치적 규범이 되고 있었지만 중국과 같은 정복국가와는 달리 단일 왕통을 계승해

온 일본 왕조에서는 천황이 일개 고이를 총애했다고 하더라도 내란이 일어날 리가 없었다. 왕조 전복을 걱정하며 호들갑스럽게 소란을 피우는 간다치매, 덴조비토들은 말하자면 불필요한 비판을 하는 쓸데없는 존재였다.

무엇보다도 서술자는 거기까지 생각하고 '공연히'라고 비평하지는 않았을 것이다. 서술자의 의식은 기껏해야 자신들이 천황과 고이의 편을 들어주자는 정도의 것이라고 생각한다. 그러나 상기한 문맥에서 '공연히'라는 비평이 끼어들어감으로써 서술자 자신의 의식을 넘어서 모노가타리 세계가 상대화되어 가는 것이다.

전지적 시점이 아닌 서술자

또 하나의 예를 들어보자. 하하키기 마키에서 죽음을 자각한 기리쓰보 상왕이 현재 황위를 계승한 스자쿠 천황에게 자신이 죽은 뒤에 지금과 같이 히카루겐지에게 조정을 보좌하는 역할을 맡겨서 모든 일을 상담하고 또 동궁을 소중히 여겨서 장래에 반드시 즉위할 수 있도록 해 달라고 유언하는 부분이 있다. 여기까지 이야기된 뒤, 새삼스럽게 서술자 자신이 이야기 중간에 끼어들어서, '여자가 함부로 말해도 되는 내용이 아니기에 그 편린을 말하는 것조차도 어색하고 부끄럽습니다.'라는 감상을 토로하고 있다. 당시 여자가 정치에 관해서 발언하는 것은 금기시되어 있었기 때문이다.

한편 '여자가 함부로 말해도 되는 내용이 아니기 때문에 그 편린을 말하는 것조차도 어색하고 부끄럽습니다.'라고 말하는 것은 매우 미묘한 표현이 포함되어 있다. 기리쓰보 상왕의 유언 자체가 정치적으로 매우 중요한 이야깃거리임에는 틀림없다. 그러나 서술자는 그것을 자세히 전달하는 과정에서 스스로 '여자가 함부로 말해도 되는 내용이 아니기 때문에'라고 은폐(隱蔽)하고 도회(韜晦)하고 있는 것이다. 한편으로는 은폐하면서도 한편으로는 명확히 밝혀나간다고 하는 매우 굴절된 말투라고 생각한다. 이것은 무엇보다도 과연 진상은 무엇인가 라는 것에 대한 독자의 주의력을 환기하는 전달 방법이다.

이후 이야기의 전개 흐름에서 본다면 실은 이 기리쓰보 상왕의 유언이 하나의 중요한 지표가 되어 히카루겐지와 동궁의 운명이 전개되어 간다. 상왕의 유언대로 히카루겐지가 스자쿠 천황의 조정에 밀착된 존재로 남아 있는지 몰락하는지, 아니면 세상에 알려지지 않은 불륜의 자식이 예정대로 흔들림 없이 왕통을 이어갈 수 있는지 없는지, 이러한 과제가 모노가타리 전면에 돌출되어 나오게 된다. 따라서 위에 적은 서술자의 감상은 이야기 전개의 지표가 되고 있는 것이다.

서술자의 직접적인 감상이나 비평은 어디까지나 평범한 뇨보의 상식을 전제로 하면서 때로는 앞뒤를 뒤집은 듯한 말을 하거나 때로는 굴절된 말투로 이야기되어 간다. 이러한 서술자의 말 속에 실은 이야기를 전개시키려고 하는 작가의 의도가 숨어있다고 생각된다. 위에 적은 기리쓰보 상왕의 유언에 이어지는 서술자의 감상이 그 전형적인 예다.

또한 서술자가 무엇을 어떻게 보고 어떻게 수용하고 있는가라는 점에서 이야기의 시점(視點) 문제가 내포되어 있다. 서술자가 자신의 견해를 이야기한다고 하더라도 모노가타리 세계 전체를 완전히 파악하고 있는 것은 아니다. 어떤 등장인물이 서술자 주변에 있었던 인물이라고 가정하더라도 그 인물의 마음속 깊은 곳까지는 쉽게 들여다 볼 수 없다.

오히려 서술자는 자신이 이해하지 못하는 작중인물의 말과 행동 뒤에 숨어 있는 진실을 명백히 밝히기 위해 해당 작중인물의 진실을 하나하나 차례로 뒤쫓아 가듯이 전달해간다. 이와 같이 이야기 전개를 구체적으로 떠받치고 있는 서술자의 눈과 마음에 주목해야 한다.

시점이동에 따른 내레이션

다음은 와카무라사키 마키에서 교토 기타야마 산을 방문한 히카루겐지가 어떤 미소녀를 엿보는 장면이다. 이 소녀는 훗날 무라사키노우에라고 불리게 되지만 여기에서는 보여지는 대상과 그것을 바라보는 겐지의 시점 그리고 양측을 바라보는 서술자의 시점에 의해 구성되고 있다.

① 얼굴 모습이 매우 사랑스럽고 어깨 근처가 아련하게 고우며 가련하게 빗어 올린 이마모양 머리카락도 매우 귀여웠다. ② 앞으로 얼마나 아름답게 성장할지 그 모습을 옆에서 지켜보고 싶은 사람이라고 히카루겐지께서는 지긋이 바라보고 계셨다. ③ 왜냐하면 실은 더할 나위 없이 애를 태우며 사모하고 계시는 분과 매우 많이 닮아 계시기 때문에 저절로 눈길이 떨어지지 않았구나라고 깨달으시고는 눈물이 한 방울 두 방울 흘러 내렸다.

―「와카무라사키 마키」

상기한 문장은 ①'얼굴모습이 …… 매우 귀여웠다' ②'앞으로 얼마나 …… 바라보고 계셨다' ③'왜냐하면 …… 흘러 내렸다'의 세 문장으로 구성되어 있다. ①은 히카루겐지의 눈과 마음에 의거하여 이야기되고 ②는 겐지의 마음이 서술자를 통해서 이야기되며 ③은 겐지의 알려지지 않은 본심에 입각하여 이야기되고 있다.

①→②→③으로 시점이 이동하면서 중첩되고 있다는 점에 주목하자. 히카루겐지 마음이 소녀의 가련한 용모에 이끌려 어른으로 성장한 아름다운 모습을 상상함으로써 더욱더 매료되고, 소녀에게 이토록 이끌리는 이유가 실은 이 소녀가 자신이 사모하는 후지쓰보와 닮았기 때문이었다는 사실을 깨닫고 놀란 뒤, 새삼스럽게 소녀를 다시 응시하며 눈물을 흘리고 있다.

이렇게 시점을 중첩시켜가는 문장은 히카루겐지가 소녀에게 매료되어가는 마음의 과정을 그려내고 있다. 이렇게 나이 어린 무라사키노우에를 발견하면서 이윽고 하카루겐지는 후지쓰보를 대신해서 이 소녀를 자기 가까이에 두고 아침저녁으로 마음의 위로로 삼고자하는 소망을 품게 된다. 겨우 10살 정도의 어린 소녀에 대하여 비정상적이라고 말할 수밖에 없는 집착을 보이고 있다.

물론 서술자는 이 단계에서 소녀가 후지쓰보의 조카로 혈연관계가 있다는 사실을 알지 못한다. 서술자는 전지적 시점이 아니어서 이 장면에서는 오직 히카루겐지의 눈과 마음에 의거해서 말할 수밖에 없었다. 때문에 오히려 소녀에 대한 히카루겐지의 비정상적인 집착을 두드러지게 만들고 있다. 이러한 집착은 이 소녀만이 아니라 후지쓰보에 대해서도 똑같이 보이고 있다.

자율적으로 성장하는 모노가타리

서술자는 자기 주변에 있는 인물(작중인물)에 대해서 보고 들었던 말, 행동, 배경을 자세하게 전해간다. 그리고 모노가타리를 이어가는 과정에서 차츰 그 인물의 필연성이나 진상도 부각되어 간다는 느낌이다.

작가 쪽에서 본다면 처음부터 귀여운 어린 소녀 무라사키노우에는 틀림없이 후지쓰보의 조카로 구상하고 있었을 것이다. 그러나 이야기 속 서술자는 그와 같이 말하지 않는다. 후지쓰보를 닮은 가련한 소녀의 모습에 놀라는 히카루겐지의 눈과 마음에 밀착하면서, 나아가 그 비정상적인 집착 때문에 소녀의 정체를 집요하게 알아내려는 그의 언행에 즉각적인 반응을 보이며 이야기의 새로운 국면을 열어가고 있는 것이다.

이와 같이 보자면 작가라고 하더라도 작중인물이나 사건을 자기 마음대로 조작하는 것은 허락되지 않는다는 것을 알 수 있다. 작가는 가상의 서술자 등 뒤에 숨을 수밖에 없고 작품 안에서 결코 얼굴을 드러내지 않는 위치에 있다.

이러한 구조에 의하여 실은 작품 자체가 고유의 세계로써 자율적으로 전개되어 간다.『겐지모노가타리』가 주인공 인생의 지속성 혹은 작품 세계의 통일성이라는 점에서 장편 모노가타리의 긴장구조를 가지고 있는 것도 이러한 내레이션 방법이 하나의 원인이라고 생각된다.

또한 앞에서 기술한 바와 같이 서술자와 독자는 같은 공간을 공유하게 된다. 더 정확하게 말하자면 작가는 서술자를 독자와 공유할 수 있는 존재로 구상하고 있다. 이와 같이 내레이션을 공유하는 장소가 가정되고 있다는 점에서 서술자와 독자에게 공유되는 전승이나 선행 모노가타리

또는 와카 한문학 등도 도입되고, 이것을 기반으로 양자의 협동에 의한 상상의 세계는 확장되어 간다.

인용 모자이크

구체적으로 예를 들면 스마 마키에서 히카루겐지가 스마 지방 유배지에서 가을을 맞이하게 된 다음 문장을 읽어보자.

> 스마에서는 이윽고 사람의 마음을 졸이게 하는 가을바람이 부는 계절을 맞이하고 있었다. 히카루겐지의 거처는 바다에서 조금 떨어져 있지만 옛날에 유키히라 중납언이 변경의 관문을 불어 넘는다고 노래한 그 포구에 치는 파도 소리가 밤이 되면서 과연 귓가를 맴돌며 들려와서, 더할 나위 없이 마음에 스며드는 가련함이란 이러한 유배지에서 보내는 가을을 말하는 것이었다.
>
> ―「스마 마키」

여기에서는 '나무사이로 흘러 들어온 달빛 보고 있자면 마음 졸이게 하는 가을 와버렸구나'(『고금집』, 秋上, 작자미상)라는 노래가 인용되고, 그 위에 중납언 아리와라노 유키히라(아리와라노 나리히라 친형)가 한때 스마 지역에서 쓸쓸한 은둔생활을 했다는 전승설화와 그때 노래했다는 와카 '나그네 옷깃 서늘하게 됐구나 변경의 관문 불어 넘는 스마의 포구에 부는 바람'(『속고금집』, 羈旅, 아리와라노 유키히라)이 인용되고 있다.

이 시대 사람들에게 있어서 가을은 비애의 계절이었다. 위 장면에는 가만히 있어도 슬픈 가을인데 설상가상으로 유배지인 스마에 낙향해왔기 때문에 '더할 나위 없이 마음에 스며드는 가련함'이라는 비애가 극에 달하게 된다. 이 한 문장의 문맥에 주목하자. 와카의 시어 인용 즉『고금집』와카에 준거한 '마음을 졸이게 하는 가을바람'에서 가을의 서늘함을 매개로 하여, 유키히라의 와카 '변경의 관문을 불어 넘는다고 노래한 그 포구에 치는 파도'로 연계되어, 그 문맥 사이에 유키히라가 유배된 전승설화도 수용하고 있다.

예부터 명문으로 널리 알려진 이 문장도 실은 서술자와 독자가 공유하는 전승설화와 와카를 기반으로 하고 있다. 오히려 이와 같이 공유된 구절들이 풍부한 상상력을 환기시키고 있기 때문에 이 문장은 명문으로 칭송되고 있다. 위의 문장만이 아니라 히카루겐지 스마 유배 이야기에서는 아리와라노 유키히라, 아리와라노 나리히라, 스가와라노 미치자네, 미나모토노 타카아키라 등 고대에 지방으로 유배된 사람들의 모습을 점묘하면서 새로운 유배자로서 히카루겐지상을 조형하고 있다.

『겐지모노가타리』의 문장들은 앞에서 제시한 용례와 같이 자주 인용의 모자이크 문양을 드러내고 있다. 혹시 그 인용이 작가의 일방적인 기호에 의한 것이라면 독자를 공감시키는 상상력 같은 것은 야기되지 않는다. 따라서 겐지모노가타리의 다양한 인용은 어디까지나 서술자와 독자의 공감과 협동에 의해 삽입된 것이다. 서술자는 다양한 전승설화, 한시, 와카 등을 티 나지 않게 취하면서 새로운 모노가타리 세계를 만들어 가고 있다.

이렇게 『겐지모노가타리』 작가는 가상의 서술자들에 의해 엄격히 감시되면서 동시에 서술자들에게 다양한 이야깃거리와 문학적 언어를 풍부하게 제공해 간다. 그리고 서술자들은 독자와 함께 모노가타리 세계를 전개해 가게 된다. 이것이 바로 『겐지모노가타리』에 사용되는 '내레이션'의 구조다.

 ## 심상풍경으로서 와카

인간관계를 이어주는 와카

와카를 포함하지 않는 모노가타리는 없다. 『겐지모노가타리』에는 795수의 와카가 삽입되어 있다. 원래 와카는 서정시의 한 종류지만 작품 안에서 노래된 와카는 이야기 내용에 단순히 서정적인 정취를 더하는 부수적인 것이 아니다. 모노가타리 안에서 노래된 와카는 모두 작중인물을 구체적으로 표현하는 수단이 되고 있다.

일상적으로 쓰이는 대화 형식에 대응시켜 살펴보면 혼자서 말하는 독백에 해당하는 것이 독영가(獨詠歌), 두 사람의 대화에 해당하는 것이 증답가(贈答歌), 세 사람 이상이 서로 말하는 담화에 해당하는 것이 창화가(唱和歌)이다.

『겐지모노가타리』에는 두 사람에 의한 증답가가 압도적으로 많고 혼자 자기 마음을 노래하는 독영가는 매우 드물다. 작품 안에서 와카는 어디까지나 작중인물들의 생각을 서로에게 전달하는 소통의 도구다.

작품 안에 와카는 일상적으로 행해지는 독백, 대화, 담화의 변형이기 때문에 일상생활에서 쓰고 있는 회화문과 다르다. 무엇보다도 와카를 만드는 것에는 일정한 약속이 정해져 있다. 예를 들면 증답가의 약속은 다음과 같다. 남녀의 증답가인 경우 먼저 노래를 부르는 것은 남자고 그 내용도 자신이 얼마나 상대 여자를 깊이 사모하고 있는가를 호소하는 것이다. 이에 대하여 여자는 어떠한 형태로든지 남자의 연정에 반발하거나 되받아치는 내용으로 대응한다. 또한 동성 간의 증답가인 경우에는 아랫사람이 먼저 노래하고 윗사람이 그것을 되받아친다는 방식으로 되어있다.

혹은 와카를 부르는 장소에 따라서 그 표현형식이 이미 약속되어 정해져 있다. 축하의 장소에서는 축하하는 노래로서의 형식이 있고, 하룻밤 사랑을 나눈 남자가 여자의 거처에서 나와 집으로 돌아온 뒤에 노래하는 키누기누노우타(後朝の歌)에도 그 형식이 정해져 있다.

그리고 노래에 사용된 말에도 시어(詩語)로서 공통된 연상구조를 가지고 있다. 예를 들면 '안개'라고 하면 초봄을 알리는 기상현상으로 무언가 소중한 것을 감춰주는 것이고, '기러기'라고 하면 북쪽 아시아대륙으로 돌아가는 기러기와 남쪽 일본열도로 찾아오는 기러기로 나누어 봄과 가을로 구별되는 것이라는 식이다.

이와 같이 와카는 인간관계나 노래를 부르는 장소 혹은 시어 등과 같이 약속된 표현과 형식이 선행되고 있다. 말하자면 먼저 말이 있고 그 말이 인간관계를 이어준다. 따라서 와카는 평소에 일상적인 말을 사용해서 쉽게 소통할 수 없는 사람이라 하더라도 그 나름대로 의사소통을 할 수 있게 된다.

수로말뚝표식

여기에서 구체적인 사례를 하나 들어보기로 하자. 미오쓰쿠시 마키에 나오는 히카루겐지와 아카시노기미의 증답가다. 수도로 귀경해서 강력한 정치적 역량을 발휘하기 시작한 히카루겐지가 소원성취 기도를 위해 스미요시 신사로 참배하러 간다. 한편 아카시노기미가 그러한 사정도 모르고 매년마다 다니던 스마요시 신사참배를 하러 가는 길에 우연히 두 사람은 길에서 마주치게 된다. 그러나 그녀는 히카루겐지의 장엄한 위세에 압도되어 아무 말 없이 뒤돌아설 수밖에 없었다. 원래 현격한 신분차이에 괴로워하던 아카시노기미에게 있어서 교토로 귀경한 겐지는 도저히 가까이 다가갈 수 없는 머나먼 존재가 되어 버렸기에 단 한마디 말조차 건넬 수 없었다.

이때 히카루겐지로부터 와카가 전달된다. 다음은 두 사람이 주고받은 증답가다.

히카루겐지
이 몸 다해서(수로말뚝표식) 사랑하는 증표로 이곳에서도 우연히 만나게 된 우리 인연 깊어라
아카시노기미
사람 축에도 들지 못하는 숙명 삶의 보람도 없는 이 몸 다해서(수로말뚝표식) 어찌 사모했을까

―「미오쓰쿠시 마키」

히카루겐지의 와카는, '이 몸을 다 바쳐서 당신을 사모한 것에 대한 신의 계시일까, 수로말뚝표시가 박혀 있는 여기 나니와 지방(현재의 오오사카 부근)까지 와서 당신과 우연히 만날 수 있었던 것은 전생에서부터 이어진 당신과의 깊은 인연 때문이다.'는 뜻이다.

한편 아카시노기미의 와카는 '확연한 신분차이로 사람 축에도 들지 못하고 아무런 삶의 보람도 없는 자신이지만 어떻게 이 몸을 다 바쳐서 당신을 사모하게 되었을까?'라는 의미다.

두 사람이 다시 만난 장소는 스미요시 신사가 있는 나니와 지방으로, 이 나니와 지방은 수로말뚝표식(뱃길 표식이 되는 말뚝표식)을 연상시키는 우타마쿠라(와카 소재가 되는 지명)다. 히카루겐지도 아카시노기미도 나니와 지방이라는 우타마쿠라 지방의 분위기에서 출발하여, '쓸쓸하기에 지금에는 똑같은 나니와 지방 이 몸을 다 바쳐서(수로말뚝표식) 만나고자 합니다'(『후선집』, 戀二, 모토요시 친왕) 노래를 상기하면서 각각 자신의 심경을 표현한 노래를 만들고 있다.

히카루겐지의 노래는 '수로말뚝표식(みおつくし)'과 '이 몸 다해서(身をつくし)', '인연(えに)'과 '강(え)'이 동음이의어로 겹쳐지는 가케고토바[17] 표현기법과, '수로말뚝표식', '증표', '깊어라'에서 연상되는 이미지를 이용하여 자연 풍경을 만들어 가는 엔고[18] 표현기법을 사용하여, 아카시노기미를 길에서 우연히 만나게 된 기이한 숙명의 힘을 감동적으로 노래하고 있다.

---

17) 掛詞. 동음이의어를 사용하여 풍경과 심경을 동시에 만드는 기법.
18) 緣語. 유사한 이미지를 연상 시키는 단어를 연이어 사용하여 시적 풍경을 만드는 기법.

한편 아카시노기미는 히카루겐지 와카에서 사용된 가케고토바 '수로 말뚝표식'과 '이 몸 다해서'를 이어받아서 노래하고 있지만, 겐지의 노래에 반발하면서 어엿한 한 여자로 대우받지 못하는 자신의 낮은 신분을 한탄하고 있다. 유배된 히카루겐지와 우연히 만나 딸아이를 낳았지만 두 번 다시 겐지와 감동적인 나날을 같이 보낼 수 없다는 절망감이 이 노래 안에 스며있다.

이렇게 히카루겐지와 아카시노기미는 각각 전혀 다른 심경을 노래하고 있지만 이 두 노래는 나니와 지방이라는 유명한 노래 소재에서 시작되는 공통된 시적 발상을 기반으로 하면서도, 오히려 공통된 시어를 사용함으로써 결코 양립될 수 없는 고유한 각자의 심경을 표현하고 있다.

이렇게 와카는 의사소통의 기능을 가지면서도 또 다른 한편으로는 자신의 고독한 심경을 노래하려 한다. 그렇기에 일상적인 말로는 손쉽게 소통할 수 없는 인간관계라 하더라도 이어주고 연대시킬 수 있는 것이다. 때문에 와카는 헤이안시대 모노가타리 문학에 있어서 다른 무엇과도 바꿀 수 없는 표현수단으로 작중인물들을 생생하게 그려낼 수 있었다.

히카루겐지의 노래

더욱 구체적인 예를 들어보자. 사카키 마키 처음부분에서 히카루겐지가 오랜만에 노노미야 지역으로 이주한 로쿠조미야스도코로를 방문하는 장면이다. 로쿠조미야스도코로는 이전부터 딸이 사이구로서 이세 지방에 내려가는 것을 구실로, 자신도 히카루겐지와 헤어져서 이세 지방으로 내려갈까 고민하고 있었다. 그러던 와중에 자기 몸에서 빠져 나온 생귀신이 히카루겐지의 정실부인인 아오이노우에를 죽이는 사건이 발생하자 모든 것을 포기하고 이세로 내려가기로 결심하게 되었다. 한편 히카루겐지는 생귀신 사건을 바로 옆에서 직접 목격했기 때문에 인간이 가지고 있는 집념의 추악함과 무서움 그리고 이 세상에 대한 무상함을 되뇌고 있었다.

그렇지만 히카루겐지와 로쿠조미야스도코로 두 사람 모두 그 마음 속 깊은 곳에는 서로에 대한 끊을 수 없는 미련을 남기고 있었다. 겐지가 노노미야 지방으로 그녀를 찾아간 것은 이세로 내려가는 기일이 가까워진 날이었다. 다음 인용문은 히카루겐지가 툇마루에 걸터앉아 자신의 진심을 호소하는 장면이다. 발을 사이에 둔 건넛방 안에는 로쿠조미야스도코로가 앉아 있다.

> 히카루겐지님은 몇 달이나 연락 한번 하지 않은 것을 그럴 듯하게 변명하는 것도 무안해질 정도로 오랫동안 편지 한번 드리지 못했기 때문에 비쭈기나무 가지[19]를 꺾어서 들고 계시던 것을 발 아래로 넣어드리면서 "비쭈기나무처럼 옛날부터 변함없는 제 마음이 이끄는 대로 금남의 성역인 신사 울타리를 넘어 찾아왔습니다. 그런데도 이렇게 저를 비참하게 대하셔서"라고 말씀 드리자 여인은,
>
> 미야스도코로

---

19) 일본에서 옛날부터 신성시 되던 나무로 그 가지를 꺾어 신사의 신전에 바치기도 했다.

      신사 울타리 사람을 이끈다는 삼나무 없이 어떤 실수로 꺾은
      비쭈기나무일까

라고 말씀하셔서 겐지님은 이렇게 대답하셨다.

      히카루겐지
      신을 섬기는 소녀가 기거하는 비쭈기나무 옛 향기가 그리워
      찾아 꺾었습니다

―「사카키 마키」

히키우타(와카 인용)에 의한 의사소통

  오랫동안 연락을 하지 않았던 두 사람이 다시 만나는 것이기에 쉽게 마음을 열고 대화할 수는 없는 법이다. 겐지가 비쭈기나무 가지를 꺾어서 두 사람 사이를 가로막고 있는 발 아래로 로쿠조미야스도코로에게 건네주면서 겨우 대화가 시작된다. 게다가 이 대화가 와카와 히키우타(와카 인용)에 의해 이루어지고 있다는 점이 주목된다. 히키우타는 옛날에 만들어진 와카나 이미 널리 알려진 기존의 와카에서 한 구절을 빌려와서 원형이 되는 노래 전체를 상기시키는 표현기법이다.

  히카루겐지가 발 아래로 밀어 넣은 비쭈기나무를 빗댄 회화문 '비쭈기나무처럼 옛날부터 변함없는 제 마음이 이끄는 대로 금남의 성역인 신사 울타리를 넘어 찾아왔습니다.'는, '지축 울리는 카미가키야마의 비쭈기나무 가을비에 젖어도 물들지 않았구나'(『후선집』, 冬, 작자미상) 노래와 '지축 울리는 신의 성역조차도 뛰어넘겠지 궁궐에서 사시는 그 사람

보고파서'(이세모노가타리) 노래 두 수를 인용하고 있다. 이를 통해서 새삼스럽게 친교를 구하는 표현이 가능하게 되었다.

　이에 대해 로쿠조미야스도코로도 '내가 사는 곳 미와야마 산기슭 그리워지면 물어 찾아오세요 삼나무 심은 대문'(『고금집』, 雜下, 작자미상)을 인용하면서 '신사 울타리 사람을 이끈다는……' 노래를 만들어서 겐지의 연모를 거부한다. 이에 히카루겐지가 답가로 부른 노래 '신을 섬기는 소녀가……' 노래는 전반부에 '소녀 옷소매 흔드는 산속 신사 울타리처럼 오랜 옛날부터 사모해왔습니다'(『습유집』, 雜戀, 가키노모토 히토마로)를 인용하고, 후반부에 '비쭈기나무 나뭇잎 향기로워 찾아가보니 수많은 씨족 사람 연회 열고 있었네'(『습유집』, 神樂歌)를 인용하여 로쿠조미야스도코로에 대한 집착을 읍소하는 표현이 되고 있다.

　이와 같이 비일상적인 와카의 시어를 매개로 하지 않으면 두 사람의 의사소통은 용이하지 않았을 것이다. 왜냐하면 그만큼 두 사람 관계가 소원해져 있었고 제각각 나름대로의 고독을 껴안고 있었기 때문이다. 이렇게 와카를 주고받음으로써 겨우 이어졌다고는 하지만 이것은 두 사람이 서로에게 마음을 열고 있다는 뜻이 아니다. 오히려 와카를 통하여 히카루겐지와 로쿠조미야스도코로 두 사람이 결코 예전과 같이 톱니바퀴처럼 맞물리듯 마음을 주고받을 수 없으며, 지금 각자의 심경이 얼마나 복잡한지를 드러내고 있다.

인물의 심정을 자연풍경으로 표현하다

두 사람의 만남이 끝날 때를 즈음하여 작가는 다음과 같이 적고 있다.

차츰 먼동이 터오는 동쪽하늘 모습은 두 사람을 위해 일부러 만든 것 같이 보였다.
　히카루겐지
　새벽의 이별 언제나 눈물 젖기 마련이지만 오늘까지 경험 못
　한 가을 하늘이구나
차마 떠나가지 못하고 미야스도코로 손을 잡고 머뭇거리고 있는 겐지의 모습에는 말로는 표현할 수 없는 매력과 상냥함이 넘치고 있었다. 바람이 매우 차갑게 불고 때마침 들려오는 방울벌레의 지친 울음소리도 마치 가을의 정취를 알고 있는 듯해서, 그다지 근심이나 걱정 없이 사는 사람조차도 무심코 지나칠 수 없는 운치로 가득한 가을 풍경인데, 정작 당사자인 두 사람은 어쩔 수 없이 마음만 심란해져서 오히려 답가도 잘 만들지 못하는 것일까.
　미야스도코로
　보통 세상은 가을의 이별조차 슬픈 것인데 울음소리 더하지마
　들판의 방울벌레
겐지님에게는 후회되는 부분이 많았지만 지금에 와서 어떻게 해 볼 수 있는 것도 아니고, 점점 밝아오는 동쪽하늘도 겸연쩍어서 자리에서 일어나신다. 집으로 돌아가는 도중 겐지님의 옷소매는 아침이슬에 흘린 눈물이 더해져서 흠뻑 젖어 있었다.

―「사카키 마키」

위에 적은 키누기누(남녀가 하룻밤을 지낸 다음날 새벽) 이별 장면에서는 증답가 만이 아니라 와카 속의 시어와 깊이 연계되면서 두 사람의 심경을 상징하는 풍경이 그려지고 있다는 점에 주의하고 싶다. 여기에서 '차츰 먼동이 터오는 동쪽하늘 모습'이라는 것은 달이 뜨지 않아서 칠흑 같이 어두웠던 밤하늘이 이윽고 하얗게 밝아오는 여명을 말한다. 이처럼 희미한 여명의 햇살 속에서 '바람이 매우 차갑게 불어'온다. 코앞까지 다가온 겨울은 두 사람의 이별이 가까워졌음을 상징하는 듯하다. 그리고 '방울벌레의 지친 울음소리'에서 '방울벌레(まつむし)'는 '기다림(まつ)'이 동음이의어로 겹쳐지고 있다. 미야스도코로 노래에서도 이 시어가 사용되어 남자를 기다리는 여인의 비애감이 더해지고 있다.

히카루겐지의 와카는 키누기누 이별에서 상투적으로 사용되는 문구인 '새벽의 이별'을 '오늘까지 경험 못한' 일회적인 이별이라고 정의함으로써 먼 이세 지방으로 떨어져 이별하는 각별한 슬픔을 표현하고 있다. 그리고 와카 속에서 '아침이슬'은 눈물을 상징하는 시어로 가을의 적막한 슬픔과도 자주 어울려서 사용되고 있다.

또한 '기다림(まつ)'을 동음이의어적으로 내포하는 시어 '방울벌레(まつむし)'를 노래하는 미야스도코로의 노래에는, '가을(あき)'에 동음이의어적으로 '싫증(あき)'의 여운을 남기면서, 겐지가 자신에게 싫증이 나서 헤어지게 되는 슬픔이 드러나고 있다. 이것은 생명을 가진 존재가 종말의 시기를 향해 가는 가을 색채 속에서 절망하는 마음을 그려내고 있지만, 그 중에서도 이별을 이별로 포기하면서 사랑하는 사람을 기다리는 마음으로 눈물 흘릴 수밖에 없는 부분이 가장 절망적이다.

여기에서 풍경이 두 사람의 마음을 상징하고 있는 것은 그것이 연상을 이끌어 내는 와카의 시어로 구성되어 있기 때문이다. 『겐지모노가타리』 안에서 그려지는 자연풍경은 대부분 이러한 등장인물의 마음을 형상화시킨 심상풍경이다.

상심의 풍경

또 하나 예를 들어보자. 다음은 봄에 죽은 후지쓰보를 히카루겐지가 애도하는 한 구절이다.

> 덴조비토들도 모두 똑같은 회색빛 상복으로 간소하게 입고 있어서 도저히 화창하게 밝을 수 없는 늦은 봄날이었다. 히카루겐지 대감은 니조인저택 정원에 있는 벚꽃을 바라보시면서도 옛날에 꽃놀이 연회를 하던 시절 등을 떠올리신다. "올해만큼은"이라고 혼잣말을 중얼거리시고는 이렇게 비탄에 빠진 자신의 모습이 다른 사람 눈에 띄게 되면 필경 의혹을 살지도 모른다고 생각하여 홀로 불당에 들어가신 채 하루 종일 눈물로 나날을 보내고 계셨다. 화려한 저녁 햇살이 비추면서 산자락에 보이는 나무의 나뭇가지 끝이 뚜렷하게 보이는 곳에 얇게 층을 만들며 하늘에 떠있는 구름이 상복의 회색빛과 같은 것을 보시고는, 슬픔에 빠져서 아무것도 눈에 들어오지 않던 때였지만 진정 마음에 사무치도록 바라보지 않을 수 없었다.
> 저녁노을이 비추는 산봉우리 단층 구름은 비탄에 잠긴 나의
> 상복 색 따랐을까
>
> ―「우스구모 마키」

죽은 대왕대비 후지쓰보를 위해서 세상사람 모두가 국상을 치루고 있다. 마침 벚꽃이 한창 때인 봄이지만 밝고 흥겨운 분위기는 찾아볼 수 없다. 히카루겐지의 '올해만큼은'이라는 혼잣말은 '잡초 우거진 들판의 벚꽃에게 마음 있다면 올해만큼만은 회색으로 피거라'(『고금집』, 哀傷, 칸츠케노 미네오)라는 와카를 인용한 것이다. 이 와카는 섭정과 관백으로 당대의 부귀영화를 누렸던 후지와라노 모토츠네의 죽음을 애도하는 노래다. 양지를 비추는 밝은 봄 햇살에 의하여 죽음에 대한 슬픔이 효과적으로 표현되고 있다.

위 장면에서도 이 와카의 발상과 표현이 화창한 봄날 후지쓰보의 죽음을 슬퍼하는 히카루겐지의 심상풍경을 표현하는 핵이 되고 있다. '모두 똑같은 …… 도저히 화창하게 밝을 수 없는 늦은 봄날이었다.'라는 부분도 '화려한 저녁 햇살이 비추면서 …… 상복의 회색빛과 같은 것을 보시고'라는 부분도 이 노래를 근거로 하는 풍경묘사이다.

저녁때 조금 어두워진 저녁햇살이 화려한 벚꽃의 연분홍빛 색깔을 회색빛 무채색으로 바꾸고 있다. 그리고 '화려한 저녁 햇살이……'라는 서술부분도 저녁 햇살이 저무는 방향이 아미타불 정토세계의 방향이라는 점에서 죽음을 상징하고 있다. 서쪽 산으로 저물어가는 태양이 마지막 한줄기 빛을 던지지만 얕은 구름이 층을 이루며 떠있었기 때문에 겨울 동안 황량하게 말라버린 산기슭 나무들의 나뭇가지를 검고 또렷하게 두드러지도록 만들고 있을 뿐이었다. 이렇듯 흐린 회색빛으로 그려진 세계가 다름 아닌 상심한 히카루겐지의 심상풍경이 되고 있다. 위 장면이 시어를 핵으로 하는 심상풍경의 전형적인 예라고 할 수 있다.

원래 모노가타리는 신화와는 달리 어디까지나 인간과 인간세계를 전하려고 한다. 모노가타리 안에서 사용되는 와카도 이러한 모노가타리의 성격과 밀접하게 관련되고 있다. 와카나 와카를 이용하여 그려지는 풍경이 눈으로 확인 할 수 없는 작중인물의 마음상태를 가시적인 심상풍경으로 제시하고 있다.

제6절 원작 겐지모노가타리는 있었는가?

와쓰지 논문의 충격

근대 이후 주목할 만한 연구 성과의 하나로 『겐지모노가타리』가 어떠한 순서로 만들어졌는가를 새롭게 고찰해 보고자 하는 시도가 있었다. 기리쓰보 마키, 하하키기 마키, 우쓰세미 마키로 이어지는 54권의 마키들은 현존하는 순서대로 만들어졌는가라고 의심해 보는 관점이다.

이와 같은 성립과정 연구의 출발점이 된 것은 1922년에 발표된 와쓰지 데쓰로의 「겐지모노가타리에 대해서」라는 논문이었다(「源氏物語について」, 『日本精神史研究・上』에 수록). 와쓰지는 겐지모노가타리가 시작되는 마키들 기리쓰보, 하하키기, 우쓰세미, 유가오, 와카무라사키 등에는 이야기 전개에도 히카루겐지 인물조형 방법에 있어서도 몇 가지 모순과 부자연스러움이 있다는 것을 지적하고, 이러한 모순과 부자연스러움이 성립과정에 유래하는 것 같다고 추측했다.

이에 따르면 이 작품은 이전부터 전해져 내려오던 수많은 히카루겐지 이야기(원작 겐지모노가타리)의 내용을 전제로 이어서 써내려간 것이라고 상정하고, 무라사키시키부가 만든 『겐지모노가타리』는 하하키기 마키에서부터 쓰기 시작한 것이 아닌가라고 추정했다.

이 논문이 계기가 되어 겐지모노가타리 성립과정에 관한 논문이 연이어 발표되었다. 이전부터 『겐지모노가타리』는 히카루겐지의 전반생을 전하는 제 1 부(기리쓰보 마키~후지노우라바 마키 33권) 후반생을 전하는 제 2 부(와카나조 마키~마보로시 마키 8권) 히카루겐지 사후 다음 세대를 그린 제 3 부(니오우미야 마키~유메노우키하시 마키 13권)로 구분하고 있었는데 성립과정이 문제가 되는 것은 제 1 부에 제한되었다.

수많은 연구자 중에서도 다케다 무네토시의 『겐지모노가타리 연구』(『源氏物語の研究』, 1954)가 간결한 논지로 잘 정리되어 있어서 가장 널리 알려지게 되었다. 이에 따르면 제 1 부 33권은 다양한 관점에서 기리쓰보 마키 이하 '무라사키노우에 계열' 17권과 하하키기 마키 이하 '다마카즈라 계열' 16권의 두 계열로 구분된다. 그리고 이 두 계열이 만들어지는 이유는 전자가 집필된 뒤에 이것을 보충하는 형태로 후자가 만들어져서 나중에 삽입되었기 때문이라고 추측되고 있다.

두 계열의 차이는 다음과 같은 식이다. A그룹 계열(다케다 학설에서 말하는 무라사키노우에 계열) 이야기가 B그룹 계열(다케다 학설에서 말하는 다마카즈라 계열) 이야기에 반영되고 있는 것에 반하여, 반대로 B그룹 계열 이야기는 결코 A그룹 계열 이야기에 반영되지 않고 있다.

예를 들면 A그룹의 와카무라사키 마키는 히카루겐지가 우쓰세미, 유가오, 스에쓰무하나와 관계를 가진 이야기들과 전혀 관계되지 않지만, B그룹의 스에쓰무하나 마키에는 히카루겐지가 교토의 기타야마 산에서 나이 어린 미소녀 무라사키노우에를 발견하고 이윽고 자신의 저택으로

<표1> 제1부 33권 두 계열 일람표

A그룹	B그룹	A그룹	B그룹
1 기리쓰보		18 마쓰카제	
	2 하하키가	19 우스구모	
	3 우쓰세미	20 아사가오	
	4 유가오	21 오토메	
5 와카무라사키			22 다마카즈라
	6 스에쓰무하나		23 하쓰네
			24 고초
7 모미지노가			25 호타루
8 하나노엔			26 도코나쓰
9 아오이			27 가가리비
10 사카키			28 노와키
11 하나치루사토			29 미유키
12 스마			30 후지바카마
13 아카시			31 마키바시라
14 미오쓰쿠시			
	15 요모기우	32 우메가에	
	16 세키야	33 후지노우라바	
17 에아와세			

데리고 간다는 와카무라사키 마키의 이야기가 반영되고 있다. 혹은 제1부 마지막 부분에 A그룹 우메가에 마키, 후지노우라바 마키에서는 바로 앞 마키까지 이야기되던 B그룹의 다마카즈라(유가오의 딸) 이야기가 전혀 등장하지 않는다. 후기 삽입설은 이러한 두 가지 계열의 현저한 차이를 합리적으로 설명하려고 한 것이다.

A그룹은 본전 계열이라고도 무라사키노우에 계열이라고도 말한다. 또한 B그룹은 별전 계열 혹은 다마카즈라 계열이라고도 말한다.

후기삽입설의 한계

겐지모노가타리 연구사에 있어서 이러한 후기삽입설은 큰 틀로써 지지 받고 있지만 구체적인 세부문제에 대해서는 다양한 논의가 거듭되었다. 후기삽입이라고 한다면 구체적으로 어느 시점에서 삽입되었는가? 같은 B그룹이라 하더라도 하하키기 마키에서 유가오 마키까지의 3권과 다마카즈라 이야기 10권은 이질적이지 않은가? 작가는 어느 마키에서부터 집필하기 시작했는가? 혹은 중세시대 겐지주석서에 나오는 '병행되는 마키(본전 마키에 부속되는 마키)'라는 개념과 관계가 있는 것은 아닌가? 이상과 같은 문제를 둘러싸고 다양한 논의가 펼쳐졌다. 그러나 한때는 거의 정설화 되어가던 후기삽입설도 어차피 하나의 가설에 불과하다는 아쉬움을 남기면서 잠잠해질 수밖에 없었다.

작품 성립과정을 추측하는 것은 역시 그 작품 이외에 확실한 객관적 증거가 필요하다. 『겐지모노가타리』의 경우 이와 같은 외부증거로 인정되는 것은 『무라사키시키부 일기』의 기록 정도다. 이에 따르면 서기 1008년 가을에 후지와라노 긴토가 무라사키시키부를 상대로 "이곳에 와카무라사키는 계십니까?"라고 말장난을 걸었다고 한다. 이 근처에 당신 이야기에 적혀 있던 가련한 미소녀 와카무라사키와 같은 여인은 있는 것입니까라는 후지와라노 긴토의 농담에 작가도 "그렇다면 히카루겐지와 같은 남성도 계실까요?"라고 농담으로 되받아쳤다고 한다. 이러한 두 사람의 대화에서 이 시점까지는 확실히 와카무라사키 마키가 만들어져서 그것이 상당히 세상에 유포되고 있었던 것이 된다.

또한 이 해 연말에는 출산을 마친 중궁 쇼시가 궁중으로 귀환하는 때에 맞추어서 『겐지모노가타리』라고 여겨지는 이야기 책자를 궁중에 지참시키려고 많은 뇨보들에게 명해서 그것을 붓으로 필사시켰다라고도 기술되어 있다. 이것도 이 시점까지 이야기의 상당한 분량이 정리되어 성립되었음을 의미한다. 그렇지만 그 이상의 자세한 사정은 파악할 수 없다. 때문에 필연적으로 작품 내부에서 작품 성립에 관한 정보를 찾을 수밖에 없다. 하지만 이 내부 증거에는 처음부터 한계가 있었다. 수많은 마키들이 두 가지 계열로 구분되는 것은 확실하지만 그것을 어떻게 해석하면 좋은가라는 점에서 결정적인 단서가 나오지 않으니 미로에서 벗어나지 못하는 것이다.

원작 겐지모노가타리는 있었는가?

여기에서 겐지모노가타리 성립론이 유행하는 계기가 되었던 와쓰지 논문을 새롭게 주목하고 싶다. 먼저 무라사키시키부가 저자인 현존 작품 이전에 원작 겐지모노가타리가 있었다고 추측하는 부분이다. 즉 무라사키시키부 저『겐지모노가타리』이전에도 히카루겐지라는 인물을 둘러싼 수많은 이야기가 실존하고 있었던 것이 아닌가라는 가설이다. 혹시 이 가설과 같이 무라사키시키부 이전에 성립된 수많은 히카루겐지 이야기를 전제로 현존하는 『겐지모노가타리』가 쓰였다고 한다면, 이야기 도입 부분의 모순과 부자연스러움이 상당 부분 해소될 수 있을 것이다.

예를 들면 현행 와카무라사키 마키에는 후지쓰보가 히카루겐지와의 밀회 현장에서 옛날을 회상하는 구절이 있다. 이전에 히카루겐지와 범했던 실수를 남은 일생에 있어서 두고두고 후회할 사건으로 생각하고 있었는데 지금 또다시 실수를 되풀이하다니 자신은 이 얼마나 두려운 숙명을 타고 태어났는가라고 생각하는 장면이다. 이 기술에 따르자면 두 사람의 간통은 이전에도 한 번 있었던 것이 되지만 실은 이야기 앞부분에서 그러한 장면은 전혀 그려지지 않고 있다. 이야기 안에서 히카루겐지와 후지쓰보의 두 번째 밀회 장면은 조금 느닷없이 전해지고 있는 것이다.

혹은 아오이 마키에서 로쿠조미야스도코로라는 인물이 이야기되고 있지만 이 단계에서 이미 히카루겐지와의 관계가 절망적으로 틀어져 있었다. 그녀는 미모, 교양, 취미에 있어서 당대 최고라고 평가되는 귀부인으로 죽은 동궁에게도 총애를 많이 받았다고 한다. 이 자긍심 높은 로쿠조미야스도코로가 한번 히카루겐지에게 넘어간 뒤에는 이전처럼 겐지가 뒤돌아 보아주지 않게 되어 그녀의 자존심도 철저하게 무너진 상태였다.

그러나 이야기에는 히카루겐지가 로쿠조미야스도코로와 어떻게 만나게 되었고 어떻게 관계를 가지게 되었는지에 대한 것은 전혀 기술되어 있지 않다. 아오이 마키에서 히카루겐지와의 관계에 고뇌하는 그녀 또한 느닷없이 등장하고 있는 것이다.

와쓰지 논문에서 가정되고 있는 원작 겐지모노가타리에는 기리쓰보 천황의 총애를 받고 있는 황후 후지쓰보와의 첫 번째 간통 장면이나, 고귀한 미망인 로쿠조미야스도코로와 남녀관계로 발전되는 전말이 그려지고 있었던 것은 아닐까? 이 이야기는 다양하게 존재하고 있었던 수많은 히카루겐지 이야기와 그 내용을 서로 공유함으로써 시작되었고, 이윽고 그것이 무라사키시키부가 만든 히카루겐지 이야기로 발전된 것이 아닐까?

혹시 그렇다면 애초에 히카루겐지라는 호칭은 단순히 일개 고유명사라고 단정할 수 없게 된다. 왕족의 피를 이어가면서도 일반 신하로 강등되어 미나모토(겐지) 성을 가지게 되었지만 천황의 피를 이어받아 찬란히 빛나는 뛰어난 외모와 재능을 겸비한 인물이 된다.

참고로 모노가타리 안에서 히카루겐지의 본명은 끝까지 밝혀지지 않았다. 미나모토노 히카루라는 식의 이름이 아니다. 성 앞에 '빛나는(히카루)' 찬사의 수식어를 붙인 히카루겐지라는 호칭은 말하자면 수많은 사람들에 의해 만들어진 히카루겐지 이야기의 총화 위에 구축되어 있다는 의미도 내포하는 것은 아닐까?

전승설화에서 모노가타리로

고대 일본의 10세기는 모노가타리의 세기라고 불릴 정도로 수많은 모노가타리 작품이 만들어진 시대였다고 한다. 그러나 그 대부분은 상실되어 오늘날까지 남아 있는 작품은 매우 적다. 이렇게 역사의 저편으로 사라져 버린 모노가타리 문학 중에는 아마도 일련의 히카루겐지 이야기가 있었다고 추측한다. 그곳에는 천황가의 고귀한 피를 이어받으면서도 세속적인 권세와 인연을 맺지 못하고 한 많은 인생을 살다간 인물들을 이야기로 만들었을 것이다. 또한 일 세대 겐지가 아니더라도 조상을 거슬러 올라가면 천황가와 혈연으로 이어지는 사람들 이야기도 10세기에는 다양한 모습으로 이야기되었다는 흔적이 남아 있다. 『야마토모노가타리』에도 이러한 이야기의 단편들이 엿보이고 있다.

그러고 보니 『이세모노가타리』라는 우타모노가타리(와카 이야기집)에도 당대 정치체제를 장악했던 후지와라 씨족이 아닌 아리와라노 나리히라의 일대기가 실려 있지만, 이것은 나리히라를 천황가의 고귀한 피는 이어받았지만 반체제적으로 살아가는 인물로 조형한 이야기였다. 여기에는 권문세가 따님과의 금지된 사랑이나 이세 신궁에서 신을 모시는 사이구와의 금단의 사랑이 그려지기도 한다. 아니면 황위계승 정쟁에서 패배하여 요주의 인물로 감시되던 왕자에 대한 용기 있는 교분이 실려 있기도 하고 머나먼 동쪽 지방으로 유배되는 장면도 그려지고 있다. 이러한 나리히라의 반체제적인 행위와 반세속적인 정신이 이야기 속에 수록된 와카를 통해서 보다 인간적인 영혼의 감동으로 승화되고 있다.

이 이야기도 또한 복잡한 경위를 거쳐 성립되고 있다. 아마도 10세기 초엽에는 아리와라노 나리히라가 직접 만든 와카만을 취합한 단편 규모의 문학작품으로 성립된 것 같지만, 100년이란 세월이 지나면서 나리히라가 만들지 않은 와카도 많이 포함되고 내용도 증보되어 오늘날 볼 수 있는 장편 규모의 문학작품으로 성장한 것이라고 추정되고 있다. 또한 이와 같은 모노가타리의 성장 배후에는 나리히라에 대한 다양한 전승설화와 일화가 자리하고 있었다고 생각된다. 나리히라에 대한 수많은 사람들의 교감과 공감이 『이세모노가타리』의 복잡한 성립과정 속에서 교차

되고 있다.

『겐지모노가타리』 성립에서도 이것과 비슷한 성립 과정을 상정해도 좋지 않을까? 이미 일 세대 겐지(미나모토씨)들에 대한 사람들의 공감이 수많은 히카루겐지 이야기를 만들어낸 것을 바탕으로 무라사키시키부라는 여류작가가 이것들을 통합하여 일대 장편 문학작품으로 만들었다는 식이다.

2대 영웅의 탄생

『이세모노가타리』에서는 아리와라노 나리히라의 일생을 한 장면 한 장면 쌓아 올라가듯이 보충하며 성장되어 갔다. 이것은 대부분 독립된 단락들을 열거하듯이 구성되어 있다. 그러나 『겐지모노가타리』의 경우 처음부터 히카루겐지 일생의 한 장면 한 장면이라고 여겨지는 단편적인 이야기들을 유기적 인생 역사로 장편화 시키고 있다. 여기에는 일개 인간이면서도 수많은 여인들과 다양한 관계를 맺을 수 있었던 거대한 인간상이 조형되고 있다.

이 때문에 히카루겐지는 천황가의 피라고 하는 이상을 가장 이상적으로 실현한 인물로 그려지고 있다. 히카루겐지의 뛰어난 외모가 헤이안시대 현실의 황권을 뛰어넘어 오래된 전통과 고대 영웅들의 신화에 상통하는 부분을 가지는 것도 아마도 이러한 이유 때문이라고 생각된다.

이렇게 『이세모노가타리』의 나리히라와 『겐지모노가타리』의 히카루겐지는 헤이안시대 모노가타리 문학의 2대 영웅으로 평가되고 있다. 그리고 이들이 이상적인 영웅일 수 있었던 것은 이 이야기 이전에 소위 선행 이야기의 주인공으로서 많은 사람들에게 공감을 얻고 지지되어 왔기 때문이라고 생각된다. 이와 같은 영웅상은 한 작가의 창작이라기보다는 긴 세월과 수많은 사람들 손을 거치면서 만들어진 인물상이라고 보아야 할 것이다. 그렇지만 『이세모노가타리』나 『겐지모노가타리』라고 하는 명작으로 완성된 후에는 이와 같은 선행 이야기들은 자연스럽게 역사 저편으로 사라져 버리는 운명을 가지고 있는 것 같다.

또한 앞에서 기술한 후기삽입설이 오늘날에도 여전히 매력적인 이유는 히카루겐지 인물조형을 두텁게 하기 위해서 이야기 전개가 지그재그 형태로 진행된 것이 아닌가라고 추측되기 때문이다. 즉 장편문학으로 성장을 이룬 히카루겐지 이야기가 다마카즈라 계열이라고 불리는 B그룹의 또 다른 서술자를 끌어들이면서 전개되어 갔다는 식으로 해석할 수 있다.

무엇보다도 먼저 제1부 이야기에서는 히카루겐지와 여인들이 방사상으로 이어지고 있을 뿐 여인들 사이에는 서로 관계를 가지지 않는다. 후기삽입설의 가능성이 있는 것은 이와 같은 제1부에만 한정된다. 히카루겐지 연애편력 인생의 중심을 본전 계열에 두면서 한편으로는 더욱 새로운 이야기를 별전 계열로 보완하면서 쌓아간다. 이것은 히카루겐지 한 사람만을 중심으로 한 방사선적인 인간관계이기 때문에 가능한 이야기 성립과정이다. 또한 별전 계열 이야기가 본전 계열에 반영되지 않고 단편적인 구조에 머무르고 있는 이유이기도 하다. 이러한 추가 보완과정을 통하여 이윽고 히카루겐지의 풍요로운 허구세계가 만들어지게 되는 것이다.

제7절 무라사키시키부의 시름

자유로운 개성을 가진 수령 계층의 여인들

당시 여류작가 대부분이 그러했듯이 『겐지모노가타리』의 작가 무라사키시키부 또한 수령 계층 출신이었다. 수령이란 중앙에서 지방으로 임명되어 행정과 실무를 담당하는 지방관리를 말한다. 신분적으로는 오위 이상으로 귀족사회의 중류층에 위치하고 있다.

이 시대의 지방관리가 특히 수령이라고 불리는 이유는 전 시대의 지방관리가 토지와 백성을 동시에 장악하는 인신지배방식을 따르고 있었던 것에 대하여, 이 시대의 수령들은 중앙정부에게 일정한 공납을 올리는 의무만 이행하면 그 이외는 각자의 재량에 따라 자유롭게 조세권이 위임되어 있었기 때문이다. 따라서 지방 사람들을 위해 선정을 베푸는 수령도 있었지만 반대로 임명된 지방에서 사리사욕을 채우기 위해 축재를 하는 수령도 있었다.

참고로 이야기 안에서 아카시노기미의 아버지인 아카시노뉴도는 하리마지방(현재의 효고현)의 지방관리로 임기가 끝난 뒤에도 그 지방에 정착하여 토착화 되어버린 인물로 화려한 저택을 가지고 있었다. 임지에서 평가가 그다지 좋지 않았다고 여겨지는 부분이 있어서 딸의 양육을 위해 재산을 많이 챙긴 것으로 여겨진다.

수령 가문에는 대부분 경제적인 여유와 함께, 권문세가와 같이 까다롭고 엄격한 상류귀족집안에는 없는 자유로운 분위기가 넘치고 있었다. 이러한 수령 가문에서 개성적인 매력을 가진 딸들이 많이 키워졌다. 이 시대 특유의 여류문학을 이끌었던 작가들도 이런 분위기 안에서 태어나 자라났다. 『겐지모노가타리』의 비 내리는 밤의 여인 품평회(하하키기 마키)에서 도노추조 등이 수령 계층 딸들에 대해서 유별난 관심을 보이고 있다. 상류귀족 집안에서 심규가인으로 자라난 명문가문 아가씨들보다 이쪽이 오히려 개성적이어서 상대할 가치가 있는 여성들이 많다고 말하고 있다.

수령 가문에서는 한시문이나 와카 등에서 탁월한 재능을 발휘하는 사람들이 많이 배출되고 있었다. 중류귀족 가문의 딸들은 이러한 문학적 전통을 이어가는 풍요로운 가정환경을 타고 태어났다. 그리고 어릴 때부터 아버지나 오빠의 사회적 영달 영락의 기쁨과 함께 쇠락의 슬픔도 전부 바로 눈앞에서 지켜보고 있었다. 아버지나 남편의 지방부임에 동행하여 교토에서 멀리 떨어진 지방에서 생활하게 되는 것도 수령 계층 출신이기 때문에 경험할 수 있었다.

도시와 시골 혹은 상류계층과 하류계층의 차이를 알 수 있는 자리에 수령 계층은 위치하고 있었던 것이다.

아버지와의 끈끈한 정

무라사키시키부는 서기 970년경에 후지와라 다메도키의 딸로 태어났다. 아버지인 다메도키는 지방관리인 수령을 역임한 중류귀족계층이었지만 당대 굴지의 한문학자이기도 했다. 어머니는 그녀가 아주 어렸을 때에 타계한 것 같다. 그녀는 친어머니의 품을 모르고 자라났기 때문에 다른 수령 계급의 딸들과는 비교할 수 없을 정도로 친아버지와 끈끈한 정으로 이어져 있었다고 여겨진다. 그리고 부녀의 강한 연대의식에 의하여 아버지 다메도키의 문인적 교양이 딸인 무라사키시키부 내면에 축적되어 가게 된다.

『무라사키시키부 일기』의 회상에 따르자면 소녀시대 때 아버지에게 한문을 배우고 있던 남동생 노부노리보다도 옆에서 듣고 있었던 무라사키시키부 쪽이 먼저 이해했다고 한다. 물론 당시 여자들은 한문 같은 것은 배우지 않았다. 한문은 남자의 교양이라고 생각하던 헤이안시대 귀족사회에 있어서 한문이나 정치성향이 강한 화제에 대해서는 되도록 언급하지 않는 것이 여자다운 몸가짐이라고 여겼다. 그러나 무라사키시키부의 경우 앞에서 기술한 것처럼 아버지와의 끈끈한 연대감을 통하여 당시의 여성에게 불필요했던 한문 교양까지 익히게 되었다.

그러나 이것은 나중에 모노가타리 작가로 비약하기 위한 강력한 무기가 되었다. 『겐지모노가타리』의 문장을 읽어 보면 『사기』나 『백씨문집』 같은 중국 고전, 『법화경』 같은 불교경전 이외에도 고대 신화시대부터 일본 역사를 기술해온 육국사[20] 등에 대한 깊은 이해가 엿보인다.

무라사키시키부의 소녀시대는 아쉽게도 명확하게 밝혀져 있지 않지만 그녀가 만든 와카가 거의 연대순으로 배열된 『무라사키시키부집』 앞부분에 그녀의 소녀시대에 만들어진 작품이 포함되어 있다. 첫 노래는 『백인일수』에도 선록되어서 널리 알려져 있다.

    우연히 만나 보아도 본인이라 알기도 전에 구름에 숨어버린
     한밤의 달빛처럼

  와카가 만들어진 배경을 설명하는 고토바가기[21]에 의하면 어린 시절 같이 지냈던 친구와의 재회를 노래한 와카이다. 오랜만에 우연히 만나서 바로 그 친구라고 실감하기도 전에 구름사이로 숨어버린 한밤의 달빛처럼 그 친구는 서둘러 모습을 감추듯이 떠나버렸다는 의미다.
  이 상대편 친구도 작가와 같은 수령 계층의 딸이었던 것 같다. 지방으로 부임한 아버지를 따라 몇 년이나 수도 교토를 떠나 있었을 것이다. 옛날 어린 시절 소꿉놀이 친구로 즐거운 시간을 같이 보냈던 두 사람이 왕년의 회포를 충분히 풀지도 못하고 또다시 헤어져 버린다. 한순간 같았던 재회의 감흥이 흘러가는 구름과 달의 풍경에 의해 그려지고 있다.
  이러한 표현 속에는 인생에 있어서 이별의 냉엄함이 잘 그려지고 있다. 수령 딸들의 생애에는 가족, 친족, 친구 등과의 이별이 따라다니기 마련이었다. 이것은 금지옥엽으로 자라난 상류귀족가문의 딸들이 결코 경험할 수 없는 특별한 체험이었다. 위에 기술한 무라사키시키부가 젊은

---

20) 六國史. 고대 일본의 정사를 적은 6대 역사서. 『일본서기』, 『속일본기』, 『일본후기』, 『속일본후기』, 『일본문덕천황실록』, 『일본삼대실록』.
21) 詞書. 와카를 만든 작가나 와카가 만들어진 배경을 와카 오른쪽에 짧게 설명한 부분.

시절에 만든 와카에는 이러한 수령의 딸이기 때문에 만나고 헤어질 수밖에 없었던 인간세상의 법칙이 엿보이고 있다.

에치젠 지방 여행

996년 아버지 다메도키가 에치젠 지방 관리로 부임하자 무라사키시키부도 이에 동행하게 되었다. 970년 태생이라고 가정한다면 이때 그녀의 나이는 27살이 되지만 아직 독신이었다. 집안 살림을 돌보는 안주인이 없는 홀아버지 집안에서 딸자식인 무라사키시키부가 살림을 계속 꾸려왔을 것이다.

이 다메도키 부임에는 유명한 에피소드가 전해지고 있다. 『곤자쿠모노가타리슈』와 그 외 자료에 의하면, 다메도키는 그해 인사발령에 있어서 처음에는 행정구역 규모가 작은 아와지 지방관리로 임명된 것을 개탄하여 이치조 천황에게 직소하는 한시를 만들어 보냈다.

고학하는 추운 겨울 핏빛 눈물은 옷깃을 적시고
칙령 받는 봄날 아침 푸른 하늘은 내 눈 안에 있구나

천황은 이 한시를 읽고 감동하여 이와 같은 인재를 중용하지 않았던 자신의 부덕함을 부끄러워했다고 한다. 위에 적은 한시는 학문에 각고면려해왔음에도 불구하고 말단 지방 관직으로 밖에 임명되지 못하다니, 인사발령이 있었던 다음날 아침 봄날 푸른 하늘을 올려보며 이와 같은 처사를 행한 하늘의 정의를 원망할 수밖에 없었다는 의미를 가지고 있다. 여기에 당시 권력자였던 후지와라노 미치나가의 조언도 더해져서 이미 결정되어 있었던 유력 지방 행정구역인 에치젠 지방 수령으로 교체되는 이례적인 조치가 취해졌다.

이러한 에피소드에는 당시 중류 지식층의 고충이 배어나오고 있다. 헤이안시대에 있어서 뛰어난 정치가는 뛰어난 한시시인이자 한문학자가 아니면 안 된다는 사회적 통념이 있었다. 그러나 그것은 어디까지나 명분에 불과하고, 섭관세력이 세력을 키워가고 정계인사에 있어서 주요요직은 권력을 가진 섭관가문에 의해 독점되고 있었다.

무라사키시키부는 아버지와 딸 사이의 끈끈한 연대의식을 통해서 정계에서 아버지의 지위가 상승하고 내려가는 것을 바로 눈앞에서 보고 있었을 것이다. 그녀는 아버지와 같은 한문학자(문인) 수령 계층의 딸로서 이와 같은 애환을 나눌 수 있는 입장에 있었다.

무라사키시키부가 아버지와 동행한 에치젠 지방 여행은 처음으로 경험한 장기여행이었다. 『무라사키시키부집』에 선록된 와카에는 배를 타고 비와 호수 서쪽을 북상하여 시오쓰 지방에 상륙하고, 시오쓰 산을 넘고 스루가 지방을 지나 이윽고 에치젠 지방관청지인 다케후에 이르기까지 여행지 곳곳에서 느낀 여정이 아름답게 표현되고 있다. 그러나 도착한 다음에는 시골의 불편한 일상생활이 기다리고 있었다. 현재 후쿠이현에 해당하는 에치젠 지방은 동해를 끼고 있는 북쪽 지방으로 겨울이 되면 매우 춥고 눈이 많이 오는 변경지역이다. 혹한의 겨울 동안 집안에 갇힌 채 생활할 수밖에 없는 암울한 심경을 노래한 와카도 남아 있다.

남편과의 사별

그렇지만 998년 그녀는 아버지를 에치젠 지방에 남겨두고 갑자기 단신으로 수도 교토에 귀경하게 된다. 후지와라노 노리타카라고 하는 인물과 결혼하기로 결심한 것이다. 후지와라노 노리타카는 여러 지방의 수령과 근위대 무관인 에몬부 관직을 역임한 인물로 신분적으로는 무라사키시키부와 같은 중류귀족 계층이었다. 그러나 연령적으로는 이미 중년을 지나서 전처와의 사이에 무라사키시키부와 동년배인 장남 다카미쓰가 있었다.

무라사키시키부가 왜 이렇게 아버지 연배만큼이나 나이 차이가 있는 남자의 후처로 들어가게 되었는지는 알 수 없지만 이 결혼을 결심하게 만들었다고 여겨지는 편지가 교토에 있었던 노리타카와 에치젠에 있었던 무라사키시키부 사이에 오갔다고 한다. 이전에도 두 사람이 증답가로 와카를 주고받았던 흔적을 와카집에서 찾을 수 있다. 멀리 떨어진 수도 교토에서 노리타카가 보내온 편지가 북쪽 지방의 쓸쓸한 풍토에서 고적함을 온몸으로 느낄 수밖에 없었던 무라사키시키부의 마음을 뒤흔들었을 것이다. 이 해 늦은 가을 그녀는 부모가 없는 교토 자택에서 남편을 맞이하게 된다. 나이 29살 늦은 결혼이었다.

그러나 결혼 후 겨우 3년만인 1001년 4월 25일 무라사키시키부는 남편과 사별하게 된다. 갑자기 병에 걸려 죽은 것이다. 그녀는 나이 어린 딸(다이니노산미)을 홀로 품에 안고 살아가지 않으면 안 되게 되었다. 이 불행한 사건은 그녀를 후에 모노가타리 창작으로 이끌어가는 하나의 계기가 되었다고 한다.

『무라사키시키부집』에 남아있는 당시에 만들어진 와카에도 이러한 고뇌의 흔적을 발견할 수 있다. 죽은 남편에 대한 추모와 애도 그리고 남겨진 어린 아이를 생각하는 자애와 불안 등 아내이자 어머니로서 당연히 가졌을 감회 이외에도 새삼스럽게 인생이란 혹은 인간이란 무엇인가를 생각하게 하는 와카가 노래되고 있다. 예를 들면 '몸(육신)'과 '마음(정신, 영혼)'의 분열이라는 발상의 와카가 있다.

> 믿지도 못할 마음에 나의 몸을 가누지 않지만 이 몸 따르는 것은 내 마음이로구나
> 이 마음조차 어떻게 몸 안에서 견디어 낼까 생각하면 알아도 생각해도 알 수 없네

인간의 존재를 '몸'과 '마음'의 두 가지 관점에서 파악하여 더욱이 이 두개의 관계를 일상적인 논리에 반하여 육신이 정신을 이끄는 혹은 육신만이 확실한 실체라고 주장한다. 정신이 육신에 이끌려 갈 수밖에 없다는 점에서 생명을 받았기에 삶을 살아가는 자신의 수동적인 인생이 진지하게 응시되고 있다.

이렇게 무라사키시키부에 있어서 남편과의 사별은 단순히 불행한 체험으로 수용되는 것만이 아니라 인간이나 인간세계를 생각하기 위한 하나의 수단이 되고 있다. 이것이 구체적으로는 『겐지모노가타리』의 제작으로 표출되고 있다.

『무라사키시키부 일기』에 그려진 회상에 따르자면 궁중생활을 하기 이전인 일반 사회에서 생활하고 있을 때 남편과 사별한 뒤 4~5년 동안

자신은 모노가타리를 쓰고 친한 친구들에게 보여주면서 인간과 세상에 대한 공감을 나누었고 이러한 친밀한 공감이 살기 힘든 인생의 우수에서 자신을 구해줬다고 한다. 무라사키시키부에 있어서 모노가타리를 만들어 가는 것은 또 다른 하나의 현실세계를 살아가는 것과 같았다.

좀 더 말하자면 현실과 비현실의 가치관이 역전되어 모노가타리의 허구 세계야 말로 가장 현실적인 세계가 되어갔다. 따라서 『겐지모노가타리』는 무라사키시키부에게 있어서 제2의 현실이라고 할 수 있을 정도로 구체적인 세계였다고 생각한다.

쇼시 중궁를 모시다

1005년 12월 29일(일설에 의하면 다음해 같은 날) 뇨보로서 궁중에 입궁한 무라사키시키부는 이치조 천황의 중궁인 쇼시를 모시게 된다. 남편과 사별한 이후 4~5년이 지난 다음의 일이다. 이 시절에 만들어진 노래가 다음과 같이 남아 있다.

> 이 몸의 시름 나홀로 마음속에 담아 왔건만 지금 구중궁궐은 근심만 더해가네

자신의 숙명에 대한 우수를 호소하고 있는 부분에서 스스로 원해서 중궁을 모시게 되었다고는 생각되지 않는다. 아마도 쇼시 중궁의 아버지이자 당대의 권력가인 후지와라노 미치나가의 요청에 응할 수밖에 없었

던 것 같다. 그녀가 이미 『겐지모노가타리』의 작가로 그 재능이 귀족사회에 널리 알려져 있었기 때문일 것이다.

무라사키시키부는 이때 처음으로 가정을 떠나 궁중이라고 하는 공적인 사회를 직접 접하게 된다. 중궁을 정점으로 하여 엄격하게 질서 지워진 후궁세계의 사회구조, 이러한 사교의 장에 출입하는 수많은 상류귀족들 그리고 동료 뇨보들의 다채로운 개성 등을 그녀는 직접 체험하고 관계하면서 살아가지 않으면 안 되게 되었다.

이후 무라사키시키부의 궁중생활은 오랫동안 지속된다. 1011년에는 이치조 천황이 붕어하여 중궁 쇼시가 비와궁전으로 거처를 옮기자 그녀도 또한 쇼시 측근의 뇨보로서 따라가게 된다. 이 궁중생활이 1013년 가을 경까지 이어진 것은 확실하지만 그 이후 어떻게 되었는지 자세한 사정을 알 수 없어서 1014년 봄에 죽은 것이 아닌가라고 추측하는 학설이 유력하다.

무라사키시키부가 모시던 쇼시는 당대의 권력가 후지와라노 미치나가의 장녀로 999년 이치조 천황의 뇨고로 입궁하였다. 실은 이보다도 훨씬 이전부터 후지와라노 미치타까(미치나가의 친형)의 딸인 데시가 중궁에 옹립되어 있었다. 쇼시 입궁 다음 해인 1000년에는 쇼시도 중궁으로 격상되어 데시는 황후로 호칭된다. 황후는 중궁의 별칭이다.

이렇게 두 명의 중궁(황후)을 양립시키는 이례적인 조치는 나날이 권세를 키워가던 후지와라노 미치나가의 힘에 의한 것이었다. 무라사키시키부가 궁중생활을 하게 된 시절에는 이미 데시는 죽어서 쇼시 한 사람만이 후궁세계의 우두머리격인 존재로 자리 잡고 있었다. 이치조 천황의 중궁 쇼시는 절대적인 권력과 부귀영화를 이루어가던 후지와라노 미치나가에게 전폭적인 후원을 받고 있었고, 무라사키시키부는 이러한 중궁 쇼시를 섬기는 뇨보의 한사람이었다.

궁중생활에 융화되지 못하는 고독

『무라사키시키부 일기』라는 작품은 무라사키시키부가 경험한 궁중생활의 한 시기를 기록한 것이다. 무라사키시키부가 실제로 그녀 자신의 인생을 어떻게 살아갔는지 그 마음 상태를 이해하기 위해서는 이 작품을 반드시 다루어야할 필요가 있었다. 이것은 1008년 7월부터 다음해 정월까지의 기록과 1009년, 1010년의 단편적인 기록 그리고 서간문으로 여겨지는 문장들로 구성되어 있다.

이 작품의 중심은 후지와라노 미치나가 일가가 목을 빼고 기다리던 중궁 쇼시의 첫출산 모습을 기록한 부분이다. 이것은 미치나가 일가 번영의 주춧돌이 되는 사건이기에 사람들은 흥분과 환희의 도가니에 빠지게 된다. 그러나 무라사키시키부는 이 화려한 경사를 자세히 응시해 가는 과정에서 오히려 그 분위기에 빠져 그들과 함께 공감할 수 없는 자신의 고독한 영혼을 자각하게 되었음을 일기 곳곳에서 고백하고 있다.

예를 들면 이치조 천황이 태어나서 얼마 되지 않는 아기 왕자와 대면하기 위해서 후지와라노 미치나가 저택에 거동하게 된 당일 기록의 한 부분이다. 다음은 새로 만든 용두익수[22] 놀잇배를 연못에 띄우고 선상

---

22) 龍頭鷁首. 용머리와 익조머리로 뱃머리를 장식한 배. 익조는 백로를 닮은 철새로 풍파를 잘 견디며 여행을 한다고 알려져 있었다. 때문에 익조는 용과 함께 항해

아악을 연주하면서 천황이 탄 어차를 맞이하는 장면이다.

> 어차를 정원 앞 계단에 대고 계신 모습을 보고 있자면 어차를 어깨에 메는 가마꾼이 천한 신분으로 천황을 태우기 위해 계단위에 올라가서 실로 힘겨워 괴로운 듯이 엎드려 있는 모습에서, 아무리 다른 사람 일이라고 여겨지는 신분 높은 사람들과의 관계에 있어서도 제각각 신분의 한계가 있어서 실로 마음 편안할 날이 없을 것이라고 여겨졌다.
>
> ―「무라사키시키부 일기」

이것은 단순히 신분이 낮은 가마꾼에 대한 동정이나 연민이 아니다. 자신도 가마꾼의 비참함과 다르지 않아서 고귀하고 화려한 세계라고 여겨지는 궁중생활도 신분의 한계가 있기 때문에 가마꾼의 괴롭고 비참한 모습 속에서 자기 자신을 발견하고 있다. 여기에는 다름 아닌 작가의 자주적인 정신이 작용하고 있다.

이렇게 무라사키시키부의 눈과 마음은 일반사람들과는 다른 부분에 이끌리고 있다. 작가는 아름답게 장식된 후지와라노 미치나가 저택의 훌륭함에 대해서 한편으로는 늙어가는 한탄을 잠시 잊게 해준다고 찬사를 보내면서도, 다른 한편으로는 그 속에서 견딜 수 없는 괴로움을 자각하고 있는 것이다.

이와 같이 무라사키시키부는 때때로 자기 마음을 추스르지 못하고 고독한 심경을 홀로 견딜 수밖에 없었다. 한 해가 저물어가는 연말 어느 날 깊은 밤에 작가는 다음과 같은 독영가를 만든다.

의 안녕을 지켜주는 신으로 뱃머리 장식에 많이 쓰였다.

> 이 해 지나고 내 나이 깊어가는 바람 소리에 한 조각 황량함이
> 마음에 스며드네

궁중에 있는 뇨보들 거처에 남자들이 소란스럽게 드나들며 내는 신발 소리에도 아랑곳하지 않고, 그녀는 궁중생활에 완전히 익숙해진 지금의 자기 자신을 역겨워 하면서 자기 마음의 끝자락을 응시하고 있다.

화사하고 호화로운 궁중생활 하나하나를 응시하고 있자면 오히려 그곳에 융화되지 못하는 자신의 영혼이 자각된다는 것은 탁월한 자질과 재능을 가진 인간이 스스로 어찌할 수 없는 정신적 과민 반응이나 다름없다.

이렇게 스스로도 어찌 할 수 없는 작가의 자아는 그것만으로 현실의 일상생활을 영위할 수 없다. 특히 엄격한 질서와 규율을 따를 수밖에 없는 궁중생활에 있어서 이러한 탁월한 자질과 정신은 깊이 감추어 두어야 했다.

자기은폐와 모노가타리에 의한 해방

무라사키시키부는 이 작품 곳곳에서 일반 세상에 통용되는 양식적인 태도로 대응해야 한다고 주장하고 있다. 만사에 중용을 지키는 뇨보로서 기발함을 추구하지 않고 다른 사람과 어울리게 처신하는 것을 자신의 처세술로 터득한 것이다. 여기에는 자신을 현실의 일상생활과 힘겹게 이어두면서, 자신의 과민한 정신과 일상 생활태도를 조화시켜 보려는 의도가 작용하고 있다. 이것이 본 작품의 기초를 만들고 있어서 이상할 정도

로 억눌린 듯이 답답한 작가의 내면세계를 형성하고 있다.

이러한 정신과 태도에 대한 작가의 주장은 이 작품에 들어 있는 서간문 안에 가장 잘 나타나고 있다. 정중어를 사용하여 서간문 같은 문체로 이어지는 기술 부분이다. 당시 사이인(가모 신사에서 신을 모시는 왕녀) 주변 뇨보들이 너무 풍류스럽고 잰체하고 있는 모습을 비난하는 유명한 문장도 바로 이 부분이다. 이 서간문 부분 안에 이즈미시키부, 아카소메에몬, 세이쇼나곤 등 당대 유명 여류작가들에 대한 비평이 포함되어 있는 것도 널리 알려져 있다.

작가는 이즈미시키부의 타고난 시인의 자질을 인정하면서도 반대로 전통적인 와카를 많이 노래한 아카소메에몬을 당대 굴지의 여류시인으로 평가하고 있다. 이즈미시키부의 경우 자신의 재능에만 너무 의존해서 쉽게 전통적인 와카 작시방식을 무시하기 십상이었다고 한다. 이것은 정신만으로는 살아갈 수 없다고 하면서 중용의 태도를 고수하던 무라사키시키부 자신의 독자적인 가치관을 근거로 한 주체적인 비평이다.

그리고 한시문에 대한 깊은 식견을 가지지 못했던 세이쇼나곤에 대한 혹평도 중용을 취해야 한다는 그녀 특유의 처세태도에서 시작된다. 이 점에 있어서 일련의 당대 유명 여류작가 비평은 모두 자기성찰의 시점을 내포한 극히 주체적인 비평정신에 의거하고 있다. 말하자면 무라사키시키부는 이즈미시키부나 세이쇼나곤 안에서 자기 자신을 발견하고 있는 것이다.

그러나 이러한 엄격한 자기억제나 자기은폐의 태도는 사실 자기 스스로의 정신조차도 압살시킬 수 있다는 의구심 앞에 항상 알몸으로 서 있어야 하는 결과를 초래한다. 그렇지만 무라사키시키부는 이러한 의구심으로부터 자신을 해방시켜주는 것으로 모노가타리가 있었다. 앞에서 기술한 것처럼『무라사키시키부 일기』에는 모노가타리 제작에 몰두하는 것이 힘든 삶의 우수에서 자신을 구해주었다는 회상이 포함되어 있다.

이 뒤에 이어지는 글에 의하면 모노가타리를 쓰지 않고 있는 지금은 우수의 나락에 빠져서 모노가타리를 읽어도 작은 감흥조차 느끼지 못한다고 적고 있다. 이것은 작가의 정신이 모노가타리 제작에 의해서만 생생하게 해방되고 있다는 것을 방증하고 있다. 다시 말하자면 모노가타리에 그려진 허구의 인생이 작가의 현실 인생과 동등하거나 그 이상의 무게를 가지고 있기 때문이다.『무라사키시키부 일기』는 이러한 모노가타리 작가의 내면을 밝혀주는 독특한 작품이다.

무라사키시키부는 궁중생활을 통해서 자연스럽게 당대 권력가인 후지와라노 미치나가를 시작해서 수많은 권문세가 사람들과 접하게 된다. 원래『겐지모노가타리』는 처음 기리쓰보 마키부터 후궁의 생활모습 속에 당대 권력 구조를 집약시키고 있었다. 아마도 무라사키시키부는 궁중생활을 직접 체험함으로써 자신이 만든 모노가타리의 허구가 사실적이라는 것을 확인했을 것이다. 또한 그것이 뒤에 이어지는 모노가타리 제작에 있어서 확실한 근거가 되었음에 틀림없다. 작가의 눈과 마음은 현실과 허구를 오고감으로써 더욱 날카롭게 되어 갔다.

제 2 장

히카루겐지의 여인들

-겐지모노가타리 그림책, 「야도리기 마키」

임신 중이던 나카노키미에게 문안을 왔던 가오루는 그녀에게서 죽은 언니 오이기미의 모습을 느끼고 새삼 마음이 이끌린다. 나카노키미와 이야기하는 동안에 가오루는 격해지는 연모의 감정을 억누르지 못해 나카노키미의 소매를 잡고 연정을 호소하지만, 그 이상의 행동은 취하지 않았다.

히카루겐지는 자신의 '이로고노미'를 초월적인 매개로 사용하면서 수많은 여인들과 다양한 남녀관계를 맺어가게 된다. 또한 관계를 맺어가는 모습을 통해서 각 여인들의 인물상도 구체화되어 간다.

이 장에서는 주로 모노가타리의 제1부 기리쓰보 마키에서 후지노우라바 마키에 이르는 33권의 이야기를 다루게 된다. 주인공인 히카루겐지가 수많은 여인들과 만나고 다양한 남녀관계를 맺어가게 되는 청장년시대의 사건들인데 그는 최종적으로 태상천황에 준하는 역사상 전례가 없었던 무소불위한 지위에 올라 부귀영화를 누리게 된다.

히카루겐지의 여성관계와 역사상 전례 없는 영화 영달은 무관하지 않을 뿐만이 아니라 다양한 여성관계가 누적되어 그의 무소불위한 영화 영달로 이끌어 간다는 유기적 구조를 가지고 있다. 물론 이것은 히카루겐지 자신이 의식적으로 의도하고 있었다는 것이 아니다. 그 자신은 순수하게 오로지 사랑을 위해 살아가고 있다. 따라서 사랑과 영화 영달이 유기적으로 연결되고 있다는 것은 다름 아닌 이 모노가타리 작가가 고안한 독자적인 구도이다.

이와 같이 이야기의 독자적인 구도로 조합되고 있는 여인으로서 특히 주목되는 것은 후지쓰보, 로쿠조미야스도코로, 무라사키노우에, 아카시노기미 이상 4명이다. 그녀들은 히카루겐지와 깊이 관여함으로써 현세에서는 누리기 힘든 부귀영화를 향유하게 된다. 그러나 그것과 동시에 한편으로는 보통 사람들의 상상을 초월하는 우수를 껴안지 않으면 안 되었다. 이러한 영화와 우수는 히카루겐지와 함께 살아간 여인들에게 공통되는 인생의 궤적이다.

여기에서는 4명의 여인 중에서 후지쓰보, 로쿠조미야스도코로, 아카시노기미 세 사람을 다루고 무라사키노우에에 대해서는 다음 장인 「로쿠조인 저택의 세계」에서 다루기로 하겠다. 왜냐하면 무라사키노우에의 경우 겐지모노가타리 제 2 부에 들어가서 처음으로 위에서 언급한 궤적을 선명하게 드러내고 있기 때문이다.

39세까지의 히카루겐지에 대해 이야기하는 제 1 부에서 그의 생애에 관계되는 여인들이 거의 대부분 등장하고 있다. 위에 적은 4명 이외에도 히카루겐지와 일정한 관계를 유지하는 여인으로 히카루겐지와 적대적으로 대치하고 있는 우대신 일가의 딸인 오보로즈키요, 도엔시키부쿄 왕자의 딸로 히카루겐지의 구혼을 끝까지 거절한 아사가오 왕녀도 제 1 부에서 등장한다. 또한 나이든 수령의 후처 우쓰세미, 예전에 도노추조의 애인이었던 유가오, 쇠락한 왕자 일가의 아가씨로 추한 외모가 특징인 스에쓰무하나는 모두 중하류 귀족계층의 여인들이다. 아니면 로쿠조미야스도코로가 남긴 외동딸로 나중에 레이제 천황의 중궁이 되는 아키코노무 중궁이나, 유가오가 남긴 딸아이로 나중에 히게쿠로의 아내가 되는 다마카즈라도 히카루겐지가 관심을 보냈던 여인이었다. 여기서는 중하류 귀족계층인 우쓰세미, 유가오, 스에쓰무하나를 다루고자 한다.

원래 모노가타리는 어딘지 고풍스러운 전승설화나 전설의 흔적을 남기게 마련이지만 이와 같은 여인들의 이야기인 경우 특히 그러한 측면이 현저하게 나타나고 있다. 여인들의 다양한 인물조형의 배경에도 고대신화를 연상시키는 발상이 숨 쉬고 있다. 이러한 것은 특히 후지쓰보, 유가오, 스에쓰무하나 등에서 나타난다.

제1절 후지쓰보 —이상적인 모성

어머니 품속의 따뜻함

후지쓰보는 히카루겐지의 아버지인 기리쓰보 천황이 가장 총애하는 황후였다. 이것은 기리쓰보 천황과 열애를 나누던 기리쓰보 고이가 히카루겐지를 낳고 2년 뒤에 요절했기 때문에, 천황은 자신의 어찌 할 수 없는 슬픔과 한탄을 위로하기 위해 죽은 기리쓰보 고이와 똑같이 빼닮았다고 소문이 난 아름다운 후지쓰보를 입궁시켰고 필연적으로 천황은 그녀를 총애하게 된다. 게다가 후지쓰보는 죽은 고이와는 달리 선왕의 왕녀라고 하는 고귀한 신분으로 그야말로 황후에 어울리는 여인이었다.

어머니 품속의 따뜻함을 모르고 자라난 히카루겐지는 어린 마음에 죽은 어머니와 쌍둥이처럼 닮았다고 하는 후지쓰보를 친어머니처럼 따르게 되었다. 천황도 두 사람을 '가장 사랑하는 두 사람'이라고 생각하여 어머니와 자식으로서 친밀한 관계를 유지하도록 바라고 있었다. 기리쓰보 천황은 어린 히카루겐지를 데리고 후지쓰보 침소를 방문하면서 두 사람에게 친밀하게 지내달라고 말하고 있다.

제2장 히카루겐지의 여인들 123

세상 사람들은 이렇게 천황의 각별한 애정을 받고 있는 왕자(나중에 히카루겐지)를 '빛나는 왕자님(光る君)'이라고 칭송하고 또한 뇨고로서 남다른 총애를 받고 있는 후지쓰보를 '반짝이는 해 같은 왕녀님(輝く日の宮)'이라고 찬양했다. '빛나다(光る)'나 '반짝이다(輝く)'는 매우 뛰어난 것을 찬양하는 수식어다.

그렇지만 기리쓰보 천황이 후지쓰보와 히카루겐지에 대해 각별한 애정을 가지고 친밀하게 지내고 있는 것에 대하여 불만을 가지는 사람들도 있었다. 먼저 우대신 일가의 딸로 첫째왕자를 낳은 고키덴노 뇨고가 있었다. 그녀는 자신이야말로 천황에게 가장 총애를 받아야 하며 장래에 중궁으로 책봉되는 것이 당연하다고 생각하고 있었다. 그녀의 아버지인 우대신이나 그 일가 사람들도 당연히 고키덴노 뇨고의 생각을 지지하고 있었다.

기리쓰보 천황이 첫째왕자를 동궁으로 책봉하고 각별한 애정을 보이던 둘째왕자를 일부러 신하로 강등시킨 것은, 앞으로 고키덴노 뇨고와 우대신 일가에 의한 부당한 음해와 모략에서 둘째 왕자를 지키기 위한 것이었다. 왕자나 왕족으로 남아 있으면 황위계승의 가능성이 남아있기 때문에 정쟁에 휘말릴 수 있기 때문이다. 천황은 각별히 보살피는 이 왕자야말로 황위를 계승함에 있어서 가장 어울린다고 생각했지만 그 탁월한 재능을 조정을 보좌하는 자리에서 발휘하기 바라며 신하로 신분을 내리고 미나모토라는 성을 하사한다. 이에 따라 '빛나는 왕자님'은 '빛나는 겐지(히카루겐지)'라고 불리게 된다.

12살에 성인식을 치른 히카루겐지는 바로 좌대신 일가의 외동딸인 아오이노우에와 결혼한다. 좌대신은 정실부인이 기리쓰보 천황 여동생이었다는 점에서 천황의 신임이 두터운 대신이었다. 일가친척도 없이 고립무원한 처지였던 히카루겐지도 좌대신의 사위가 됨으로써 막대한 정치권력에 의해 후원받게 되었다.

그러나 히카루겐지에게 있어서 상류 귀족가문의 깊은 규중에서 금지옥엽으로 자라난 아오이노우에는 아름답기는 하지만 차가운 사람으로 느껴졌다. 이것은 그녀가 겐지보다 네 살이나 연상이라는 점도 있었지만, 그의 마음속에 이미 따뜻한 모성을 느끼게 해주는 후지쓰보의 존재가 이상적인 여인의 상으로 확고하게 자리 잡고 있었기 때문이었다.

후지쓰보에 대한 연모의 정

물론 성인식을 치른 이후 히카루겐지는 후지쓰보와 직접 대면할 수 없게 된다. 이따금 천황이 주최하는 후궁 아악 연주회에서 멀리 발 너머 방안에 앉아 있는 후지쓰보를 의식하고 히카루겐지는 가슴 두근거리기도 한다.

> 히카루겐지는 후지쓰보님이 연주하는 칠현금 소리에 맞추어 피리를 불어 들려주시며 마음을 소통하고 간간히 들려오는 후지쓰보님의 목소리를 위안삼아서……
> ─「기리쓰보 마키」

여기에서 '피리를 불어 들려주시며 마음을 소통하고'라는 부분에 주의하자. 히카루겐지가 후지쓰보가 연주하는 칠현금 소리에 맞추어 피리를 불어 들려주고 그것에 의해 두 사람 마음이 소통하고 있다고 하니까 후지쓰보 쪽에서도 마음이 움직이고 있었다. 그녀는 겐지의 고독하고 쓸쓸한 마음을 상냥하게 감싸주는 존재였던 것이다. 이러한 공감이 후지쓰보를 향한 히카루겐지의 연모를 더욱 강하게 만들어 간다.

궁중에서는 죽은 친어머니인 기리쓰보 고이가 사용하고 있었던 기리쓰보 궁을 히카루겐지 개인의 별궁으로 하사받고 또한 천황의 명령으로 죽은 어머니의 니조인 저택을 사저로 개축한다. 니조인의 호화로운 사저에 들어간 히카루겐지는 후지쓰보와 같은 이상적인 여인을 이러한 사저에 데리고 와서 같이 살고 싶다고 생각한다.

히카루겐지는 후지쓰보에 대한 절망적인 연모를 억누르는 한편 많은 여인들과 남녀관계를 쌓아가게 된다. 따라서 근위대 중장으로 임관되었던 17~8세 때, 정실부인 아오이노우에의 거처에는 자연스럽게 발길이 뜸해졌다.

교토 교외 기타야마 산에서 후지쓰보의 조카에 해당하는 소녀를 발견하고 자기 사저로 강제로 데리고 온 것을 시작으로, 죽은 동궁의 아내인 로쿠조미야스도코로와의 뒤틀린 남녀관계, 우대신 일가의 아가씨 오보로즈키요와 용서받지 못할 남녀관계, 혹은 사이구(이세신사에서 신을 모시는 왕녀)인 아사가오 왕녀와의 금기된 사랑 등도 후지쓰보와 이룰 수 없는 사랑 때문에 일어나게 되었다고 추정하고 있다. 그리고 우쓰세미, 유가오, 스에쓰무하나 등 중류 귀족계층의 여인들과의 관계 또한 방황의 결과물이었다.

히카루겐지의 초기 연애 모습은 모두 후지쓰보에게 빼앗긴 영혼의 신음에 뿌리를 두고 있는 것 같다. 히카루겐지의 사랑은 『이세모노가타리』의 '옛날에 살던 남자'와는 달리 후지쓰보에 대한 사모를 원점으로 하는 심정적인 맥락을 형성하면서 이야기를 장편화 시키고 있다.

밀회

히카루겐지는 마침내 후지쓰보와 관계를 가져버린다. 후지쓰보가 병 요양을 위해 그녀의 사저로 내려와 있을 때 미칠 듯한 기분을 껴안은 채 히카루겐지가 그녀의 침소 안으로 강제로 숨어들어간 것이다. 이 있을 수 없는 만남의 장면에서 한 부분을 인용해보자.

> 어떠한 술책을 썼는지 모르겠지만 정말 강제적으로 관계를 가지는 이 만남의 시간조차도 히카루겐지님에게는 현실에서 일어난 일이라고 여겨지지 않는 것이 매우 한탄스러웠다. 후지쓰보님도 뜻하지 않게 지난날의 일을 기억해 내시는 것만으로도 세월이 지날수록 근심거리가 되기 때문에 그나마 그때 한번으로 그만두자고 마음속 깊이 결심하셨는데 또 이러한 일이 일어나게 된 것이 실로 울적해져서 매우 괴로워하시는 모습이었지만 상냥하고 귀여운 표정으로 하지만 역시 방심하지 않고 조신하셔서 보는 이쪽이 거북할 정도로 자제하시는 태도가 역시 보통 여인들과는 다른 것을 히카루겐지님은 어찌해서 이분은 부족하다고 말할 수 있는 부분을 전혀 가지고 계시지 않는가라고 원망스럽게까지 생각하셨다.
> 겐지님은 말씀드리고 싶은 수만 가지 말들을 어떻게 전부 다 말씀드릴 수 있을까. 새벽이 오는지도 알지 못할 정도로 어둡다고 하는 구라부야마 산에 살고 싶을 정도였지만 안타깝게도 때마침 짧은 밤이어

서 오히려 뜻한 바와는 달리 괴로움이 더할 뿐이었다.
　　히카루겐지
　　만나도 다시 만나는 밤 드물어 꿈속에라도 이윽고 사라지는
　　이 몸이고 싶어라
라고 눈물을 흘리며 흐느끼고 계신 모습이 과연 가여우셔서
　　후지쓰보
　　세상 소문에 사람들은 전하겠지 비할 수 없는 괴로운 이 내
　　몸을
　　깨지 않는 꿈속에도

―「와카무라사키 마키」

위에 적은 인용문에 의하면 이 장면 이전에도 두 사람은 이미 밀회를 나눈 적이 있었다고 한다. 이야기 안에서 두 사람의 첫 번째 밀회를 이야기하지 않은 것은, 예를 들면 무라사키시키부 이전의 모노가타리 안에서 이야기되고 있었으니까라는 식으로, 아마 이 이야기의 성립과정에 관계되고 있는 것으로 생각된다.

모성에 대한 어리광

그렇다고 하더라도 후지쓰보의 인식에 의거해서 생각해 보면, 예상치 못했던 첫 번째 밀회사건이 항상 그녀의 염두에서 떠나지 않았는데도 또 다시 이렇게 관계를 가지게 되다니 실로 마음이 울적해지는 일이었다. 일본 고어에서 '마음이 울적하다(こころうし)'나 '우울하다(うし)'라는 말

은 원래 자기 탓으로 우울하고 괴롭다는 어감을 가지고 있어서, 대체로 피할 수 없는 숙명을 전제로 자신의 숙명을 통감하는 기분을 표현한다. 후지쓰보는 히카루겐지와 관계를 가지게 된 자신의 현실을 혹독한 운명의 장난이라고 파악하고 있다.

그렇다 하더라도 후지쓰보는 히카루겐지를 매몰차게 거부하지 않고 있다. 적어도 히카루겐지의 눈에는 '상냥하고 귀여운' 표정으로 비추어지고 있고, 겐지의 '만나도 다시'라는 와카에 대해서도 '과연 가여우셔서'라고 생각하고 '세상 소문에'라는 와카로 응답하고 있다. 그녀의 마음 속 깊은 곳에는 어딘가 히카루겐지와 공감하는 부분도 있었던 것이다. 앞에서 기술한 것 같이 기리쓰보 마키에서 '칠현금에 맞추어 피리를 불어 들려주시고는 서로 마음을 소통하고'라고 적혀 있었던 부분이 새롭게 상기된다.

그러나 후지쓰보가 이렇게 티 나지 않게 친숙함이나 공감을 보여주는 것은 히카루겐지가 그 틈을 이용하거나 어리광을 피울 수 있게 하는 허점을 보여주고 있는 것이다. 히카루겐지는 후지쓰보는 왜 다른 사람과 같이 조금 부족한 부분조차 없는 것일까라고 생각한다. '괴로움이 더할 뿐이었다'에서 '괴롭다(つらい)'라고 하는 말은 앞에서 언급했던 '마음이 울적하다(こころうし)'와는 대조적으로 타인 때문에 괴롭다는 어감으로 현대어로 말하자면 원망스럽다 정도에 해당한다. 히카루겐지에게는 후지쓰보의 완전무결함이 오히려 원망스럽게 느껴지고 있는 것이다. 이러한 히카루겐지의 감정은 위 인용문 처음에 있는 '현실에서 일어난 일이라고 여겨지지 않는 것이 매우 한탄스러웠다'에서 '한탄스러움(어찌해야 할지 몰라 곤란한 기분)'과 연동하고 있다. 이것은 후지쓰보에 대한 히카루겐지의 어리광이라고 밖에 할 말이 없다.

이러한 두 사람의 심정의 차이는 와카를 주고받는 부분에 있어서도 단적으로 엿보이고 있다. 히카루겐지가 차라리 자신을 꿈속에 가두어 두고 싶다는 무리한 소망을 호소하는 것에 비해서 후지쓰보는 세상 사람들에게 추문이 될 정도로 자신의 운명은 험난하다고 되받고 있다.

후지쓰보와 히카루겐지 사이에는 상냥하고 총명한 연상의 여인과 철부지 어리광쟁이인 연하의 남자 정도의 격차가 있다. 상징적으로 말하자면 어리광을 받아주는 누나와 어리광을 부리는 남동생 정도로 대조적이다. 그리고 말썽꾸러기인 남동생이지만 묘하게 고지식한 영혼이 누나의 모성본능을 일깨우기도 한다. 물론 후지쓰보는 히카루겐지를 어리광 부리게 하는 만큼 스스로의 의지로 현실에 대하여 엄격하게 깨어있지 않으면 안 되었다.

일본 신화 영웅 스사노오의 어리광

이와 같은 면에서 보자면 고대 일본 신화에서 아마테라스오미카미와 스사노오의 남매이야기가 상기된다. 이자나기노미코토가 목욕재계를 한 결과 태어난 세 명의 고귀한 신들 중에 누나인 아마테라스와 남동생인 스사노오의 이야기를 이 책에서는 『고사기』를 인용하며 살펴보기로 하자.

세 명의 고귀한 신들 중에 스사노오 한 명만은 넓은 바다를 지배하라고 말한 아버지 이자나기의 명령을 거역했다. 그는 죽은 어머니가 살고 있는 네노카타스구니 나라에 가겠다고 고집을 부려 아버지 이자나기의 격노를 사게 된다. 스사노오가 아직 보지 못한 어머니를 그리워하며 울며 소리치는 모습은 '푸르른 산을 바싹 마른 산으로 만들 듯이 눈물이 마르도록 울었고 강과 바다는 모두 울어 말라버릴' 정도였다고 한다.

마침내 그는 자기 고향에서 추방을 당하는 쓰라린 체험을 경험하게 된다. 이때 스사노오는 어머니가 계신 네노카타스구니 나라에 가기 전에 누나인 아마테라스에게 작별을 고하러 타카아마노하라 나라에 올라가자고 생각한다. 이렇게 아마테라스에게 작별을 고하는 것은 아마도 야마토타케루노미코토가 일본 열도 동쪽지방을 정벌하기 위해 숙모인 야마토히메를 찾아가서 그녀의 주술을 전승받은 것처럼 여인의 주술이 남자에게 초인적인 위력을 발휘시킨다고 하는 발상에 근거하고 있다.

그렇다고 하더라도 여기에서 스사노오는 어머니와 누나를 연속된 것으로 생각하면서 철없이 어리광만 부리고 있다. 그리고 타카아마노하라에서 스사노오는 어머니와 쉽게 만날 수 없다는 불만 때문에 누나인 아마테라스에게 어리광을 부리며 패악을 되풀이 한다.

논의 논두렁을 없애서 경계를 없애고 관개용 수로를 메운다. 아니면 햇곡식을 바치는 궁전 곳곳에 대변을 싸놓는다. 그렇지만 아마테라스는 어디까지나 자상한 누나로서 남동생을 지켜주려고 그것은 대변이 아니라 실은 술을 마시고 토한 것이고 논두렁을 없앤 것은 남은 토지 이용을 아까워했기 때문이라고 사람들에게 변명해준다. 그러나 스사노오는 난폭한 행동을 멈추지 않고 신들이 입는 옷감을 짜는 베틀 가옥을 부수고 아마노후치우마를 거꾸로 메달아 가죽을 벗기는 등, 그것을 목격한 궁녀들이 아연 질색해서 숨이 넘어가게 만들 정도의 온갖 악행을 거듭한다.

아마테라스는 이러한 남동생의 악행에 어이가 없고 기가 질려서 아마노이와야도에 숨어버린다. 그 때문에 세상은 칠흑 같은 암흑에 갇히게 되지만 아마노우즈메노미코토가 가진 예능의 힘과 아마노타지카라오의 괴력을 이용하여 겨우 아마테라스를 밖으로 모셔 나올 수 있었다. 아마테라스가 아마노이와야도에서 나옴으로써 암흑에 갇혔던 세계도 다시 광명을 되찾고 타카아마노하라와 아시와라노나카츠쿠니를 스스로 비추어 밝히게 되었다.

그러나 악행을 거듭한 스사노오는 결국 이 타카아마노하라에서 추방되어 지상의 이즈모노쿠니로 내려가게 된다. 그리고 지상 세계에서 수많은 시련을 경험하면서 건설적인 영웅으로 변신하여 이윽고 일본이라는 나라를 만들게 되는 것이다.

영혼의 방랑자

스사노오도 히카루겐지도 어머니의 따뜻한 품속을 모른다. 말하자면 자기 영혼의 고향을 구하듯이 이상적인 연상의 여인에게 따뜻한 어머니와 같은 혹은 아름다운 누나와 같은 친밀한 마음을 가지고 어리광을 부리고 심술을 부리는 것이다. 물론 히카루겐지는 스사노오와 같은 포악한 악행은 저지르지 않았다. 그러나 연모해서는 안 되는 후지쓰보를 연모하고 어겨서는 안 되는 금기를 깨뜨린다.

히카루겐지의 후지쓰보를 향한 연모는 마치 천상세계에 있어서 스사노오의 악행을 지상세계에서 연기해 보여주고 있는 것 같이 여겨진다. 어머니의 환영을 누나나 누나와 같은 연상의 여인에게 구하면서 스스로 마음과 행동을 다스리지 못하고 있다는 점에서 양자는 공통되고 있다.

히카루겐지가 후지쓰보에게 이끌리는 것은 죽은 어머니를 자기 영혼이 돌아가야 할 고향이자 안식처로써 동경하기 때문이라고 말할 수 있다. 하지만 이와 같이 이상적인 여인을 추구하는 한 그는 비뚤어진 죄의식에서 결코 자유로울 수 없다. 스사노오가 어머니를 그리워하고 눈물 흘리며 소란을 피우고 악행을 거듭했기 때문에 아버지 이자나기에게도 누나 아마테라스가 지배하는 타카아마노하라에서도 추방되어 쉽게 안주할 수 있는 땅을 부여받지 못했던 것처럼 히카루겐지 또한 평생 동안 영혼이 마음 편히 안주할 수 있는 장소를 가지지 못했다고 해석해도 좋을 것이다.

이야기 전개에서 주축이 되는 후지쓰보와의 관계에 있어서 히카루겐지는 스마 지방 퇴거의 시기만이 아니라 그의 전 생애를 통틀어서 영혼의 방랑자였다.

앞에서 기술했듯이 히카루겐지가 '빛나는 왕자님(光る君)'이라고 불리고 있었던 것에 대해서 후지쓰보는 '반짝거리는 해 같은 왕녀님(輝く日の宮)'이라고 찬사 받고 있었다. '해(태양)'라고 적혀 있으니까 태양신인 아마테라스오미카미의 이미지가 겹치고 있다. 참고로 후대『에이가모노가타리』에서는 이치조 천황에게 입궁한 쇼시(후지와라노 미치나가의 딸)을 '반짝거리는 후지쓰보'라고 부르지만 결코 '해(태양)'라고는 호칭하지 않았다. 그러나 이 모노가타리의 후지쓰보에게는 역시 타카아마노하라에 이어지는 천상적인 이미지가 있다고 생각한다.

한편 후지쓰보는 히카루겐지와 관계를 가지고 죄의식에서 벗어나지 못하고 있다는 점에서 아마테라스와 똑같지는 않다. 앞에서 기술했듯이 그녀는 처음부터 자신이 처한 현실을 피할 수 없는 숙명의 두려움 속에서 응시하는 인물이었다.

이야기에서는 앞에서 기술한 하룻밤 정사로 후지쓰보가 히카루겐지의 자식을 회임하게 된다. 다른 신화 속에서는 누나나 누나와 같은 연상의 여인을 사모하는 이야기도 있고 또한 남자와 하룻밤을 지낸 여인이 그대로 임신해 버린다는 소위 하룻밤 회임의 이야기 유형도 많다. 히카루겐지와 후지쓰보의 이야기에서는 아마테라스와 스사노오의 이야기만이 아니라 간통으로 낳은 자식을 안고 살아가지 않으면 안 되는 인간의 고뇌를 그린 이야기도 엿보이고 있다. 말하자면 신들의 신화 세계에서 인간적인 모노가타리 세계로 이륙하여 날아가려는 지점에 이 이야기는 성립하고 있다.

후지쓰보의 고뇌

후지쓰보는 자신의 파멸을 기구하면서도 불의의 자식을 무사히 낳는다. 다음은 그 장면의 한 구절이다.

> 지금부터는 명줄 길게 살아가지 않으면 안 된다고 생각하면 후지쓰보에게 있어서 괴로운 일이었지만 고키덴노 뇨고 등이 참으로 저주스러운 말을 입에 담고 있는 것을 듣고 혹시 나 자신이 먼저 죽어버렸다는 소문을 저쪽이 듣게 된다면 필경 자신을 세상의 웃음거리로 만들어 버릴 것이라고 알아차리시고 차츰 조금씩 쾌유하기 시작하셨다.
>   ―「모미지노가 마키」

후지쓰보는 자신을 저주했다고 하는 고키덴노 뇨고와의 적대적 관계를 재확인하고, 자신이 죽어버리면 패배라고 상정하면서 어떻게 해서든지 살아가지 않으면 안 된다고 사명감과도 같은 결의를 도출해 내고 있다. 자신의 파멸이나 세상 사람들의 웃음거리가 된다는 최악의 사태를 상정함으로써 오히려 현재의 위기적 상황에서 새롭게 다짐하며 살아가려고 한다. 히카루겐지와의 간통이라고 하는 희대의 숙명을 살아가고 있다는 마음의 빚을 오히려 자신을 살려가는 마음의 지지대로 사용하고 있다.

본래 히카루겐지와 깊이 관여하고 있는 여인들은 스스로 위기의식을 초래함으로써 오히려 그곳에서부터 다시 태어나 살아가게 된다. 주요한 여인들에게 공통되는 이러한 굳센 삶의 궤도가 그려지게 되지만, 후지쓰보는 먼저 고키덴노 뇨고 등에 적대함으로써 자기 스스로를 강하게 지탱하려고 한다.

간통이라고는 전혀 알지 못하는 기리쓰보 천황은 후지쓰보가 낳은 왕자가 히카루겐지와 꼭 빼어 닮은 것을 매우 기뻐하며 나중에 이 왕자를 동궁으로 삼고 싶다고 말한다. 기리쓰보 천황은 히카루겐지에게 왕통을 계승시키지 못했다고 하는 마음의 빚을 가지고 있었기에 이러한 불민했던 과거를 이번에 만회하려고 이 어린 왕자를 동궁에 책봉하려고 생각한 것이다.

마침내 기리쓰보 천황은 스스로 퇴위하고 스자쿠 천황이 즉위하면서 이 어린 왕자가 동궁이 된다. 죽음을 자각한 기리쓰보 상왕은 히카루겐지를 조정의 보좌역으로 중용하고 동궁이 장래에 반드시 즉위할 수 있도록 배려하라고 스자쿠 천황에게 유언을 남긴다. 그러나 기리쓰보 상왕의 붕어 후 스자쿠 천황 배후에서 암약하는 우대신 일가의 세력이 증대되자

제 2 장 히카루겐지의 여인들

궁중의 총아였던 히카루겐지도 고립되기 일쑤여서 자연스럽게 동궁의 지위도 위협 받게 된다.

우대신 일가는 히카루겐지를 실각시키기 위해 호시탐탐 허점을 노리고 있었다. 히카루겐지는 이와 같은 상황에 처해 있을수록 후지쓰보는 물론이고 우대신 일가의 고귀한 아가씨로 스자쿠 천황 후궁에 나이시노카미(궁중 나인의 수장)로 입궁한 오보로즈키요나 신을 모시는 몸으로 순결함을 지키지 않으면 안 되는 아사가오 사이구 등과의 더할 나위 없는 위험한 사랑에 일부러 자기 온몸을 내던지고 있다. 이야기 속 서술자는 이러한 언행을 히카루겐지의 '여느 때와 다름없는 버릇'이라고 말하고 있지만 이것은 스사노오의 심술궂은 행동과 비슷하다.

출가의 선택

무엇보다도 후지쓰보의 경우 히카루겐지의 사랑고백이 다른 사람 눈에 띄게 되면 두 사람이 파멸되는 것은 물론이고 자신의 아들인 동궁의 지위조차 위험하게 된다. 그러나 후지쓰보에게 있어서 히카루겐지는 단순히 멀리할 수 있는 타인이 아니라 동궁의 후견인이다. 후지쓰보 자신이 너무 차갑게 대하면 그는 절망에 빠져서 출가해 버리고 친자식인 동궁까지 내팽개칠지도 모른다. 그녀는 동궁과 자기 자신을 살리는 방법을 고심한 끝에 출가하기로 결심한다. 출가는 육신을 가진 인간을 버리는 것이니까 이쪽이 먼저 출가해 버리면 아마도 히카루겐지와 남녀의 관계를 배제한 친밀한 교분을 유지할 수 있으리라고 생각한 것이다.

예상한대로 히카루겐지는 그녀와 협력해서 동궁의 든든한 후원자가 된다. 후지쓰보의 이러한 결심은 한편으로는 정략적인 선택이라는 인상을 주지만 모자 두 사람이 같이 살아남기 위한 절실한 방편이었다. 위기의식을 초래함으로써 오히려 새로운 인생의 길을 모색하게 되는 제3의 선택이 바로 출가였다.

히카루겐지의 스마 퇴거를 거치고 불의의 자식인 동궁은 마침내 레이제 천황으로 즉위한다. 히카루겐지와 후지쓰보의 관계는 자신들의 죄를 감추고 게다가 새로운 천황에 대한 적극적인 후원을 위해 더욱 협력적으로 변해간다. 히카루겐지가 양녀로 삼은 사이구(로쿠조미야스도코로의 딸)를 후궁에서 가장 유력한 뇨고로 만든 것도 이러한 협력관계의 단적인 표출이다.

레이제 천황 시대는 기리쓰보 천황 시대의 태평성대를 직접적으로 계승하는 형태가 되었다. 후지쓰보는 태평성대를 이룬 천황의 친어머니로서 찬사를 받고 이례적이지만 출가한 여자의 몸으로 상왕의 지위에 군림하게 된다.

그러나 후지쓰보는 37살 되는 해 봄에 갑자기 병을 얻어 붕어하게 된다. 죽음을 눈앞에 두고 생애를 되돌아보며 후지쓰보는 다음과 같이 회고한다.

> 뛰어난 팔자를 타고 태어나 이 세상의 부귀영화도 비견할 사람이 없을 정도인 자신이지만 그러나 이와 함께 마음속 깊이 숨겨둔 더할 나위 없는 한탄도 다른 사람보다 많았다.
>
> ―「우스구모 마키」

후지쓰보는 부귀영화도 우수도 똑같이 세상 사람들보다 출중하게 뛰어난 인생이었다고 고백하고 있다. '뛰어난 팔자', '이 세상의 부귀영화'라는 것은 선왕의 왕녀로 태어난 축복 받은 운명과 국모로서 상왕 지위까지 오른 화려한 영광을 말한다. 그리고 '더할 나위 없는 한탄'은 히카루겐지와 간통한 사실만이 아니라, 자기 자신과 자신의 아들을 살리기 위해서 히카루겐지와 진심으로 나누었던 깊은 감동과 공감을 스스로 저버리고 은폐하며 자제할 수밖에 없었다고 하는 고뇌가 아닐까?

후지쓰보는 마지막으로 히카루겐지와 대면하는 장면에서도 지금까지 레이제 천황 후견인으로 잘 보살펴 준 것에 대한 감사를 언젠가 마음 편히 표현하고 싶다고 생각해 왔지만 그것조차 이룰 수 없어서 원통하다고 고백한다. 이것은 히카루겐지와 감동과 공감을 나누며 살아온 후지쓰보가 주위 사람들이 눈치 채지 못하도록 배려하면서 말한 말이기에, 그녀가 표현할 수 있는 최대한의 성의를 담은 말이라고 할 수 있다.

영화와 우수

이후 레이제 천황은 자신의 친아버지가 히카루겐지라는 것을 우연히 알게 된다. 후에 이것이 계기가 되어 히카루겐지는 세상 사람들은 알지 못하는 천황의 친아버지로서 준태상천황으로 옹립된다. 원래 히카루겐지에게 왕통을 이어받게 하려고 생각한 기리쓰보 천황의 슬픈 염원이 얄궂게도 이러한 모습으로 실현된 것이다. 히카루겐지 또한 더할 나위 없는 부귀영화를 누리면서도 후지쓰보와 같이 저지른 죄업에서 벗어나지 못했기 때문에 비견할 수 없는 우수의 인생을 살아가게 된다. 그는 만년에 이르러서 앞에서 언급한 후지쓰보와 비슷한 술회를 되풀이하게 된다.

히카루겐지와 후지쓰보는 일방적인 구혼자와 피해자라는 식의 관계로 끝나지 않는다. 히카루겐지는 방황하는 영혼을 다스리지 못하고 체제적인 질서에 반항할 수밖에 없었지만 후지쓰보는 그것에 공감하면서도 은폐하고 동궁과 히카루겐지 그리고 자기 자신의 보신을 위해 고뇌하지 않으면 안 되었다. 이와 같은 두 사람의 관계가 허구의 주축으로 놓이면서 영화와 우수를 만들어 가는 이야기 세계가 펼쳐지게 된다. 히카루겐지와 후지쓰보의 이야기야말로 허구의 이야기인『겐지모노가타리』에 있어서 가장 중심에 위치한 기둥이 되고 있다.

 **제 2 절** 우쓰세미 · 유가오 · 스에쓰무하나 —신혼의 구도

비오는 밤의 여인 품평회

히카루겐지 17살 5월 여름 장맛비가 연일 내리던 어느 날 밤, 궁중 히카루겐지 처소에서 히카루겐지, 도노추조 외 4명의 남자들이 모여 이상적인 여인이란 어떤 사람일까라고 여인에 대한 담론으로 이야기꽃을 피우고 있었다. 유명한 비오는 밤의 여인 품평회이다. 그럴듯한 결론은 없었지만 히카루겐지는 중류 귀족계층에 의외로 연애할 가치가 있는 여인들이 많다는 것을 알게 되었다. 중류 귀족계층의 여인이란 지방 관리를 역임한 수령계층 아니면 고귀한 신분이었지만 현재는 몰락한 귀족집안의 딸들을 말한다. 나중에 히카루겐지가 우쓰세미, 유가오, 스에쓰무하나와 만나서 관계를 가지게 되는 것도 이 비오는 밤의 여인 품평회에서 다른 남자들이 히카루겐지를 부추겼기 때문이었다.

아버지인 에몬노가미(근위대 수장)가 일찍 죽어서 어디 의지할 곳이 없었던 젊은 우쓰세미는 노령의 이요노스케(현재의 에히메현인 이요노쿠니 지방 차관)의 후실로 자리 잡게 된다. 비오는 밤의 여인 품평회 다음날 히카루겐지가 자신을 가까이 모시는 기노가미(현재의 와카야마현인 기노쿠니 지방 수령)의 저택을 방문했을 때 우쓰세미도 같은 저택에 머물고 있었다. 기노가미는 이요노스케의 자식으로 우쓰세미는 기노가미의 의붓어머니가 된다. 히카루겐지는 부모가 죽고 나이 많은 지방 관리의 후실이 될 수밖에 없었던 우쓰세미에게 깊은 관심을 가지게 되어 그날 밤 기어코 그녀와 정을 통하고 말았다.

강제로 우쓰세미 침소에 들어간 히카루겐지는 덮치듯이 그녀에게 다가간다. 이 히카루겐지의 언동은 오늘날 우리들 관점에서 본다면 남녀의 성실한 사랑과는 동떨어져 있지만 상대의 영혼을 이끌리게 하는 히카루겐지의 '이로고노미'가 확연하게 드러나고 있다. 우쓰세미는 이러한 만남 속에서 한편으로는 히카루겐지에 대한 감동을 금할 수 없었다. 히카루겐지에 대한 그녀의 대응방식은 다음과 같다.

> 실로 이렇게 한심한 내 처지가 아직 정해지기 이전인 옛날 처녀의 몸으로 이렇게 히카루겐지님과 정을 나눌 수 있었다면, 비록 자기 신분에 어울리지 않는 혼자만의 크나큰 소망이지만 언젠가는 다르게 처우해 주실 또 다른 만남도 있을 것이라 생각하며 스스로 안위할 수도 있겠지만, 이렇게 한때의 허무한 만남의 모습을 생각하면 달리 비유하기 힘들 정도로 스스로 혼란스러워질 뿐입니다. 다른 방도가 없습니다. 오늘 저와 정을 통했다는 것은 결코 말하지 마시기 바랍니다.
>
> ―「하하키기 마키」

제 2 장 히카루겐지의 여인들

히카루겐지를 마주한 응답이기는 하지만 그녀의 진정성이 배어나오고 있다. 만약 부모 슬하에서 자라나 독신으로 히카루겐지와 만나게 되었다면이라고 가정하면서 혹시 그러했다면 잠시 스쳐지나가는 만남이었다 하더라도 얼마나 행복했을까라고 상상하고 있다. 그러나 이것은 어디까지나 상상일 뿐이고 실제로는 나이 많은 수령의 후처로 자리 잡은 현재 자신의 불운을 통감할 수밖에 없다고 고백한다. '이렇게 한심한 내 처지가'라고 하는 것은 수령의 후처라고 하는 현재 자신의 지위를 슬픈 숙명으로 한탄하는 마음을 표현하고 있다.

우쓰세미 처지의 시름

당시 사람들의 상식으로 본다면 아버지 에몬노가미를 일찍 여읜 우쓰세미에게 있어서 수령의 후처로 자리 잡은 것은 반드시 불운하다고 할 수 없는 신분이었다. 오히려 후견인을 여의고 길바닥에 나앉게 될 처지를 다행스럽게도 지방 수령에게 구원 받은 인생이라고 볼 수도 있다.

따라서 위 문장에서 자신을 불운하다고 주장하는 감각은 순조로운 인생을 보낼 수도 있었던 그녀가 어중간하게 히카루겐지라는 인물을 자기 눈으로 직접 보고 남녀관계를 맺었기 때문에 새삼스럽게 자신의 비참함을 자각해 버렸다고 하는 것이다. 자기 자신을 불운하다고 생각하는 우쓰세미의 자각은 아름다운 히카루겐지에게 매혹된 감동과 공감을 뒤집어 생각한 것에 불과하다.

그러나 그녀는 이와 같이 히카루겐지에게 매혹되면서도 그 감동을 마음속 깊이 가두어 두고 마치 아무런 감동도 없었던 것처럼 처신하려고 한다. 이러한 처신이 상대인 히카루겐지를 안절부절 못하게 만들고 우쓰세미 자신의 불운을 다시금 통감하게 만들어 간다. 그녀는 히카루겐지에 대해서 다음과 같은 와카를 노래하고 있다.

괴로운 처지 한탄하지 못하고 밝아오는 밤 겹겹이 쌓아놓고
소리 내며 운다네

자기 자신의 괴로운 처지를 아무리 한탄해도 다 한탄하지 못한 채로 밤이 지나고 새벽이 밝아오면 밤새도록 괴로워했던 시름을 차곡차곡 쌓으면서 새벽을 알리는 저 닭처럼 소리 내어 울 수밖에 없었다는 의미이다. 여기에도 '괴로운 처지'라고 하는 부분이 주목된다. 그녀는 눈이 멀 정도로 화려한 히카루겐지의 모습을 접하면 접할수록 자기 자신의 변변치 못한 처지를 되돌아 볼 수밖에 없었다. 평소 이요노스케와 같이 지내는 부부관계가 아무런 감동도 없는 무미건조한 것이었음을 되돌아보고 있는 것이다. 여기에서도 히카루겐지라는 인물과 인연을 맺은 것이 여인 스스로의 숙명을 통감하게 만들고 있다.

히카루겐지는 이후에도 열심히 편지를 보내려고 노력한다. 그러나 우쓰세미는 자기 자신의 보신을 위해 완고하게 그것을 거부한다. 이와 같이 매혹적인 히카루겐지에 대해 아무런 감정도 감동도 없는 것처럼 연기하지 않으면 안 된다는 점에 있어서 우쓰세미가 처한 통탄할 숙명이 드러나고 있다. 자신의 처지를 한탄하는 그녀의 말들이 작품 속에서 되풀이되며 이야기는 전개되어 간다.

유가오의 허무함

이러한 우쓰세미의 이야기가 부모를 빨리 여읜 수령계층 딸의 우울함이라는 사회적 현실을 반영하고 있다고 한다면 유가오나 스에쓰무하나의 이야기는 오히려 비현실적인 요소가 농후하다.

유가오와의 만남은 다음과 같다. 히카루겐지가 심복부하인 고레미쓰의 어머니 병환을 병문안 갔을 때 전형적인 서민가정집으로 보이는 옆집 여인에게 다음과 같은 의미심장한 노래를 받게 된다.

어림짐작에 그분이라 여기어 박꽃 보내네 새하얗게 빛나는 이
슬이 맺혀 있는

어림짐작으로 소문으로만 들었던 그분이 아닐까라고 추측합니다. 새하얗게 빛나는 이슬처럼 빛나는 빛을 그분이 곁들여 주셔서 이 하얀 박꽃은 저녁 햇살에 한층 더 화려하게 보인다는 의미다.

이 여인은 자기 집 앞에 서서 박꽃(유가오)을 바라보고 있던 남자가 소문으로만 들었던 그 유명한 히카루겐지(빛나는 겐지)가 아닐까라고 어렴풋이 알고 있으면서도 그분일까 그분이 아닐까라고 딴청을 피우며 상대편 남자를 도발하고 있다. 뜻하지 않았던 곳에서 풍류스러운 와카를 받은 히카루겐지는 엉거주춤하게 답가를 만들어 보냈지만 필연적으로 이 여인에게 깊은 관심을 가지게 된다. 그는 심복인 고레미쓰에게 이 여인의 정체를 알아보도록 명하지만 실마리는 전혀 없었다. 이렇게 이 여인은 박꽃에서 이름을 따서 유가오라고 불리게 된다. 유가오 이야기는 이렇게 처음부터 서

스펜스풍으로 시작되면서 괴담적인 요소를 많이 포함하고 있다.

이윽고 히카루겐지는 고레미쓰의 기지로 유가오와 만남을 이어가게 되는데 두 사람은 서로 자신들의 정체를 밝히려고 하지 않는다. 여인 쪽도 상대가 히카루겐지라는 것을 명확하게 확인하지 못하고 있었다. 히카루겐지는 유가오와 환상적인 사랑의 감정을 차츰차츰 키워가면서 괴이하고도 신비스러운 사랑의 세계에 빠져들게 된다.

그는 유가오에게 두 사람 중 어느 한쪽이 여우가 사람으로 변신한 것일지도 모른다고 농을 건다. 이것은 잠시 스쳐지나가는 사랑으로 시작되었지만 평범한 연애이야기와는 구별되고 있다. 히카루겐지가 그다지 눈에 띄지 않는 카리기누(헤이안시대 귀족남자의 평상복) 차림으로 자신의 정체를 숨기고 얼굴조차 확실히 보여주지 않은 채로 여인 집을 출입했기 때문에 여인은 옛이야기에 등장하는 '요괴' 같다고 생각한다.

'요괴'라는 것은 인간 이외의 신이나 영물 등이 인간 모습으로 나타나는 것을 말하지만 이 부분에는 오래전부터 전승되어온 미와야마 유형 신화가 투영되고 있다. 미와야마 신화란 정체를 알지 못하는 신의 화신이 여인에게 매료되어 정을 통하고 이윽고 여인은 신의 자식을 회임하게 된다는 이야기이다. 히카루겐지가 '요괴'로 간주되고 유가오가 '여우'로 간주되는 것에서 두 사람은 신화 속의 신들처럼 서로의 영혼을 교감시키며 정을 나누고 있었다.

그러나 이러한 관능적인 사랑은 죽음을 초래하게 된다. 히카루겐지가 여인을 모처에 있는 폐허가 된 저택으로 데리고 가서 하루를 같이 보낸 뒤 한밤중에 나타난 요괴에 의해 여인은 귀신에 홀려 죽게 된다. 히카루겐지는 이 사건이 일어나기 직전에 자신의 정체를 밝혔지만 여인은 끝까지 자신의 정체를 밝히지 않은 채 죽어버린다.

이때 요괴가 나타나 자신은 히카루겐지를 훌륭한 분으로 사모하고 있는데 좀처럼 찾아와 주시지 않고 이런 미천한 여인들만 귀여워해 주시다니 너무나도 뜻밖이고 원망스럽다고 말한다. 원래는 히카루겐지가 귀신에 홀려 죽을 처지였는데 여인이 대신해서 죽게 되었다는 식이다.

유가오는 이렇게 허무하게 죽어버린다. 이 이야기는 처음부터 사랑과 무상, 관능과 죽음이 서로 연동하면서 이야기가 전개되고 있었다. 실은 유가오 즉 박꽃이라고 하는 꽃이 이러한 극단적인 이야기 전개를 상징하고 있다.

박꽃은 마을 변두리나 산 고을에 피는 꽃으로 알려져 있었다. 이 여인의 미천한 신분을 나타내고 있지만, 그 근본이 되는 부분에는 꽃의 허무함 혹은 사랑의 허무함을 상징하고 있다. 이야기 처음 부분에서 히카루겐지가 옆집 울타리에 핀 박꽃을 처음 발견했을 때도 '안타까운 꽃의 인연'이라고 꽃의 허무하고 슬픈 숙명을 직감하고 있었다.

추한 신의 생명력

여기에서 상기되는 것은 고노하나사쿠야히메와 이와나가히메라고 하는 고대 일본신화이다. 『고사기』에 의하면 다음과 같은 내용이다. 산으로 내려온 니니기노미코토가 산신 오야마츠미노가미의 딸인 고노하나사쿠야히메에게 구혼하자 오야마츠미노가미는 그 언니인 이와나가히메도 함께 보내왔다. 그러나 니니기노미코토는 언니인 이와나가히메가 너무 못생겼기 때문에 놀라고 두려워서 결국 부모에게 돌려보내기로 했다.

두 딸 중 언니만을 돌려받은 오야마츠미노가미는 다음과 같이 이야기한다. 이와나가히메와 함께 살아가면 아무리 눈이 내리고 바람이 불어도 항상 반석과 같이 동요하지 않을 것이고 또한 고노하나사쿠야히메와 함께 살아가면 벚꽃처럼 화려하게 되어 갈 것이다. 그러나 고노하나사쿠야히메 만으로는 그 수명이 비가 그친 날 아름답게 피어나기 시작하는 벚꽃처럼 짧은 기간 밖에 이어지지 않을 것이다.

이것은 인간 수명의 한계를 설명해 주는 신화다. 아름답지만 허무하게 사라질 고노하나사쿠야히메와는 반대로 이와나가히메는 그녀 자신이 불변부동의 영역을 가진 존재로 그녀와 결혼한 남자에게 장수를 누리게 한다고 한다. 고대 신앙이나 전승에서는 아름다운 신들만이 아니라 이와나가히메처럼 추한 신들의 위력도 상상되고 있었다.

요괴에게 홀려 죽은 유가오가 고노하나사쿠야히메라고 한다면 다음에 등장하는 스에쓰무하나라고 하는 여인은 이와나가히메에 해당한다. 전자가 아름다운 꽃과 같은 허무함과 위태로움을 가지고 있다고 한다면 후자는 반석과 같은 견고함과 추함을 가지고 있다.

스에쓰무하나 마키가 '아무리 그리워해도 다시 그리워지는 유가오가 이슬처럼 죽은 뒤 홀로 남겨진 슬픈 마음에 세월이 지나도 그 그리움을 잃지 않고'라고 시작하고 있는 부분에서 알 수 있듯이 죽은 유가오에 대한 집착이 결과적으로 스에쓰무하나와의 인연을 맺게 해주었다.

다이후노묘부라고 하는 시녀가 호색한 성격의 히카루겐지를 부추기면서 두 사람의 교류는 시작된다. 이 묘령의 여인이 아버지인 히타치노미야 왕자가 죽은 뒤 사람들에게 알려지지 않은 채 조용히 살아가고 있다는 이야기를 듣고 히카루겐지는 유가오와 같은 여인이 아닐까라고 마음 설레인다.

그러나 이 여인은 히카루겐지를 안절부절 못하게 할 정도로 쉽게 넘어오지 않는다. 횟수를 거듭해서 보내는 히카루겐지의 와카에 대해서도 답가를 보내지 않을 뿐만 아니라 마침내 정을 통한 뒤에도 어둠 속에서 입을 굳게 다물고 있는 태도도 어색했다. 이것도 상대 남자에게 동요하지 않는 반석과 같은 부분이라고 할까, 히카루겐지는 차츰 실망하게 되지만 어느 눈이 내린 날 히카루겐지가 이 여인과 하룻밤을 같이 지낸 뒤 결정적인 사건이 일어난다.

먼동이 터오는 새벽에 히카루겐지가 홀로 창밖에 내린 눈을 바라보고 있었다. 때마침 내린 하얀 눈빛을 받아 빛나는 겐지의 풍채는 진정 젊음과 아름다움이 넘치고 있었다. 주위에 앉아 있던 뇨보들 눈에는 눈빛의 환상적인 작용이 더해져서 다른 세계에서 찾아온 신이나 그 어떤 존재처럼 아름답고 수려하게 비춰지고 있었다. 그렇지만 이른 새벽의 밝은 눈빛은 공교롭게도 여인의 이상할 정도로 추한 모습을 속속들이 드러내 버리고 만다.

몸통 허리부분이 극단적으로 길고 코는 코끼리처럼 긴데 그 코끝이 조금 아래로 처져서 빨간색을 띄고 있었다. 안색은 푸르스름할 정도로 창백해서 눈보다 하얗다. 이마는 너무 넓고 턱도 이상하리만치 길었다. 또한 안타까울 정도로 빼빼 말라서 어깨뼈가 눈에 띄도록 튀어나와 있었다. 이렇게까지 추한 모습은 인간의 여성이라고 하기에 너무 동떨어져 있었다. 히카루겐지는 차라리 보지 않은 편이 좋았다고 생각하지만 상상을 초월한 추한 모습과 희귀함에 오히려 관심을 가지게 된다.

신들의 결혼 구도

이날 새벽의 환상적이기까지 한 새하얀 눈빛은 히카루겐지를 다른 세계에서 찾아온 아름답고 수려한 신으로 그려냄과 동시에, 스에쓰무하나도 다른 세계에서 찾아온 추녀 혹은 추한 여신으로 그려내고 있다. 이렇게 추녀인 스에쓰무하나와 히카루겐지의 관계는 일종의 신들의 결혼 즉 신혼의 구도를 이루고 있다.

여기에서 히카루겐지의 마음을 차지하고 있는 것은, 지난 세월의 부귀영화가 지금은 허무한 꿈의 흔적으로 바뀌어 버린 몰락한 왕자 일가의 빈궁함에 대한 연민, 혹은 추녀의 희귀함에 대한 관심이다. 그리고 그는 자기 이외의 남자는 이러한 추녀를 견디지 못할 것이며 자신이 이 여인과 만나게 된 것은 필경 죽은 왕자가 딸의 장래를 불안해하여 왕자의 영혼이 자신을 이끌었기 때문이라고 생각한다. 히카루겐지가 죽은 히타치노미야 왕자의 영혼과 교감하고 있는 듯한 모습이다. 스에쓰무하나를 이와나가히메라고 한다면 아버지인 왕자는 오야마츠미노가미에 해당한다. 신화적으로 말하자면 히카루겐지는 산신에게 이끌려 그 영력을 이어받은 추녀와 맺어지게 된 것이다.

이 결혼은 신혼의 구도처럼 여인에게도 남자에게도 행복을 가져오게 할 것이다. 히카루겐지는 곤궁한 왕자 일가의 구세주가 되어 이 여인을 마지막까지 품안에서 보호하게 된다. 히카루겐지는 스에쓰무하나가 괴이한 추녀임에도 불구하고 그녀를 평생 버리지 않고 후원하게 된다.

이에 의해서 넓은 마음을 가진 히카루겐지의 미덕이 증명되고 있지만 이것은 어디까지나 특수한 신혼을 통한 강인한 결합의 결과라고도 할 수 있다. 이렇게 신혼의 구도를 매개로 하여 미덕을 발휘하는 부분에서 이 이야기 주인공이 가진 일류의 '이로고노미' 인간상이 확보되고 있다.

한편 스에쓰무하나가 아버지를 여읜 뒤 황폐해져 가는 저택에서 고립무원하게 살아가는 상황 자체가 희대의 정신력을 요구한다. 나중에 히카루겐지가 스마 지방으로 퇴거하고 아카시 지방으로 유랑하게 되었을 때 당연히 히카루겐지의 도움의 손길은 끊어지게 된다. 그러나 그녀는 갈수록 흉가처럼 황폐해져가는 저택에서, 배다른 고모의 비열한 학대에 굴하지 않고 오로지 히카루겐지가 귀경하는 시기만을 기다리고 있었다. 요모기우 마키 이야기에는 괴이하다고 밖에 설명할 수 없는 그녀의 인내력이 유감없이 발휘되고 있다. 정말 이와나가히메처럼 반석과 같은 존재로 살아남았던 것이다.

귀경한 이후 스에쓰무하나와 재회한 히카루겐지는 오랫동안 자신을 기다리고 있었던 그녀에게 이전까지와는 다른 감동을 느끼고 그녀를 후하게 대우하게 된다. 이윽고 겐지의 화려한 대저택인 로쿠조인 저택이 완성된 뒤에는, 로쿠조인 저택은 아니지만 새로 개축한 니조인 저택에서 우쓰세미 등과 함께 살아가게 된다.

스에쓰무하나와의 결연

이렇게 스에쓰무하나와 히카루겐지가 인연을 맺게 된 것은 히카루겐지도 또한 그녀의 영력에 의해 확고하게 보호받는 존재라는 것을 의미한다. 앞서 기술한 유가오의 급작스러운 죽음과 이에 따른 히카루겐지의 발병에서 시작하여 당시 히카루겐지에게는 그가 의식하지 않더라도 자주 죽음의 그림자가 드리워지고 있었다. 후지쓰보를 사모하는 나머지 방황하는 것도 생명을 잃어버릴 위험을 내포하고 있다.

이러한 시기에 히카루겐지가 스에쓰무하나와 만나게 된 것은 결코 우연이 아니다. 위험한 그의 생명이 스에쓰무하나의 힘에 의해 보호받았다고 하는 신화적인 역학관계가 이곳에 작용하고 있다. 히카루겐지는 추녀의 영력에 의해 보호받으면서 이야기 속에서 힘차게 살아남게 된다. 물론 당사자인 히카루겐지도 스에쓰무하나도 이러한 것을 의식하고 있는 것은 아니다.

우쓰세미, 유가오, 스에쓰무하나 등은 작품 성립론에서 말하는 별전 계열(다마카즈라 계열)의 인물들이다. 이들은 별전 계열 후기삽입설에 따르자면 후지쓰보나 로쿠조미야스도코로, 무라사키노우에 등을 중심으로 한 주류 이야기(본전 계열, 무라사키노우에 계열)가 어느 정도 만들어진 다음에 삽입된 이야기에 등장하는 인물들이다.

이 후기삽입설은 확실한 증거가 없기 때문에 전면적으로 따를 수는 없지만 인물들의 등장에 있어서 명확하게 두 가지 계열로 구분되는 것을 알 수 있다. 그리고 이것에 의해 히카루겐지를 주인공으로 하는 다양한 일화가 쌓여가게 된다. 그중에 특히 유가오와 스에쓰무하나는 신화에 깊은 뿌리를 둔 이야기로 히카루겐지의 거대한 인물상을 만들어 가게 된다.

마치 『이세모노가타리』에 있어서 아리와라노 나리히라라고 여겨지는 '옛날 남자'가 설화적으로 부풀려지고 있는 것처럼 히카루겐지도 또한 다양한 여인들과의 관계를 쌓아가는 이야기의 주인공이 되고 있다. 이렇게 해서 히카루겐지의 '이로고노미' 인물상이 풍요롭게 실현되고 있다.

로쿠조미야스도코로 —애련 집착의 업보

아오이 축제의 소달구지 싸움

죽은 동궁의 미망인인 로쿠조미야스도코로는 기품과 고상함을 갖추고 뛰어난 교양과 취미를 가진 여인으로 높은 평판을 얻고 있었다. 로쿠조라는 것은 교토 로쿠조 지역에 그녀 저택이 있었기 때문에 불리게 된 호칭이고, 미야스도코로라는 것은 천황이나 동궁의 친자식을 낳은 귀부인을 말한다. 그녀는 죽은 동궁과의 사이에서 딸을 낳았다.

히카루겐지는 로쿠조미야스도코로에게 열심히 구혼을 해서 마침내 자신의 애인으로 만들었다. 그러나 이렇게 관계를 가져 버린 뒤에는 오히려 히카루겐지의 방문은 뜸하게 된다. 매사를 깊고 골똘히 생각하는 로쿠조미야스도코로는 소원해진 히카루겐지와의 관계를 탄식할 뿐이었다. 게다가 두 사람의 뒤틀어진 관계는 세상에 널리 알려지게 되어서, 자칫 잘못하면 추문의 씨앗이 될 수도 있었다.

이와 같이 이미 종말적인 양상을 띠고 있었던 로쿠조미야스도코로와 히카루겐지의 관계가, 아오이 마키에서 처음으로 이야기되는 것은 독자에게 조금 갑작스럽고 부자연스러운 인상을 주고 있다. 아오이 마키 이전 유가오 마키에서 로쿠조미야스도코로라고 여겨지는 인물이 점묘되고 있지만 아오이 마키에서 처음 등장하는 그녀와 연속적으로 그려지고 있다고는 말할 수 없다. 여기에는 아마도 이야기 성립과 관계되는 문제가 숨어있다고 생각한다. 예를 들면 무라사키시키부가 만든『겐지모노가타리』이외에 히카루겐지가 로쿠조미야스도코로에게 어떻게 구애해서 어떻게 자신의 것으로 만들었는지 자세하게 적어 놓은 선행 이야기가 있었다는 식이다.

아오이 마키에서 그려지는 로쿠조미야스도코로는 히카루겐지의 애정을 더 이상 믿을 수 없게 되었기 때문에 딸이 이세신궁을 모시는 사이구로 임명된 것을 계기로 딸과 함께 이세 지방으로 내려가려고 생각한다. 그러나 그녀의 결의는 굳고 강하지 못했으며 히카루겐지에 대한 집착이 아직 남아 있었다.

가모신사를 모시는 사이인이 새롭게 정해지고 새로운 사이인이 가모 강에서 신을 모시기 전에 몸과 마음을 정결하게 하기 위해 목욕재계를 하는 아오이 축제날, 히카루겐지가 이 화려한 축제행렬에 참가하게 되었다. 정실부인으로 히카루겐지의 아이를 임신한 아오이노우에가 이 아오이 축제행렬을 구경하기 위해 이치조 주작거리로 외출하는데 공교롭게도 로쿠조미야스도코로 일행과 만나게 된다. 로쿠조미야스도코로도 히카루겐지의 모습을 조금이나마 보려고 허름한 소달구지를 타고 나와 있었던 것이다.

로쿠조미야스도코로는 히카루겐지와의 뒤틀어진 관계가 세상에 알려져 있었기 때문에 세상 사람들이 자기 정체를 알지 못하도록 용의주도하게 신분을 숨기고 있었다. 그러나 아오이노우에가 자기 가문의 권세를 이용하여 로쿠조미야스도코로가 타고 있던 소달구지를 부수고 밀어치워 버렸기 때문에 로쿠조미야스도코로의 정체가 밝혀지게 된다. 이것이 히카루겐지 이야기 중에서 굴지의 명장면인 아오이 축제 소달구지 싸움 장면이다.

로쿠조미야스도코로의 굴욕

로쿠조미야스도코로가 다른 사람들이 자신의 정체를 눈치 채지 못하도록 조심했던 것은, 두 사람의 뒤틀린 관계가 세상 사람들에게 널리 알려져 있는 지금 아직까지 자기에게 히카루겐지에 대한 미련이 남아있다는 것을 숨기기 위해서였다. 남달리 자존심이 강한 그녀에게 있어서 화려하게 차려입은 히카루겐지의 축제행렬 모습을 먼발치에서나마 보고 싶다는 자신의 미련스러운 속마음이 세상에 알려진다면 자기 자신이 너무나 비참하게 된다고 생각했다.

그러나 결과적으로 세상 사람들에게 자신의 정체가 들켜서 널리 알려지게 되었다. 로쿠조미야스도코로의 견딜 수 없는 굴욕은 소달구지가 부수어진 것보다도 하필 히카루겐지의 정실부인인 아오이노우에게 자신의 정체가 알려지고 겨우 첩인 주제에라고 멸시를 당한 것이었다. 그러나 그럼에도 불구하고 그녀는 히카루겐지를 깨끗하게 단념할 수 없었다. 다음 장면을 읽어보자.

로쿠조미야스도코로는 구경을 그만두고 저택에 돌아가려고 하셨지만 빠져나갈 틈이 없었다. 그때 "행렬이 왔다."라는 소리를 듣고 그래도 역시 원망스러운 그분이 지나가시는 모습을 기다리자는 마음이 되는 것도 여린 여인의 마음이라고 하는 것, 이곳이 '쿠마(くま, 구석진 곳)'라고 하더라도 '사사노쿠마(ささのくま, 조릿대)'만큼의 거리조차 떨어져 있지 않아서인지 히카루겐지가 무심히 지나쳐 가는 것을 보았다고 하더라도 공연히 잠시나마 얼굴을 보았기 때문에 오히려 마음이 다 소진되는 듯했다. 다른 해보다는 취향에 공을 들인 수많은 소달구지에 저마다 자신을 돋보이며 타고 있는 수많은 여인들의 소맷자락이 창밖으로 흘러나와 엿보이는 발 사이사이로 히카루겐지는 아무렇지도 않은 듯한 표정으로 미소를 띠며 곁눈으로 흘겨보시기도 한다. 좌대신 일가(아오이노우에)의 소달구지는 바로 그 사람이라고 확실히 알 수 있어서 히카루겐지는 정숙한 얼굴표정으로 지나가신다. 같이 동행하던 사람들도 이곳에서는 엄숙하게 경의를 표하고 지나가기 때문에 (뒤로 밀려난) 로쿠조미야스도코로는 완전히 무시당하는 자신의 처지를 더할 나위 없이 비참하게 생각하신다.

로쿠조미야스도코로

그림자만을 남기고 흘러가는 미타라시강 야속한 당신 보며 내 시름 깊어가네

라고 저절로 눈에서 눈물이 흘러내리는 자신의 모습을 다른 사람들이 보는 것도 쑥스러웠지만 눈부실정도로 아름다운 히카루겐지의 얼굴과 모습이 이 경사스러운 날에 더욱 화려하게 빛나고 있는 것을 보시고 혹시 이 모습을 보지 않았으면 역시 후회했을 것이라고 생각하신다.

―「아오이 마키」

사사노쿠마

　위 인용문에서 로쿠조미야스도코로의 마음이 신음하듯 굴절되어가는 움직임에 주의하고 싶다. 그녀는 소달구지가 뒤로 밀려난 그 장소에 한 시라도 더 이상 있을 수 없는 심경이면서도 무의식적으로 사랑하는 히카루겐지를 기다리게 된다.

　히카루겐지는 길옆에 소달구지를 세우고 축제행렬을 구경하는 정실부인과 애인들의 존재를 알아보고 각각의 여인들에게 의미심장한 표정을 지으며 지나가지만, 군중 뒤에 밀려나 보이지 않게 되어 버린 로쿠조미야스도코로에게는 당연히 눈길 한번 보내지 않고 지나쳐 버린다. '사사노쿠마'는 '사사노쿠마(조릿대 자란) 히노쿠마강에서 말을 세우고 잠시 물을 마시는 그림자라도 보고파'(『고금집』, 가미아소비 노래)를 인용한 표현으로 여기에서는 그림자라도 보고팠던 히카루겐지와의 거리가 '사사노쿠마(ささのくま, 조릿대)' 만큼도 없었다는 뜻이다.

　그리고 이 시어에 이끌리듯이 로쿠조미야스도코로의 '그림자만을' 와카가 노래된다. '내 시름'이라는 시어에는 자기 자신의 숙명을 통감하는 심경이 반영되고 있다. 이것은 뒤돌아보지 않는 히카루겐지에 대한 원망이라기보다도 그를 단념하려 해도 단념할 수 없는 자신의 미련스러운 인생에 대한 원망이다. 이렇게 말할 수 있는 것은 로쿠조미야스도코로가 영혼의 차원에서 히카루겐지에게 얽매여 있기 때문이다.

　그리고 로쿠조미야스도코로도 다른 주요한 여인들과 똑같이 히카루겐지와 깊이 관계하기 때문에 이러한 애증의 인생을 피할 수 없는 자신의 숙명으로 한탄할 수밖에 없었다. 무엇보다도 로쿠조미야스도코로의 경우 자기 숙명에 대한 개탄은 자기 자존심에 결정적으로 상처 받은 굴욕감에 근거하고 있다.

육체를 빠져 나오는 영혼

소달구지 사건 이후로 타고난 자존심에 상처 입은 로쿠조미야스도코로는 자신의 기구한 운명을 너무 통감한 나머지 정신이상을 보이기 시작한다. 자기 자신의 의지와는 상관없이 영혼이 육체에서 저절로 빠져나와 히카루겐지의 정실부인인 아오이노우에에게 씌워서 죽이게 된다. 지나친 수심이 사람의 영혼을 육체에서 유리시킬 수도 있다는 것을 그녀는 이전부터 들어서 익히 알고 있었지만, 그것이 다름 아닌 자기 자신에게 일어났다는 사실을 차츰 자각하게 된다. 그녀는 아오이 축제 소달구지 싸움이 계기가 되었다고 생각한다.

> 잠시 깜빡 잠든 사이 꿈속에서 그 따님(아오이노우에)이라고 여겨지는 사람이 매우 아리따운 모습을 하고 계시는 곳에 자신이 찾아가서 이쪽저쪽으로 끌고 다니고 생시 때와는 다르게 아무리 거칠고 무서운 짓을 해도 좋다는 외골수 같은 마음이 새록새록 생겨나서 난폭하게 할퀴고 있는 자기 모습을 보시는 경우가 몇 번이나 되풀이 되었다.
> ―「아오이 마키」

로쿠조미야스도코로에게는 어디까지나 꿈속에서 일어난 일이지만 실제로 아오이노우에 거처를 찾아간 자신이 그녀에게 폭력을 휘두르고 있었다는 것이다.

로쿠조미야스도코로는 히카루겐지의 정실부인으로 자리 잡고 있는 아오이노우에에게 예사롭지 않은 감정을 가지고 있었지만 그렇다고 해서 그녀를 증오하고 저주하고 싶다고는 생각하지 않았다. 아름답고 고상한 귀부인으로 귀족사회에 널리 알려진 그녀이기에 남을 저주하는 것이 얼마나 비열한 행위인지 잘 알고 있었을 것이다. 그럼에도 불구하고 자신의 의사를 초월해서 아오이노우에에게 상처 입히려고 하는 영혼이 제멋대로 자기 육신에서 빠져 나와 버린다. 이러한 로쿠조미야스도코로의 생귀신은 질투하는 인간의 노골적인 영혼 그 자체로 그려지고 있다.

한편 로쿠조미야스도코로의 생귀신이 씌워진 아오이노우에는 어떨까? 그 장면을 한번 살펴보기로 하자. 빈사 상태로 괴로워하는 아내를 눈앞에서 보면서 히카루겐지는 동정을 금하지 못한다. 그러나 이러한 부부의 교감이 또다시 로쿠조미야스도코로의 질투심을 자극한다. 헛소리가 흘러나오는 아오이노우에의 목소리가 어느 사이에 로쿠조미야스도코로의 목소리로 바뀌어 버린다. 다음은 아오이노우에에게 달라붙은 모노노케(귀신)의 말이다.

"아니요! 그런 일은 없습니다. 제 몸이 정말 괴로우니까 잠시라도 퇴마주문을 늦추어 주시기 바랍니다. 이렇게 이곳까지 찾아오려는 생각은 애초부터 없었습니다만 시름으로 괴로워하는 사람의 영혼은 과연 육체에서 빠져 나옵니다."라고 친숙하게 말하고 "한탄의 끝에 하늘에서 맴도는 나의 영혼을 아래쪽 옷소매로 묶어 이어 주세요."라고 아오이노우에와는 전혀 다른 목소리와 분위기로 말씀하셨다.

─「아오이 마키」

원래 '모노노케(귀신)'라는 것은 살아있는 사람의 영혼이나, 억울하게 죽은 사람의 원령도 포함하는 헤이안시대 특유의 상상력에 의해 만들어진 산물이라고 말할 수 있다. 당시 이러한 상상력의 근간이 되는 것으로 사람이란 '육신(육체)'과 '마음(영혼)'으로 구성되고 있다는 생각이 있었다. 특히 와카에는 '육신'과 '마음'을 대응시키는 표현이 많이 사용되고 있다. 유명한 이즈미시키부의 와카에 다음과 같은 것이 있다.

시름 속에서 습지의 반딧불도 이 몸 안에서 빠져나와 떠도는
영혼으로 보이네

─『후습유집』, 雜六, 이즈미시키부

저녁 어둠 속에 점멸하는 반딧불 불빛이 한 점 한 점 날아 움직이는 것을 자신의 육체에서 빠져나온 영혼으로 바라보는 환상적이면서도 신비스러운 발상의 노래다. 로쿠조미야스도코로의 귀신도 이러한 헤이안시대 특유의 상상력과 언어에 의해 조형되고 있다.

인간세계의 역겨움

아오이노우에는 귀신들에게 괴롭힘을 당하면서도 겨우겨우 남자아이

를 출산한다. 이 아이가 히카루겐지의 유일한 친아들인 유기리다. 남자 아이 출산은 좌대신 일가에게도 큰 경사였고 할아버지가 된 기리쓰보 상왕에게도 많은 축복을 받았다. 이러한 아오이노우에와 좌대신 일가의 번영이 실은 반대로 로쿠조미야스도코로의 시름을 배가시킨다. 육체에서 빠져 나온 로쿠조미야스도코로의 영혼은 좌대신 저택에서 빈틈을 노리다가 결국 아오이노우에를 죽여 버린다.

히카루겐지가 아오이노우에의 갑작스러운 죽음에 동요하는 것은 당연했다. 그러나 그의 비탄은 단순한 비탄으로 끝나지 않는다.

> 대장님(히카루겐지)께서는 이러한 슬픔 위에 말로만 전해 들었던 생귀신을 자기가 직접 목격하고 나서는 여인들과의 관계는 매우 꺼림칙한 것이라고 뼈에 사무치도록 느꼈기 때문에 깊은 관계를 가졌던 분이 전하는 위문의 편지들도 모두 역겹게 느껴질 뿐이었다.
>
> ―「아오이 마키」

위 인용문에서 '이러한 슬픔'은 아내 아오이노우에의 죽음에 대한 슬픔이지만 이에 더해서 '직접 목격한' 사건이란 자기 아내가 다름 아닌 자기와 관계를 맺었던 로쿠조미야스도코로의 귀신에 씌워서 죽음을 당한 사건을 말한다. 히카루겐지는 인간의 섬뜩할 정도로 추악한 정념, 진정 보고 싶지 않았던 인간의 추악함을 엿보고 말았다는 기분이다. 그렇기 때문에 남녀관계가 모두 꺼림칙하고 역겨워졌다는 것이다.

다음에 이어지는 기술에서는 이와 호응하여 세속적인 인간세계 '세상'을 덧없이 생각하게 된다. 여기까지 오게 되면 당연히 히카루겐지의 내면에서는 출가에 대한 염원이 자라나게 된다. 갓 태어난 아들(유기리)이나 자신의 보살핌 없이는 살아갈 수 없는 나이 어린 무라사키노우에가 없었다면이라고 상상해 보기도 한다. 여기서 갓 태어난 친아들인 유기리와 나이 어린 무라사키노우에는 당분간 히카루겐지의 출가 결심을 막아주는 일종의 안전장치 역할을 하고 있다.

로쿠조미야스도코로의 귀신과 아오이노우에의 죽음은 이러한 히카루겐지의 마음속에 남녀관계의 역겨움, 인간 마음 한 구석에 자리한 무서운 정념, 그리고 인간세계의 허무함을 심각한 문제로 부각시키고 있다. 유기리와 무라사키노우에 때문에 당분간 유보할 수밖에 없지만 이것은 그의 마음속 깊은 곳에 응어리로 남게 된다. 이것은 히카루겐지의 기나긴 앞으로의 인생 곳곳에서 자주 재발되는 문제가 된다.

원래 히카루겐지가 수많은 여인들과 깊은 관계를 가지는 인생을 살아가는 한 불법 정진을 향한 불심은 그의 인생에 있어서 부정적인 계기가 될지도 모른다. 이는 광명으로 가득 찬 그의 인생에 있어서 때때로 던져지는 어두운 그림자가 된다.

애련 집착 그리고 구원

히카루겐지와 로쿠조미야스도코로는 거의 회복이 불가능한 관계가 되었다. 로쿠조미야스도코로가 이세 지방으로 내려가는 9월 초엽 히카루겐지는 차마 미련을 억누르지 못하고 사가노 지방 노노미야 고을에 있던 그녀를 방문한다. 두 사람은 가을 들판 풍경 속에서 와카를 주고받으며 겨우 마음을 소통하지만 로쿠조미야스도코로의 굳은 결심은 결국 무디어지지 않았다.

로쿠조미야스도코로가 교토로 돌아온 것은 6년 뒤 천황이 바뀌면서 친딸이 이세신궁의 무녀직 사이구를 사퇴한 뒤였다. 귀경해서 얼마 되지 않아 로쿠조미야스도코로는 병에 걸려 몸져눕게 되었다. 몇 년이 지나고 죽음을 눈앞에 둔 로쿠조미야스도코로는 그녀를 방문한 히카루겐지에게 딸의 장래를 부탁한다.

홀로 남겨진 로쿠조미야스도코로의 딸을 양녀로 받아들인 히카루겐지는 이윽고 그녀를 자신의 사생아인 레이제 천황에게 입궁시켜 후궁 세계에서 가장 뛰어난 뇨고로 만들어간다. 이것을 통하여 히카루겐지의 권력은 증대되고 나중에 이세신궁의 무녀를 지냈던 사이구 뇨고는 아키코노무 중궁으로 황후에 책봉된다. 아키코노무 중궁 한 세대로 끝나는 부귀영화도 실은 친어머니인 로쿠조미야스도코로와 히카루겐지의 불행한 사랑에 의해 뒷받침되고 있었다.

세월이 흘러 히카루겐지 눈앞에 원령으로 다시 나타난 로쿠조미야스도코로의 귀신은 "내 딸에게 부귀영화를 누리게 해준 것에 대해서는 감사하고 싶다. 그러나 더 이상 인간세계의 주민이 아닌 지금의 나에게는 그러한 것보다도 당신(히카루겐지)에게 가져 버린 집착의 괴로움만이 아직도 어찌할 수 없는 괴로움으로 남아있다."라고 호소한다. 이렇게 히카루겐지와 로쿠조미야스도코로의 이야기는 무엇보다도 애런 집착과 구원이라고 하는 어둡고 무거운 주제를 이야기 안에 끌어 들이고 있다.

제4절 아카시노기미 —인내와 굴종 그리고 영화

아카시노뉴도의 색다른 소망

스마 지방에 퇴거하고 있었을 때 히카루겐지는 전직 하리마노카미(하리마 지방관리)의 외동딸 아카시노기미와 맺어지게 된다. 소위 중하류귀족인 수령의 딸이 모든 관직을 잃고 유배되었다고는 하지만 이전에 왕족이었던 고귀한 상류귀족 신분인 히카루겐지와 결혼하는 것은 어찌 보면 꿈같은 행운이라고 할 수도 있다. 그러나 다른 면에서 보자면 이 때문에 아카시노기미는 가혹한 인내와 굴종을 참아내지 않으면 안 되는 희비가 엇갈린 인생을 살아가게 된다.

원래부터 아카시노기미와 히카루겐지의 만남은 몰락해 가는 일가를 재건하고자 하는 아버지 아카시노뉴도의 소망과 이에 호응하듯이 스마에 퇴거한 히카루겐지라는 희대의 숙명에 의해 서로 이끌리듯이 이루어진다. 이러한 점에서 아카시노기미는 아카시 일족을 재건해야하는 이야기의 틀에서 자유로울 수 없었다. 아카시 일족에서 선별된 하나의 장기말로써 규제되면서도 어떻게 해서든지 스스로 자신의 삶을 살아가려는 모습이 조형되고 있다.

　중하류귀족계층인 아카시노기미가 고귀한 상류계층인 히카루겐지와 맺어진다는 이야기 구상은 수령계층이었던 작가 무라사키시키부의 꿈이 반영된 것일지도 모른다. 아니면 작가가 전직 하리마노카미 외동딸이라고 하는 신분에 집착하여 가혹한 현실을 견디며 살아간다는 점에서 보자면 우쓰세미의 경우와도 매우 유사해서 작가의 자화상이 겹쳐지고 있을지도 모른다. 그러나 아카시노기미는 아버지인 아카시노뉴도의 현실에서 동떨어진 소망을 혼자 짊어진 인생을 살아가고 있기 때문에 작가의 현실은 물론 당시 수령계층의 일반적인 현실을 훨씬 뛰어넘고 있다.

　아버지인 아카시노뉴도의 현실에서 동떨어진 색다른 소망이란 자신의 딸이 고귀한 남자와 결혼하고 그 자손이 비견할 수 없을 정도로 번영해서 중하류귀족으로 몰락한 자신의 일가를 재건해 주면 좋겠다고 하는 소망이다. 원래 정승 일가 출신이었던 아카시노뉴도는 일찍부터 일가의 쇠운을 한탄하고 있었다. 그렇지만 근위대 무관인 고노에추쇼로 임관하고 있었을 때 갑자기 스스로 중앙 관직을 버리고 지방 수령인 하리마노카미가 되어 낙향하게 된다. 위계로 보자면 종4품 하에서 종5품 하로 좌천된 것이 된다.

　이러한 아카시노뉴도의 행적은 일견 괴짜 같은 인상을 주기도 한다. 그러나 이와 같이 일부러 중앙 관직에서 지방 수령으로 바꾼 것은 실은 장래 부귀영화의 징조로 여겨지는 꿈과 함께 딸이 태어났기 때문이다.

　먼 훗날 아카시노기미에게 보낸 아카시노뉴도의 편지에 의하면 다음과 같은 내용이 있었다. 당신(아카시노기미)이 태어나려고 할 때 꿈에서 내가 수미산을 오른손에 들고 있고 그 산 좌우에서 달과 태양의 빛이 온

세상을 밝게 비추고 있었다.

수미산은 불교 경전에서 상상으로 전해지는 높은 산으로 세계의 중심인 큰 바다 안에 하늘을 찌르듯이 치솟아 있다고 한다. 여인은 '오른쪽'을 담당한다는 점에서 자기 오른손에 들고 있다고 하는 것은 딸의 탄생을 의미한다. 또한 달과 태양이 그 산기슭을 맴돈다고 하는데 여기서 달은 황후를 태양은 천황을 비유하고 있다. 아카시노기미가 장래에 황후와 천황을 가져다 줄 것이라는 예지몽이었다.

이 편지는 아카시노기미와 히카루겐지 사이에서 태어난 딸이 성장하여 궁궐에 입궁하고 동궁의 왕자아이를 낳자 소망이 성취된 것으로 생각하여 기뻐하는 마음에서 보낸 것이다. 실은 아카시노뉴도의 색다른 소망의 내막이 여기에서 처음으로 밝혀지고 있다. 지금까지 꿈의 예언에 모든 희망을 걸었던 아카시노뉴도의 진의가 명확하게 밝혀지지 않았던 만큼, 그는 자기 딸에게 과도한 기대를 걸고 있는 괴팍한 아버지라는 인상을 주고 있었다.

아카시노뉴도가 하리마노카미로 내려간 것은 무엇보다도 딸을 귀인과 결연시키기 위해 경제적인 기반을 쌓으려는 책략이었다. 지방 수령의 권력을 이용하여 막대한 재산을 쌓아가는 축재의 나날 속에서 하루라도 빨리 꿈을 실현시키기 위해서 스미요시 신에게 소원을 빌며 신앙을 쌓아간다. 당시 스미요시 신은 현실생활에 직접 복을 주는 영험이 뛰어난 신으로 믿어지고 있었다. 그는 매년 두 번씩 참배를 계속하며 아카시노기미의 양육에 일가의 모든 운명을 건다.

또한 아카시노뉴도는 하리마노카미의 임기가 끝난 뒤에서도 교토로 상경하지 않고 그 지역에 남아 불교에 귀의한다. 아내 또한 그를 따라

제2장 히카루겐지의 여인들 165

출가한다. 이 부부가 각각 아카시노뉴도, 아카시노아마기미라고 불리는 것은 이 때문이다. 두 사람은 불문에 귀의하여 죽은 뒤 저세상의 평안을 소망한다. 아카시노뉴도는 스미요시 신에게 의지해서 현세의 영화를 소원하고 또 한편으로는 불교에 의지해서 내세의 평안을 소원하는 용의주도한 인물이었다. 또한 전형적인 지방의 수령답게 개성적으로 살아가려고 하였다.

'분수'에 대한 자각

그 유명한 히카루겐지가 스마 지방에 퇴거해서 살고 있다는 소문을 들은 아카시노뉴도는 옛날에 보았던 예지몽을 상기하고 이것은 스미요시 신의 영험이 이끌어주신 천재일우의 기회라고 확신하면서 이를 계기로 외동딸을 히카루겐지에게 시집보내려고 궁리한다. 이때 마침 폭풍우가 교토와 스마 아카시 지방에 불어 닥친다. 3월 삼짇날 히카루겐지가 스마 해변에서 목욕재개를 마쳤을 때부터 이 폭풍우가 시작된다. 때마침 히카루겐지 꿈속에 죽은 기리쓰보 상왕이 나타나 유배된 히카루겐지를 구하기 위해 온 힘을 다하고 있다고 말한다. 또한 같은 시각 아카시노뉴도 역시 꿈속에서 스미요시 신의 예언을 듣고 폭풍우가 잠잠해지면 스마를 향해 배를 띄우라고 말한다.

이것은 아카시노기미와 히카루겐지의 결혼을 자연스럽게 시사하는 신의 계시였다. 스마 마키 마지막과 아카시 마키 앞부분에 걸쳐서 이야기되는 폭풍우는 죽은 기리쓰보 상왕의 영력과 스미요시 신의 신력으로 여겨지는 초자연적인 힘이 작용하여, 유배된 히카루겐지의 구원과 아카시노기미의 결혼이 서로 밀접하게 연동되고 있다.

아카시노뉴도는 히카루겐지를 아카시 지방에 있는 커다란 저택에 기쁜 마음으로 맞이하고 이윽고 아카시노기미와 억지로 결혼시켜 버린다. 그러나 일개 지방 수령의 외동딸과 고귀한 신분인 히카루겐지가 결혼하는 것에는 당연히 신분격차라고 하는 냉엄한 현실문제가 가로 놓여 있었다. 아카시노기미가 이 결혼과 직면한 초기 단계에서부터 철저하게 '처지', '분수(신분)'를 자각하게 되는 것은 이러한 현실성을 한 몸으로 짊어지게 되었기 때문이다.

꿈, 영혼, 신이라는 초현실적인 요소에 의해 조정되고 있는 만큼, 그곳에서 발생하는 현실적인 여러 가지 모순을 결혼 당사자인 아카시노기미가 혼자 짊어지게 되는 것이다. 아버지인 아카시노뉴도가 히카루겐지와 결혼을 권하자 아카시노기미는 다음과 같이 생각한다.

당사자인 아카시노기미 본인 또한 전혀 결혼할 마음이 나지 않았다. '전혀 언급할 가치도 없는 신분인 촌사람이기에 정말 짧은 기간 동안 수도에서 내려와 살고 있는 사람의 값싼 겉치레 말에 이끌려서 그러한 경솔한 관계를 맺어야 하는가? 나 같은 사람은 어엿한 한명의 여인으로 보아주지도 않을 것이기에 매우 힘든 고뇌를 짊어지게 될 것이다. 이렇게 이루지도 못할 높은 소망을 품고 있는 부모들은 자신이 시집가지 못하고 지내던 세월 동안 가능성도 없는 것을 바라고 의지하며 앞날을 기대하고 있었던 것이겠지만 혹시 그러한 일이 이루어진다면 오히려 여러 가지 근심걱정을 다해야하는 처지가 될 것이 틀림없다.'라고 생각하고, '단지 히카루겐지님이 이 아카시 포구에 거처하고 계시는 동안만이라도 이렇게 편지 정도를 주고받을 수 있다면 그것만으로도 대단한 행복이라고 할 수 있다. 오랫동안 소문으로만 들었던 그분의 모습을 조금이나마 볼 수 있다는 것은 전혀 상상도 못 했던 일이었는데 이렇게 누추한 거처에 계신 모습을 멀리에서나마 잠시 볼 수 있고, 이 세상에 둘도 없다고 소문이 자자한 칠현금 연주 소리도 바람결에 들을 수 있으며, 아침저녁으로 그 모습도 충분히 볼 수 있고 게다가 이렇게 나 자신을 한사람의 여자로 인정해 주시어 말을 건네주시는 것은, 그야말로 이렇게 해녀처럼 몰락해버린 이 몸에 있어서 분수에 넘치는 일이다.'라고 생각하면 할수록 점점 더 주눅이 들어서 히카루겐지 가까이에는 도저히 다가갈 마음이 생기지 않았다.

―「아카시 마키」

아카시노기미의 교양

 높은 신분의 아름다운 여인들과 수많은 관계를 맺어온 히카루겐지에게, 아카시노기미 자신은 여자 축에도 못 낄 것이라고 규정하는 곳에서부터 그녀의 모든 생각이 시작되고 있다. 분에 넘치는 높은 소망을 가진 부모에게는 보이지 않는 현실을 그녀는 응시하고 있다. 말하자면 현지처럼 처음부터 버림 받기위해서 맺어지는 것 같이 현격한 신분격차가 가로막고 있는 이 결혼이 초래할 불행을 그녀는 이미 상상하고 있었다.
 그렇지만 그녀가 히카루겐지를 단지 꺼림칙하게만 생각하고 있는 것은 아니다. 위에 적은 장면 후반에서는 오히려 이상적인 남성 히카루겐지에 대한 동경이 애틋하게 느껴지고 있다. 그리고 당연하지만 이 감미로운 동경의 반작용이 신분격차라고 하는 냉엄한 현실감각으로 되돌아오고 있다. 이러한 '분수'의식은 신분차이를 무시하고 남녀관계를 가지면 안 된다는 엄격한 자기제어의 정신을 굳혀가고 있다.

말하자면 발상의 형식으로써 '분수'의식과 자기억제가 빈번하게 되풀이 된다. 이것을 통하여 아카시노기미 고유의 사고와 인간상이 만들어져 간다. 마치 우쓰세미가 나이든 수령의 후처라고 하는 자신의 입지에 집착함으로써 히카루겐지에게 구혼 받은 감동을 필사적으로 억누르려 한 것과 비슷하다.

한편 히카루겐지는 '분수'의식을 굳혀가는 아카시노기미에게 의외로 고귀한 여인의 모습을 발견한다. 자기에게 보낸 답가의 필적 등에서 교토의 고귀한 여인들에게도 뒤떨어지지 않는 품위가 엿보인다고 생각한다. 히카루겐지에게 있어서 아카시노기미는 어중간한 상류귀족보다 높은 이상을 품고 있는 여인이었다. 때로는 로쿠조미야스도코로와 비슷한 분위기를 가지고 있다고 느끼고 있었다.

필적, 칠현금 연주, 용모, 태도, 분위기 등에 있어서 그녀의 자질은 고귀한 상류귀족의 여인들과 동등했다. 당대에 가장 뛰어난 귀부인으로 유명했던 로쿠조미야스도코로와의 비교에서도 최고의 교양인이라는 자격이 부여되고 있다. 히카루겐지의 이러한 인식은 히카루겐지 쪽에서 두 사람의 신분차이를 뛰어넘도록 만들었고 그는 차츰 아카시노기미의 매력에 빠져들게 된다.

그러나 아카시노기미가 히카루겐지의 아이를 임신했을 무렵 그는 갑자기 교토로 소환되었다. 히카루겐지에게 걸려 있던 죄가 모두 사면되어 교토로 돌아가는 것은 그것 자체로 커다란 기쁨이었지만 두 사람의 이별은 슬프고 괴로울 수밖에 없었다. 그녀가 처음부터 우려하고 있었던 것처럼 애초에 두 사람은 헤어지기 위해 만난 것일지도 모른다. 실제로 이때 두 사람이 이별하면 다시 만날 수 있다는 보장은 어디에도 없었다.

앞에서 기술했던 아카시노기미의 깊고 풍부한 교양에 대해서 조금 더 언급하기로 하자. 실은 두 사람 관계가 어떻게 이어지고 있는가라는 점에서 이것이 깊이 관여되고 있다. 두 사람 관계에 있어서 결혼 초기부터 와카와 비파가 빠질 수 없는 소통의 수단으로 사용되고 있었다는 점이 특히 주목된다. 그녀는 와카와 비파 연주에 있어서 뛰어난 재능을 가지고 있었다. 아카시 마키에서 특히 결혼을 전후한 장면과 히카루겐지가 귀경하는 장면에서 이러한 부분이 집중적으로 그려지고 있다.

말하자면 와카와 비파에 의해서 맺어지기 힘든 두 사람의 결혼이 실현되고 헤어지기 힘든 이별 장면에서 두 사람의 마음을 서로 소통시키고 이어줄 수 있었다. 특히 아카시노기미가 자기 '분수'라는 현실적인 사고를 굳게 지키고 있었기 때문에 히카루겐지와 쉽게 맺어지지 못했지만 와카라는 언어에 의해서 의사소통의 통로가 만들어져 있었다.

극한에서 비약

아카시노기미가 딸아이를 출산한 것은 히카루겐지가 교토로 귀경한 다음이다. 이 소식을 전해 받은 히카루겐지는 교토에서 유능한 보모를 선별해서 아카시 저택으로 파견시키는 등 세심한 뒷바라지를 한다. 아카시 저택 사람들은 의외라고 여길 정도로 후한 대우를 받았다고 기뻐한다. 이러한 배려는 히카루겐지가 이번에 태어난 딸아이를 장래에 황후로 입궁시키려고 구상했기 때문이었다.

얼마 지나지 않아서 히카루겐지는 이 딸아이를 교토 자기 저택에서 양육해야 한다고 생각하고 모녀에게 상경하도록 권한다. 그러나 아카시노기미는 자신이 히카루겐지의 다른 처첩들과 비견되지 못한다는 것을 잘 알고 있었기 때문에 히카루겐지가 권하는 대로 교토 저택으로 옮겨 갈 엄두가 나지 않았다.

그렇지만 아버지인 아카시노뉴도와 어머니인 아카시노아마기미의 권유에 따라 결국 상경해서 교토 북쪽 사가 지역 오오이가와 강 근처에 있는 산장으로 거처를 옮기게 된다. 하지만 딸아이를 장래 황후 후보로서 자택에서 양육하는 것을 포기할 수 없었던 히카루겐지는 딸아이만이라도 자택으로 데리고 와서 무라사키노우에의 양녀로 삼고 싶다는 뜻을 전한다. 신분이 높은 무라사키노우에를 양모로 삼음으로써 딸의 신분을 격상시키려 한 것이다.

한편 아카시노기미는 당연히 나이 어린 친자식과 생이별해야 하는 슬픔을 생각하면 쉽게 결심이 서지 않는다. 이윽고 히카루겐지의 뜻에 응하는 그녀의 말은 다음과 같이 이어진다.

> 모든 일에 있어서 한심한 저 같은 사람 옆에 이 딸아이를 데리고 있으면 당신이 말씀하신 대로 장래에 가여운 일이 있으리라고 여겨집

니다만 그렇다고 해서 제가 다른 분들 사이에 얼굴을 내민다면 얼마
나 조롱거리가 되겠습니까?

―「우스구모 마키」

자신의 '신분'이 낮다는 것을 뼈저리게 자각하고 있는 그녀는 자기가 지금 공연히 히카루겐지의 저택에 출입하게 되면 세상 사람들의 조롱거리밖에 되지 않는다고 생각한다. 아카시노기미는 '조롱거리'라는 최악의 상황을 상정함으로써 오히려 자기 딸의 장래에 모든 것을 걸자고 결심하게 된다.

원래 히카루겐지와 깊이 관계하는 여인들에게는 어느 특정한 상황에 처하게 되면 더욱 나쁜 최악의 사태, 즉 세상 사람들의 조롱 등을 상정하고 그곳에서 돌변하듯이 비약하는 공통된 발상양식을 확인할 수 있다. 예를 들면 후지쓰보의 출가나 로쿠조미야스도코로의 이세 지방 낙향 등을 상기할 수 있다.

애지중지하는 딸과의 이별

아카시노기미도 이렇게 하여 배 아파 낳은 혈육과 이별하게 된다. 3살 딸아이와의 생살을 도려내는 듯한 이별은 다음과 같이 그려지고 있다.

올해 봄부터 길러왔던 딸의 머리칼이 비구니의 단발머리 같이 찰랑찰랑 아름답게 흔들리고 얼굴 생김새나 온화한 눈언저리 등은 새삼스

럽게 말할 나위도 없이 귀여웠다. 히카루겐지님은 이 귀여운 따님을 다른 곳에 보내고 멀리서 얼마나 걱정하며 살아가게 될지 모르는 친어머니(아카시노기미)의 흔들리는 마음을 헤아리시고는 정말 가엽다고 여기셔서 하룻밤 동안 되풀이하며 납득이 가도록 타이르셨다. "아니요, 적어도 따님만이라도 저와 같은 미천한 신분과는 다르게 대해만 주신다면……."이라고 말씀 드리지만 끝내 참지 못하고 소리 죽여 흐느끼는 모습은 보는 사람들의 마음을 울리는 아픔이 있었다. 따님은 단지 아무 생각 없이 마중 나온 소달구지에 타려고 서두르고 계셨다. 소달구지를 대어 놓은 장소까지 어머니가 직접 안고 나가신다. 단 한마디 말에 불과하지만 정말 귀여운 목소리로 어머니의 옷소매를 당기며 "빨리 타세요."라고 말씀하시는 모습도 매우 슬프게 느껴져서…….

―「우스구모 마키」

아카시노기미는 위에 적은 이별 장면 이후 7년간 자신의 딸이 동궁의 뇨고로 간택되어 입궁할 때까지 단 한 번도 대면을 허락받지 못한다. 그러나 그녀는 새롭게 지어진 로쿠조인 저택 중 겨울 저택의 여주인으로 자리 잡게 된다.

무라사키노우에, 아키코노무 중궁, 하나치루사토와 어깨를 나란히 하게 되었으니 그녀의 생각과는 상관없이 비약적으로 그 지위가 상승된 것이다. 물론 이러한 지위 상승은 사랑하는 딸아이와의 이별이라고 하는 견디기 힘든 인내와 굴종의 경험과 맞바꾼 것이다. 아카시노기미는 히카루겐지 가문의 장래를 짊어진 황후 후보인 딸아이의 친어머니로서 새롭게 히카루겐지 세계의 질서 속에 들어가게 된다.

이야기 제1부의 마지막 마키인 후지노우라바 마키에서 이 딸아이가 성장하여 동궁비로 입궁하게 된다. 이것을 계기로 아카시노기미는 히카루겐지 외동딸의 후견인으로서 겨우 대면을 허락받게 된다. 그 이후에 대해서는 다음 장에서 다루고자 하지만 긴 세월 동안 인내와 굴종을 견뎌 온 만큼 그 이후에도 그녀는 히카루겐지나 무라사키노우에 로쿠조인 저택의 사람들에 대해서 스스로 자신을 낮추는 자세로 일관한다. 그러나 내심으로는 장래에 친딸인 뇨고가 남자아이를 낳고 그 아이가 천황으로 즉위하여 마침내 천황의 친어머니가 되는 것을 강하게 기원하고 있었다.

과연 동궁에게 입궁한 뒤 1년 만에 뇨고는 왕자를 출산한다. 장래에 일족에게 부귀영화를 가져다주는 주춧돌이 만들어진 것이다. 앞에 기술했던 아카시노뉴도의 편지는 이것을 경축하기 위한 것이었다. 아카시노기미와 그녀의 친딸인 아카시노 뇨고는 아카시노뉴도가 의도한 것 이상으로 아카시 일가의 재건을 실현함과 동시에 히카루겐지 가문의 장래에 더할 나위 없는 번영을 보장하게 된다.

일찍부터 자신의 '분수'로 고뇌했던 아카시노기미도 로쿠조인 저택에 없어서는 안 되는 존재가 되었다. 그러나 당시 현실의 수령계층에 있어서 결코 이룰 수 없는 꿈으로 동경되던 아카시노기미의 영달은 엄격한 자기통제와 견디기 힘든 인내와 굴종에 의해 만들어진 것이었다.

제 3 장

로쿠조인 저택의 세계

―겐지모노가타리 그림책, 「가시와기 마키」

온나산노미야가 낳은 아이 가오루의 탄생 오십일 축하연이 열렸지만, 자기 아들이 아닌 아이를 자기의 아들로 축하받는 히카루겐지의 심정은 복잡하기 그지없었다. 유기리는 가시와기의 유언에 따라, 그의 미망인 오치바노미야와 그녀의 어머니 이치조노미야스도코로를 문안한다.

이 장에서는 히카루겐지 40살 이후의 만년기, 와카나조 마키에서 마보로시 마키까지 8권에 걸쳐 펼쳐지는 이야기를 주로 다루고 있다. 히카루겐지는 당대의 화려함과 풍요로움의 극치를 다한 대저택인 로쿠조인 저택에서 기거하고 있지만 이 화려한 광명의 세계에도 이윽고 불안과 우수의 그림자가 드리우게 된다.

그 계기가 된 것이 스자쿠 상왕이 애지중지하며 키우던 온나산노미야가 로쿠조인 저택으로 시집온 것이었다. 출가를 앞두고 애지중지하는 셋째 딸 왕녀의 처우에 고심하던 스자쿠 상왕이 그녀의 후견을 히카루겐지에게 부탁하며 두 사람을 결혼시킨 것이다.

무라사키노우에는 정실부인은 아니었지만 그에 준하는 지위에 있다고 누구나 인정하고 있었다. 하지만 이 결혼을 계기로 그녀는 자신의 보잘 것 없는 신분을 새삼스럽게 자각하게 된다. 히카루겐지는 온나산노미야와 결혼한 뒤 어리고 철없는 그녀의 모습에 실망하고, 한편으로 무라사키노우에의 뛰어난 미모와 세련된 재능에 새삼스럽게 감동한다. 그러나 정작 무라사키노우에는 더 이상 히카루겐지에게 자신의 마음을 열어 줄 수 없었다.

한편 아카시노기미가 낳은 딸이 동궁비로 입궁하여 왕자를 출산한다. 이에 따라 로쿠조인 저택의 영화와 영달이 앞으로 계속 이어질 것이라고 확신되면서 아카시노기미의 존재는 자연스럽게 무게를 더하게 된다. 와카나조 마키 이후 무라사키노우에의 고독이 불거져 나오는 한편으로 아카시노기미의 행운이 눈에 띄게 두드러지고 있다.

이와 병행하여 제2부에서는 히카루겐지를 중심으로 하는 여인들의 관계에 커다란 변화가 나타나고 있었다. 원래 제1부에서의 인간관계는 히카루겐지를 정점으로 다양한 여인들이 방사선적으로 이어지고 있었기 때문에 여인들 사이의 관계는 거의 그려지지 않고 있었다. 그러나 제 2 부가 되면서 여인들 간의 상호관계도 그려지고 히카루겐지와 여인들 사이의 다양한 관계가 말하자면 역학적으로 다시 계량된다. 작가가 이야기 속 인간관계를 어떻게 파악하는가라는 방법 그 자체가 변화하고 있는 점이 주목된다. 즉 제 2 부에서는 하나의 인간관계가 다른 인간관계를 이끌어내고 나아가 그것이 또 다른 인간관계를 규제하는 식으로 수많은 인간관계가 상대화되어 간다. 이 때문에 히카루겐지의 절대적인 영향력에도 쇠약함이 조금씩 보이기 시작한다.

　이와 때를 같이하여 로쿠조인 저택에 불길한 사건이 일어난다. 이미 히카루겐지의 아내가 된 온나산노미야를 이전부터 연모해오던 가시와기가 마침내 그녀와 육체적 관계를 맺어 버린 것이다. 이것을 알게 된 히카루겐지는 옛날 후지쓰보와의 잘못된 관계를 상기하면서 인간 내면 깊은 곳에 숨어 있는 정념을 두려워하지 않을 수 없었다. 비슷한 시기에 그는 성불하지 못하고 이승에서 떠도는 로쿠조미야스도코로의 망령과 다시 만나고 다시 한 번 애련집착의 무서움에 전율한다.

　또 한편으로 의리가 두텁고 고지식하다고 알려져 있던 친아들 유기리가 가시와기의 미망인 오치바노미야와 사랑에 빠지는 모습을 보며, 남녀가 사랑에 집착하게 되는 것은 사람의 힘으로는 어찌할 수 없는 것이라고 생각한다. 그는 마음의 평안을 얻기 위해 속세에 대한 애련과 집착을 끊어야 한다고 생각한다. 그러나 보잘 것 없는 자신의 처지를 비관한 무라사키노우에가 출가를 원해도 그 어느 누구보다 사랑하는 그녀에 대한 강한 집착 때문에 출가를 허락할 마음이 나지 않았다.

히카루겐지 만년의 비극은 실은 자기 스스로가 껴안고 있는 이러한 애련과 집착에 기인하고 있다. 그리고 이를 통하여 깊고 다양한 남녀관계를 경험하며 살아온 '이로고노미' 히카루겐지 인생의 의미를 새삼스럽게 다시 물어보고 있다. 제2부 이야기에서는 절대적인 '이로고노미'의 미덕이 이야기의 상대화 앞에 그 뒷모습을 드러내게 된다.

제1절 로쿠조인 저택 —사계를 색색으로 물들인 구심적 공간

로쿠조인 저택의 완성

히카루겐지 35살 가을, 웅장하고 호화로운 히카루겐지의 사저 로쿠조인이 완성되었다(오토메 마키). 교토 로쿠조 거리에 있었던 옛 로쿠조미야스도코로 저택 부지를 중심으로 일반적인 상류귀족 저택의 4배, 약 252평방미터의 대지 위에 지어진 대저택이다. 이곳은 봄, 여름, 가을, 겨울 사계절의 아름다움이 강조되어 만들어진 네 개의 저택으로 구성되어 있다.

동남쪽 방위에 자리한 봄 저택에는 히카루겐지와 무라사키노우에가 살고 있다. 서남쪽 방위에 있는 가을 저택에는 레이제 천황이 총애하는 아키코노무 중궁이 기거하고 있다. 또한 동북쪽 방위 여름 저택은 하나치루사토가, 서북쪽 방위 겨울 저택은 아카시노기미가 살고 있다. 히카루겐지가 소중하게 생각하는 여인들이 사계절의 특징을 가지고 있는 저택에서 각각 살아가게 된 것이다.

히카루겐지가 일본 역사상 유례가 없는 웅장하고 호화로운 저택을 건설하려고 구상한 것은 3년 전 후지쓰보와 사별한 다음의 일이었다(우스구모 마키). 히카루겐지는 친정으로 내려와 있었던 사이구 뇨고(후에 아키코 노무 중궁)에게 남녀의 사랑에 가까운 친밀한 감정을 호소한다. 사이구 뇨고는 로쿠조미야스도코로가 죽음을 눈앞에 두고 히카루겐지에게 후견인을 부탁한 딸아이로, 히카루겐지의 후원을 받으며 레이제 천황의 총애를 독차지하는 뇨고가 되었다.

그런데도 히카루겐지가 구혼에 가까운 말을 해서 사이구 뇨고를 당혹하게 만든 것은 원래 히카루겐지가 그녀에게 깊은 관심을 가지고 있었기 때문이었다. 친어머니 로쿠조미야스도코로를 여읜 사이구 뇨고가 아무 탈 없이 입궁할 수 있었던 것은, 히카루겐지가 죽은 로쿠조미야스도코로가 남긴 극엄한 유언을 상기함으로써 자기감정을 억누르고 레이제 천황에게 입궁시키는 것이야 말로 최선의 길이라고 마음을 고쳐먹었기 때문이었다.

사이구 뇨고에 대한 연모의 감정이 섞인 히카루겐지의 호소에는 후지쓰보를 잃어버린 고독한 슬픔도 가미되어 있었다. 아니 오히려 후지쓰보가 죽었다는 상실감이 이전에 봉인해 버렸던 사이구 뇨고에 대한 히카루겐지의 친밀한 사랑의 감정을 자극하여 폭발시켜 버렸다는 쪽이 정확할 것이다.

히카루겐지는 로쿠조미야스도코로와 함께 보낸 옛 추억을 그리워하듯이 이야기하기 시작한다. 이러한 히카루겐지의 회상은 사이구 뇨고에 대하여 단순한 색정의 욕망을 초월하여 그녀와의 사이에 친밀한 심정적 교감을 서로 소통시키고자 하는 것이다. 이 장면은 사이구 뇨고 영혼 깊은 곳에 호소한다는 의미에서 히카루겐지 일류의 '이로고노미' 모습이 유감없이 발휘되고 있는 장면 중 하나이다.

사계절을 색색으로 물들이는 여인들

이 연장선 상에서 히카루겐지는 사이구 뇨고에게 묻는다. 당신은 봄을 좋아합니까, 아니면 가을을 좋아합니까? 사이구 뇨고는 가을에 죽은 친어머니 로쿠조미야스도코로와의 추억이 있기 때문에 가을을 좋아한다고 대답한다. 가을은 히카루겐지에게 있어서도 이세신궁으로 내려가기 직전의 로쿠조미야스도코로를 사가 지방 노노미야 고을로 찾아 갔던 잊을 수 없는 추억의 계절이기도 했다. 이 때문에 사이구 뇨고는 가을을 좋아하는(아키코노무) 황후로 알려지게 된다.

히카루겐지는 다음 단락에서 무라사키노우에에 대해서는 당신은 이전부터 봄을 좋아하고 있었지요라고 확인한다. 그녀가 교토 기타야마 산에서 히카루겐지에게 처음으로 발견되는 계절도 봄이었다. 히카루겐지는 후지쓰보와 사별한 이후 무라사키노우에를 화창한 봄 계절에 가장 잘 어울리는 여인이라고 생각하게 된다.

일본에서는 옛날부터 사계절 중에서 봄과 가을을 특히 중요시해서 어느 쪽이 더 뛰어난지 자주 논쟁되어 왔다. 이 두 계절에 무라사키노우에와 사이구 뇨고가 각각 자리한 것은 두 사람이 그만큼 히카루겐지에게 중시되고 있다는 방증이기도 하다. 히카루겐지가 중시하는 무라사키노우에와 사이구 뇨고 두 여인을 축으로 중요한 여인들을 사방 사계의 시공에 배치하는 로쿠조인 저택의 구도가 만들어 진다.

무라사키노우에는 후지쓰보의 모습을 가지면서도 독자적으로 뛰어난 자질을 가진 여인으로 재인식된다. 비록 정실부인은 아니지만 그것에 준하는 지위로 히카루겐지와 함께 봄 저택에서 살게 된다.

또한 사이구 뇨고는 중궁이 되어 아키코노무(가을을 좋아하는) 중궁이라고 불리게 된다. 지금까지 히카루겐지와 후지쓰보의 협력을 바탕으로 뇨고로서 후궁에서 가장 높은 위상을 유지하고 있었던 만큼 후지쓰보 사후에는 홀로 남은 히카루겐지의 역할이 더욱 중요하게 된다. 그는 중궁의 후견인으로서 더욱 긴밀하게 서로 마음을 소통하는 관계를 유지하면서 중궁과의 관계를 통하여 레이제 천황의 조정을 견고하게 지지해 나갈 필요가 있었다. 이것이 그녀가 로쿠조인 저택에서 중요한 위치를 차지하는 이유이다.

한편 여름 저택에 기거하는 하나치루사토는 성실하고 온순하면서도 결코 변심하지 않는 여인으로 평가되어 왔다. 나중에 그녀가 히카루겐지의 친아들인 유기리의 뒷바라지를 하거나 히카루겐지가 데려온 유가오의 딸 다마카즈라에게 침소의 일부를 제공하는 것도 이러한 협조적인 인품에 근거하고 있다.

또한 겨울 저택의 주민인 아카시노기미는 무엇보다도 히카루겐지에게 장래의 황후로 기대되고 있는 아카시노히메기미의 친어머니로서 중시되고 있었다. 그러나 그녀는 자신의 어린 딸을 무라사키노우에의 양녀로 보내고 홀로 인내와 굴종을 견딜 수밖에 없었다. 자기 친자식과 재회할 수 있는 기회는 전혀 주어지지 않았다.

네 명 여인들의 저택은 각각 봄, 여름, 가을, 겨울의 정취로 구별되고 있지만, 각 계절의 독특한 풍경만이 아니라 다른 계절의 나무와 풀들도 적절하게 배치되어 있었다. 특정한 계절을 강조하면서도 사계절의 시간이 매끄럽게 바뀌어 간다. 원래 봄, 여름, 가을, 겨울은 일 년이라는 시간이 자연의 질서에 따라 변해가는 것이기 때문에 네 명의 여인들에게 일

년에 한번은 반드시 자신들을 위한 계절이 찾아오게 된다. 이때 그녀들은 각각의 계절 안에서 주역이 된다.

이와 같이 중요한 여인들을 계절의 시간질서 속에 위치지우는 히카루겐지는 그녀들과 자연을 그 근본에서부터 장악하려고 한다는 점에서 진정 그만의 독특한 '이로고노미'의 힘이 발휘되고 있다고 보이지만 이러한 미덕은 인간 관리의 탁월한 방법이기도 하다.

로쿠조인 저택은 단지 돈만 들여서 사치스럽게 꾸민 호화로운 저택이 아니다. 무엇보다도 히카루겐지 자신이 이곳에 살고 있는 여인들과 마음 깊이 이어져 있으려고 하고 있다.

천·지·인의 합일

히카루겐지는 또한 로쿠조인 저택 준공을 전후해서 원래 사저였던 니조인 저택 동쪽에 새롭게 도인 건물을 증축하여 우쓰세미, 스에쓰무하나 등이 모여서 기거하도록 만들었다. 비록 옷깃만 스친 사소한 관계라 하더라도 결코 자기 쪽에서 먼저 인연을 끊으려고 하지 않는 히카루겐지 최고의 미덕이 이와 같은 형태로 실현되고 있다. 로쿠조인 저택과 니조인 저택의 조영은 그의 변함없는 미덕을 실천한 것이었다.

로쿠조인 저택이 각 계절의 자연과 얼마나 유기적으로 만들어 졌는가는 아래 하쓰네 마키의 한 구절을 통해서 알 수 있다. 로쿠조인 저택이 완공된 후 처음으로 맞이하는 정월 풍경이다.

새해가 밝은 설날 아침 하늘은 한조각 구름도 없이 화창했기 때문에 그다지 높은 신분이 아닌 사람들이 기거하는 담장 안에서도 눈녹은 자리로 엿보이는 올해 첫 들풀이 생생한 녹색을 보이기 시작하고, 이른 봄 안개가 일어나 나무의 새싹들도 어렴풋이 돋아나고 있어서 사람들 기분조차도 자연스럽게 유유자적하게 되어가는 것처럼 보인다. 말할 나위도 없이 옥을 깔아 놓은 것 같은 히카루겐지의 거처는 정원을 비롯해서 곳곳에 볼거리가 많았고 한층 더 세련된 분들이 기거하는 곳의 모습은 그것을 말로 표현하려고 해도 말이 궁해질 수밖에 없었다. 무라사키노우에의 봄 저택 정원은 특히 각별해서 매화꽃 나무 향기가 발을 드린 방안에 피운 향로 향기와 서로 조화를 이루며 바람에 날려 곳곳에 퍼져서 이 세계의 극락정토라고 여겨질 정도였다.

―「하쓰네 마키」

　맨 앞의 문장은 로쿠조인 저택만이 아니라 교토 시내의 일반적인 새봄 풍경을 말하고 있지만 세상을 천·지·인으로 구분하며 묘사하는 독특한 말투를 사용하고 있다. 하늘에는 늦겨울 여운도 없이 봄 안개가 끼기 시작했다는 부분이 천(하늘), 눈 녹은 사이로 첫 들풀이 올라와 엿보이고 나뭇가지의 새싹들도 터질 듯이 돋아나고 있다고 하는 부분은 지(땅), 그리고 봄이 성큼 다가왔다는 조짐이 여기저기에 엿보이는 가운데 사람들의 마음도 유유자적하게 되어간다는 것이 인(사람)이다. 천·지·인의 합일에 의해 자연과 인간이 어디까지나 유기적으로 서로 관계하고 있다.
　그리고 다음 문장에는 '말할 나위도 없이 옥을 깔아 놓은 것 같은 히카루겐지의 거처'인 로쿠조인 저택 그리고 그 중에서도 가장 핵심적인 '봄 저택 정원'의 주인인 무라사키노우에와 히카루겐지가 살고 있는 저택이 자리 잡고 있다고 하는 서열이 설정되고 있다. 여기에는 히카루겐지를 중심으로 세상을 인식하려고 하는 고유한 감각이 살아있다. 히카루겐지는 자연의 운행 섭리에 따른 로쿠조인 세계에 군림하는 존재로서 하늘·땅·사람을 연결하는 지배적인 위치에 자리하고 있다.

이러한 로쿠조인 저택의 이미지는 단순히 권력가로서 부귀영화와 장엄함을 증명하는 것에 그치지 않고 어디까지나 레이제 천황의 친아버지로서 어울리는 절대성을 제시하고 있다. 말하자면 로쿠조인 저택은 또 다른 왕궁이며, 히카루겐지는 또 다른 제왕으로 그려지고 있다.

방사상으로 이어지는 인간관계

로쿠조인 저택의 정월 풍경을 그려가는 하쓰네 마키에 따르자면, 히카루겐지는 새해 인사를 위해 각 저택에 모아놓은 여인들을 차례대로 방문해 간다. 먼저 무라사키노우에와 앞날을 기약하는 염원을 담은 와카를 각각 노래한다. 그리고 같은 봄 저택에서 아직 나이 어린 아카시노히메기미를 만난다. 때마침 친모인 아카시노기미로부터 와카가 전달되어 있었다. 그 다음 여름 저택에서는 하나치루사토의 온화한 기품에 접하고 또한 다마카즈라의 화려한 아름다움을 생각한다. 이어서 겨울 저택의 아카시노기미를 방문하여 나이 어린 딸자식을 남에게 넘겨준 외로움과 쓸쓸함을 직접 몸으로 체감한다. 또한 히카루겐지는 다음날 니조인 저택에 기거하는 스에쓰무하나와 우쓰세미를 방문한다.

이러한 새해 인사 순방에서 알 수 있듯이 같은 로쿠조인 저택 안이지만 히카루겐지가 많은 처첩들을 차례로 방문해 가는 형식으로 되어 있다. 로쿠조인 저택은 말하자면 남편이 다수의 아내를 방문하는 결혼양식을 구조적으로 갖춘 공간이다. 이야기도 히카루겐지와 누구와의 이야기라고 하는 식으로 오로지 히카루겐지와 각 여인들과의 관계를 하나씩 하나씩 이야기해 간다. 따라서 무라사키노우에와 아카시노기미라든지 무라사키노우에와 하나치루사토라는 식으로 여인들 상호간의 소통이나 관계는 전혀 그려지지 않고 있다.

즉 히카루겐지를 중심으로 여인들은 방사상으로 이어져 있을 뿐이다. 이렇게 방사상으로 이어지는 인간관계를 횡으로 상호 소통시키는 회로는 없다. 게다가 무라사키노우에를 정실부인에 준하여 대우하는 것처럼 여인들에게는 각각 경중의 서열이 매겨져 있다. 이러한 점들이 로쿠조인 저택을 완벽하게 안정된 공간으로 만들어 간다.

한편 로쿠조인 저택 이야기를 화려하게 꾸며가는 요소로 다마카즈라를 둘러싼 구혼이야기가 있다. 히카루겐지는 짧고 허무하게 끝나버린 유가오와의 사랑을 아직 잊어버리지 못하고 있었는데 죽은 그녀와 겐지의 친구 도노추조 사이에서 태어난 딸아이가 한 명 있었던 것을 기억해내고 반드시 만나보고 싶다고 염원하고 있었다.

예전에는 유가오의 몸종이었지만 지금은 히카루겐지를 가까이 섬기고 있던 우콘이 야마토 지방의 하세데라 절에서 우연히 그 딸아이와 다시 만나게 된다. 그녀는 20살을 넘긴 그때까지 대부분의 세월을 시골에서 보냈지만 전혀 그렇게 보이지 않을 정도로 화려하고 아름다운 여인으로 성장해 있었다. 히카루겐지의 뜻에 따라 친아버지(도노추조, 이때는 내대신)에게 알리지 않고 그녀를 로쿠조인 저택으로 데려오기로 한다. 이 딸아이가 다마카즈라로 여름 저택 한 구석에서 하나치루사토의 보살핌을 받게 된다.

다마카즈라가 로쿠조인 저택에 들어가 얼마 되지 않았을 때 히카루겐지는 무라사키노우에를 상대로 다음과 같은 말을 한다.

> 이와 같은 아가씨가 있다고 세상 사람들에게도 꼭 알게 만들어서 예를 들면 효부쿄노미야와 같이 이 저택을 좋아하는 분들의 애간장을 태우게 만들고 싶습니다. 호색한 바람둥이들이 언제나 진지한 얼굴을 지으며 이 저택을 찾아오는 것도 지금까지 이러한 아가씨가 없었기 때문입니다. 그러니까 이 아가씨를 소중하게 돌봐 주지 않으면 안 됩니다. 그런 다음에 역시 잠자코 있지 못할 남자들에게 그녀의 모습을 보여주기로 하지요.
>
> ―「다마카즈라 마키」

반쯤은 농담처럼 들리지만 수많은 남자들의 관심을 끌 수 있는 아가씨를 살게 함으로써 로쿠조인 저택을 화려하고 떠들썩하게 만들고 싶다는 것이 히카루겐지의 본심이다. 남자들의 엉큼한 호색을 자극하는 매력적인 여인이 수많은 뭇 남자들의 관심을 로쿠조인 저택으로 돌리게 한다.

영혼의 차원에서 장악한다

이것은 세속적인 권문세가의 권력으로 사람들을 위압하여 따르게 만드는 것과는 전혀 다르다. 히카루겐지는 사랑의 인간관계에 있어서 사람들의 마음을 장악하려고 하는 것이다. 말하자면 일류 '이로고노미'의 힘이 로쿠조인 저택 안에 발휘되도록 연출하고 있다고 말해도 무방하다.

유력한 구혼자들 중에는 뛰어난 취미 교양을 갖춘 효부쿄노미야, 성실하고 곧으면서도 투박한 히게쿠로 대장, 실은 자신이 다마카즈라의 이복남동생이라는 사실을 알지 못하는 가시와기 등이 있다. 히카루겐지는 이러한 젊은 구혼자들의 관심을 묶어두고 그들의 다양한 마음의 모습을 엿보려고 한다. 이것은 다름 아닌 히카루겐지다운 인간 및 인간관계 관리 방법으로 사람들을 영혼의 차원에서 잡아두려고 하는 것이다.

예를 들면 이러한 식이다. 부슬부슬 장맛비가 내리는 어느 날 초저녁 로쿠조인 저택을 찾아온 효부쿄노미야에 대해서 히카루겐지는 계략을 짜서 다마카즈라가 앉아 있는 어두컴컴한 방안에 반딧불을 놓아 준다. 갑자기 주위가 밝아진 것에 놀라 부채로 얼굴을 가리는 다마카즈라의 아름다운 옆얼굴이 어둠 속에서 확연하게 드러난다. 효부쿄노미야는 영혼을 빼앗긴 것처럼 다마카즈라에게 매료되어 로쿠조인 저택에 자주 찾아오게 된다.

한편으로 젊은 구혼자들의 엉큼한 마음을 뒤흔들어 놓으려던 히카루겐지였지만, 차츰 자기 자신이 이 아름다운 아가씨에 매료되어 사랑의 노예가 되어 간다. 그것은 친딸이 아닌 딸자식, 양녀에 대한 히카루겐지의 굴절된 연정으로 자라나게 되어 당사자인 다마카즈라를 곤혹스럽게 만들고 고뇌하도록 몰아가게 된다. 물론 히카루겐지의 마음속에도 옛 애인의 딸자식을 사랑해서는 안 된다는 금기가 작용하고 있다.

초가을 어느 달밤 다마카즈라의 거처를 찾아간 히카루겐지가 칠현금을 베개 삼아 그녀 옆에 다가가 누웠다. 그러나 그 이상 육체적 관계를 맺으려는 행위로 발전하는 일 없이, 정원 앞에 피워 놓은 장작불에 빗대어 노래한 와카를 통해서 그녀를 향한 끊을 수 없는 사모의 정을 호소한다.

  정말 시원하게 보이는 정원 시냇물 가에 각별한 정취를 더하며 땅을 기듯이 나뭇가지를 펼치고 있는 박달나무 아래에 장작을 너무 야단스럽지 않도록 쌓아두고 저택으로부터 조금 떨어진 곳에서 태우고 있었기 때문에 방안 쪽은 실로 시원해서 적당한 화톳불 불빛에 비추어진 여인의 모습은 그야말로 훌륭한 아름다움을 드러내고 있었다. 머리칼의 촉감은 아주 싸늘하고 기품 있는 느낌으로 몸을 움츠리면서 어딘가 조신하게 행동하고 계시는 모습이 정말로 귀엽게 느껴지셨다. 대감님(히카루겐지)은 일어서서 차마 떠나지 못하는 마음으로 머뭇거리고 계셨다.

―「가가리비 마키」

이 초가을 화톳불에는 일본 민속학에서 말하는 망자의 영혼을 맞이하는 영혼맞이불에23) 가까운 이미지도 겹쳐지고 있다고 한다. 그렇다고 한다면 히카루겐지의 뇌리에는 죽은 유가오의 모습도 어른거리고 있었을 것이다. 원래 다마카즈라에 대한 사모의 정은 지금껏 잊지 못하고 있는 유가오에 대한 추모에서 시작되고 있다. 고인을 생각하면 생각할수록 그녀의 친딸인 다마카즈라에게 집착하지 않을 수 없었지만, 이와 함께 모

---

23) 迎え火. 손님이나 영혼을 맞이하기 위해 집 앞에 지펴두는 불. 신맞이의식, 결혼식, 장례식 등에도 사용되지만 일반적으로는 오봉(お盆) 명절에 조상신을 맞이하기 위한 민속의례로 사용된다.

녀 두세대에 걸쳐서 육체관계를 맺으면 안 된다고 스스로를 자제하는 마음도 강했다.

그러고 보니 로쿠조미야스도코로의 친딸인 아키코노무 중궁에 대해서도, 연모와 자제의 사이에서 히카루겐지의 마음은 흔들리고 있었다. 이 초가을 화톳불 장면은 히카루겐지의 집착과 반성을 상징적으로 이어주고 있다.

다마카즈라의 결혼

다마카즈라에 대한 애착을 끊어 버리지 못하는 히카루겐지는 차츰 그녀의 처우를 어떻게 해야 할지 고민하게 된다. 이것저것 고민한 끝에 레이제 천황의 나이시노카미로서 관직에 출사시키려고 결심한다. 나이시노카미는 천황의 은총을 받는다는 점에서 일반 후궁들과 다름없지만, 어디까지나 공식적으로는 여자관료니까 히카루겐지가 후원하는 아키코노무 중궁과도 불편한 관계가 되지 않을 것이라는 계산이 있었다. 또한 로쿠조인 저택을 사택으로 정해서 친정에 돌아올 경우에는 그녀와 만날 수도 있다. 히카루겐지는 이와 같은 묘안을 실행하고자 그녀를 친아버지인 내대신과 대면시키고 성인식을 치르게 해서 궁중 출사를 준비시킨다.

그러나 다마카즈라를 가까이에서 섬기던 뇨보가 히카루겐지 몰래 이전부터 반강제적으로 결혼을 성사시키려고 하던 히게쿠로 대장을 그녀 침소에 안내하고 말았다. 히카루겐지의 의도와 세상 사람들의 예상을 뛰어넘어서 다마카즈라는 히게쿠로의 수중에 떨어져 버린 것이다. 이윽고 다마카즈라는 히게쿠로 대장의 저택으로 들어가게 된다.

바야흐로 봄이 한창인 2월에 히카루겐지는 우두커니 봄비를 바라보면서 히게쿠로의 무정한 처사를 원망하면서 느긋하게 생각하고 있었던 자기 자신의 처신을 후회한다. 수심에서 벗어나기 위해 이전에 다마카즈라가 기거하던 방에서 홀로 다음과 같이 술회한다.

'색을 좋아하는 사람은 스스로 자진해서 고생의 씨앗을 뿌리는 것과 같다. 지금에 와서 무엇을 위해 고생을 껴안아야 하는가? 그 여인은 이제 나에게는 어울리지 않는 사랑 상대가 아닌가?'라고 포기하려고 하셨지만 그것이 불가능하기 때문에 칠현금을 튕기며 소리를 울리게 하고는 그 여인이 상냥하게 켜주던 연주소리를 떠올리지 않으실 수 없었다.

―「마키바시라 마키」

여기서 '색을 좋아하는 사람'이라는 것은 단순한 호색한이나 풍류인이 아니라, 상대의 영혼과 깊이 공감할 수 있는 '이로고노미'의 힘을 갖춘 사람이라는 의미에 가까울 것이다. 이러한 사람이기 때문에 자연스럽게 수심거리가 끊이지 않는다고 하는 것이다.

원래 히카루겐지는 다마카즈라를 양녀로 데려옴으로써 수많은 젊은 구혼자들을 로쿠조인 저택에 모으고 그곳을 점점 더 번성하게 연출해 왔다. 그러나 지금 다마카즈라가 자신의 영향력이 미치지 않는 바깥 세계의 여인이 되어 버림으로써 그가 추구해온 이상적인 '이로고노미'의 역풍을 받아 깊은 수심에 빠질 수밖에 없다.

상기 장면의 한 구절에 따르자면 지금 자신에게는 사랑의 마음고생 같은 것은 어울리지 않아서 기분 전환을 위해 칠현금을 켰다고 말하지만, 이러한 그의 마음속에는 스스로 포기했다고 주장하는 다마카즈라의 그리운 연주소리가 환청으로 되살아나 들려오고 있다. 히카루겐지는 뛰어난 '이로고노미'이기 때문에 일반사람들은 상상할 수 없는 깊은 우수를 껴안게 된 것이다.

로쿠조인 저택이라고 하는 밀실 공간

앞에서 기술했듯이 로쿠조인 저택은 히카루겐지를 정점으로 하여 방사상으로 수많은 여인들과 관계하고 있기 때문에, 각각의 여성관계는 당사자 이외에는 어느 누구도 알 수 없는 밀실적인 관계가 되고 있다. 따라서 여인들 사이에 상호교류는 전혀 없고 오로지 히카루겐지의 의도대로 관계가 구성되고 있으며 이러한 점에서 로쿠조인 저택의 인간관계는 결코 파탄될 일이 없었다.

히카루겐지라는 절대적인 존재에 의해 로쿠조인 저택은 화려하게 번영해 가지만 이러한 눈부신 광명 속에서도 작지만 어두운 그림자가 자주 엿보이고 있다. 예를 들면 나이 어린 친딸을 무라사키노우에의 양녀로 떠나보내야 했던 아카시노기미가 있다. 그녀는 새해 설날 휘파람새가 매화가 아닌 소나무 나뭇가지에 앉아 있는 조각 작품과 함께 '지난 세월을 소나무가 좋아서 보내던 사람 오늘 휘파람새여 첫소리 들려다오.'의 와카 한수를 곁들여서 보내왔다.

소나무와 휘파람새는 어린 아이가 친어머니와 같이 지내지 못하는 부자연스러움과, 오로지 다시 재회하는 날을 기다리며 학수고대하는 아카시노기미의 마음을 표현하고 있다. 또한 같이 보내온 와카에도 재회를 계속 기다리고 있지만 정월 설날에도 만나지 못하는 친딸에게 하다못해 신년 설날의 인사말을 적은 편지라도 보내달라고 요청하는 마음을 노래하고 있다.

하지만 아카시노기미의 슬픈 마음이 단지 가냘프게 이야기되고 있는 것은 아니다. 말하자면 거대한 광명 세계 속에서 작고 어두운 그림자로서 그려지고 있을 뿐이다. 이러한 이야기 구성이 오히려 히카루겐지와 관계하는 각 여인들의 겉으로 이야기되지 않았던 깊은 마음의 심연을 암시하고 있다.

또한 로쿠조인 저택의 밀실 내부를 엿보는 제삼자의 눈도 전혀 없다고 할 수는 없다. 중추명월의 8월 여느 해와 달리 거센 태풍이 내습했을 때 로쿠조인 저택의 깊고 은밀한 부분이 히카루겐지의 아들인 유기리의 눈에 들어오게 된다. 태풍이 지나간 뒤 문안인사차 방문한 유기리가 우연히 무라사키노우에의 화사하고 아름다운 모습을 엿보고 말았다. 유기리는 안개 속에서 화려하게 뽐내며 피어있는 벚꽃나무 같은 무라사키노우에의 아름다움에 영혼을 빼앗긴 느낌이었다.

태풍이 가진 경이로운 자연의 힘이 결코 엿보아서는 안 되는 것을 엿보게 만들었다. 그는 아버지 히카루겐지가 무라사키노우에를 결코 다른 사람에게 보여주려고 하지 않는 것이 당연하다고 생각하면서도 의붓어머니의 아리따운 미모가 눈앞에 아른거려 미칠 것 같은 기분이 된다. 그리고 유기리는 뇌리에 각인된 무라사키노우에 모습을 일생동안 남몰래 간직하게 된다.

또한 유기리는 히카루겐지와 함께 태풍이 지나간 로쿠조인 저택을 문안인사차 순회하는 가운데 다마카즈라 거처에서 그녀에게 희롱을 거는 히카루겐지의 아버지답지 못한 언행을 눈앞에서 직접 보고 놀라게 된다.

이렇게 유기리의 눈과 마음에 입각해서 로쿠조인 저택 심규의 실체가 파악되고 있다. 그러나 그는 어디까지나 '의리가 두터운 사람'으로 설정되어 있기 때문에 결코 스스로 파멸하는 일 없이 로쿠조인 저택의 은밀한 내부를 엿보는 관찰자로서의 관점을 유지할 수 있었다.

로쿠조인 저택은 더욱 화려하게 번영해 간다. 외동딸인 아카시노히메기미가 히카루겐지의 의도대로 동궁비로 입궁한다. 그리고 유기리는 내대신의 딸인 구모이노카리와 어릴 때부터 키워온 첫사랑이 결실을 맺어 마침내 결혼하게 된다. 이렇게 로쿠조인 저택을 둘러싼 문제들이 모두 결말이 났을 때 히카루겐지는 태상천황에 준하는 지위에 오른다. 일본 역사상 유례를 찾을 수 없는 각별한 조치였다. 이것은 히카루겐지가 자기 친아버지라는 것을 은밀하게 알게 된 레이제 천황이 부여한 특별한 지위였다.

레이제 천황도 스자쿠 상왕도 히카루겐지가 준태상천황에 오른 것을 축하하러 로쿠조인 저택에 거둥한다. 천황과 상왕 모두가 함께 거둥하는 것도 역사상 유례를 찾아 볼 수 없는 이례적인 조치였다. 로쿠조인 저택의 부귀영화는 이렇게 비견할 수 없는 광명으로 가득 차 있었다.

제 2 절 무라사키노우에 —운 좋은 여인의 고독

가장 총애하는 여인 무라사키노우에

18살 히카루겐지가 기타야마 산에서 발견한 10살 정도의 가련한 소녀 무라사키노우에는 시키부쿄노미야의 측실이 낳은 딸아이였다. 친어머니가 이미 죽었기에 그녀는 외할머니 슬하에서 자라고 있었다. 후지쓰보와 어머니가 같은 형제인 시키부쿄노미야의 딸이니까 그녀는 후지쓰보의 조카에 해당한다. 이를 알게 된 히카루겐지는 그녀를 후지쓰보를 대신하는 여인으로서, 자기 이상대로 마음껏 키워보고 싶다고 생각하여 외할머니가 죽은 뒤 강제로 자기 사저인 니조인 저택에 데리고 와버렸다.

아름답게 성장한 무라사키노우에는 히카루겐지와 맺어지고 그가 가장 총애하는 여인이 되었다. 그녀는 세상 사람들에게 운 좋은 여인으로 선전되지만 그러한 사실을 탐탁치 못하게 생각하는 사람이 있었다. 다름 아닌 무라사키노우에의 친아버지 시키부쿄노미야의 정실부인인 의붓어머니였다. 그녀는 자기가 낳은 딸아이보다 무라사키노우에가 몇 단계나 높은 행운을 얻은 것에 질투하고 있었다. 측실소생인 무라사키노우에는 서자로 홀대받는 것이 당연한 것인데도 뜻하지 않았던 행운을 차지하게 된 것이다.

후지쓰보가 죽은 뒤 이윽고 무라사키노우에는 히카루겐지의 여인으로서 가장 중요한 존재가 되어 로쿠조인 저택이 완성되자 히카루겐지와 함께 봄 저택에서 생활하게 된다. 그녀의 불만이라고 한다면 아카시노기미나 아사가오노히메기미에 대해서 가졌던 일시적인 질투심 정도였다.

그러나 아카시노기미에 대한 질투는 그 딸아이를 양녀로 맞이하고 그 아이를 직접 양육하면서 해소된다. 또한 아사가오노히메기미에 대해서는 단순한 기우에 지나지 않았다는 것을 알고 가슴을 쓸어내린다.

로쿠조인 저택 안에서 정실부인에 준하는 지위에 있었던 무라사키노우에에게도 불안한 그림자가 없지는 않았다. 아카시노히메기미를 아름답게 키워내고 동궁비로 입궁시킨 뒤 그녀는 이렇게 생각한다. 이 딸아이를 다른 사람 손에 넘겨주고 싶지 않다. 혹시 자기에게 친딸이 있어서 이렇게 되었다면 얼마나 좋았을까. 무라사키노우에는 히카루겐지의 자식을 한명도 낳지 못했던 외로움을 새삼스럽게 되새기고 있는 것이다.

온나산노미야의 강혼

마흔 살이 된 히카루겐지에게 스자쿠 상왕이 애지중지하는 온나산노미야가 정실부인으로 시집오게 되면서 무라사키노우에의 존재가 근본에서부터 흔들리게 된다. 이렇게 와카나조 마키 이후 온나산노미야가 로쿠조인 저택으로 강혼하면서 제 2 부 히카루겐지 만년 이야기가 시작된다.

병약한 스자쿠 상왕이 출가를 서두르면서 애지중지하는 딸아이의 장래를 심사숙고한 끝에 히카루겐지에게 강혼시키는 것이 가장 안심할 수 있는 조치라고 생각한다. 일찍 아오이노우에가 죽은 뒤 대외적으로 히카루겐지에게 정실부인이 없는 것으로 여겨지고 있었기 때문이다.

처음에는 스스로 사퇴했던 히카루겐지가 그녀를 맞이하기로 결심한 것은 스자쿠 상왕에 대한 의리도 있었지만, 또 한편으로는 온나산노미야가 죽은 후지쓰보의 조카였기 때문이었다. 그녀의 어머니인 후지쓰보노뇨고는 후지쓰보나 시키부쿄노미야와 같은 형제자매의 관계이고 온나산노미야와 무라사키노우에는 사촌에 해당한다.

무라사키노우에는 온나산노미야가 로쿠조인 저택으로 시집오는 것을 마치 하늘에서 갑자기 떨어진 재난으로 받아들인다. 그녀는 히카루겐지라도 차마 거절하지 못할 상황이었을 것이라고 추측하고 그를 미워하지 않았다. 그것보다도 자기 자신이 히카루겐지에게 버림받지 않도록 세상 사람들에게 조소받는 사태만은 피하고 싶다고 생각한다. 그리고 이를 위해 다른 사람들에게는 항상 마음의 평정을 유지하고 있는 것처럼 보이지 않으면 안 된다고 결심한다. 이러한 심경이 다음과 같이 그려지고 있다.

> 히카루겐지와의 사이도 이제는 그 어떤 일이 일어나도 괜찮아라고 현재의 처지에 대해 높은 기품을 가지고 완전히 안심한 채로 지내고 있었지만, 그것이 지금에 와서는 세상 사람들의 조소거리가 되지 않을까라고 속으로 걱정하면서도 겉으로는 아무 일도 없는 듯 단지 느긋하게 지내고 계신다.
>
> ―「와카나조 마키」

애당초 무라사키노우에는 시키부쿄노미야라고 하는 왕자의 딸이지만 기껏해야 측실이 낳은 서자에 불과하다. 왕녀인 온나산노미야의 강혼이라는 사태에 조우한 그녀는 새삼스럽게 측실 소생으로 가볍게 보이도록 허무하게도 이 세상에 태어났구나라고 자신의 변변치 못한 숙명을 통감하지 않을 수 없었다.

혹시 히카루겐지에게 버림을 받았다고 하는 소문이 자신의 행운을 저주하고 있었던 의붓어머니 귀에 들어간다면 의붓어머니는 손뼉을 치며 기뻐할 것이 틀림없다. 이 의붓어머니는 무라사키노우에가 히카루겐지가 가장 총애하는 여인으로 자리 잡고 정실 소생인 자기 친자식들보다도 훨씬 많은 행운과 행복을 누리고 있는 것을 미워한 나머지 불행하게 되라고 저주하고 있었다고 한다.

또한 의붓어머니의 장녀가 히게쿠로의 정실부인이었는데 히게쿠로가 이 정실부인과 이혼하고 로쿠조인 저택의 양녀인 다마카즈라를 아내로 맞이한 사건이 터지자 의붓어머니의 증오는 극에 달하게 되었다. 자기 친딸아이를 가엽게 여긴 의붓어머니는 히카루겐지와 히게쿠로에 대한 미움을 뛰어넘어 다른 누구보다도 측실 소생인 무라사키노우에에게 재앙이 내려지도록 저주하고 있었던 것이다.

무라사키노우에는 의붓어머니의 저주대로 되어버리면 자신이 너무 비참해진다고 생각하고 온나산노미야의 결혼 때문에 고뇌하는 모습을 결코 다른 사람 눈에 보이지 않게 하겠다고 굳게 결심한다.

만약 그렇게 고뇌하는 모습을 보이게 된다면 자기 신변에서 항상 가까이 모시던 뇨보나 몸종이 동정하면서도 한편으로는 그러한 자신의 모습을 세상 사람들에게 말하지 않는다는 보장은 없다. 그녀는 어느 누구도 괴로워하는 자신의 속마음을 간파하지 못하도록 평온을 위장한다.

평온을 위장하는 무라사키노우에

무라사키노우에는 이와 같이 히카루겐지를 원망하는 것이 아니라 자기 자신의 불운을 생각하고 나아가 이 불운이 세상 사람들의 조소거리가 될 수도 있다는 최악의 위기감을 가짐으로써 새롭게 다시 태어나려고 한다. 이러한 숙명의 자각과 위기의식 속에서 자기개혁을 시도하게 되는 심경의 궤적은 이전에 후지쓰보, 로쿠조미야스도코로, 아카시노기미 등에게서도 똑같은 구도를 발견 할 수 있었다. 왜냐하면 그녀들은 모두 히카루겐지와 관계하면서 이러한 심경을 그려가게 되었고, 특히 무라사키노우에는 히카루겐지와 그 어느 누구보다도 깊숙이 관계한 여인이기 때문이었다.

무라사키노우에는 내면과 외면을 엄격히 구별하고 끝까지 평정한 태도로 위장하면서 마치 아무 일도 없었던 것처럼 행동한다. 히카루겐지가 외출 준비하는 것을 도와주고 그를 온나산노미야의 침소에 보낸 뒤, 그녀는 홀로 침실에 누웠지만 잠시도 눈을 붙일 수가 없었다. 그러나 잠 못 이루는 자신을 주위에 있는 뇨보들이 눈치 채지 못하게 몸을 뒤척이지도 않는다.

찬바람 부는 밤기운이 서늘해서 빨리 잠들지 못하고 있는 자신의 모습을 가까운 곳에 대기하고 있던 뇨보들이 이상하다고 생각하지는 않을까라고 몸 한번 옴쭉하지 않고 계시는 모습은 정말 괴로운 듯이 보인다. 아직 깊은 밤인데 닭 울음소리가 벌써 들려오는 것도 마음에 스며들 듯이 공연히 서글프게 느껴진다.

─「와카나조 마키」

무라사키노우에가 자기 자신의 본심과는 달리 평정한 태도로 외면을 위장하는 것은 다른 사람과 깊은 마음의 유대가 없기 때문에 자연스럽게 그녀 자신을 고립시켜갈 수밖에 없었다. 무라사키노우에 만년의 인생은 차츰 고독의 그림자가 짙어가게 된다. 텅 빈 침실에서 꼼짝도 하지 않고 참고 있는 모습에서는 이미 이러한 고독과 애수의 그림자가 명확히 보이고 있다.

무라사키노우에의 평온하고 온화한 태도는 히카루겐지에게는 물론이고 주위의 뇨보들에게도 찬사를 받는다. 히카루겐지는 온나산노미야가 기대했던 것보다 어리고 유치해서 실망할 수밖에 없었던 만큼, 새삼스럽게 무라사키노우에를 두 번 다시 얻기 힘든 아름답고 재능 있는 여인이라고 생각하게 된다.

그러나 히카루겐지가 무라사키노우에를 온나산노미야의 고귀함 이상으로 훌륭하다고 아무리 찬사해본들, 자기 자신의 불운함을 통감하고 한탄하기 시작한 그녀의 마음은 이미 히카루겐지로부터 멀리 떠나 버리고 말았다. 그는 더 이상 그녀와의 마음의 거리를 쉽게 좁힐 수 없었다. 반면에 그는 온나산노미야를 정말 유치하다고 생각하지만 스자쿠 상왕에 대한 의리 때문에 그녀를 후대할 수밖에 없었다.

히카루겐지는 이와 같은 로쿠조인 저택의 긴장된 분위기에서 마치 도망치듯이 오랜 세월 동안 무심히 지내던 오보로즈키요와 다시 만나게 된다. 원래 그녀는 오랫동안 스자쿠 상왕에게 총애를 받고 있었지만 상왕이 출가한 다음에는 니조 거리에 있는 자택에서 혼자 살고 있었다. 히카루겐지는 이러한 오보로즈키요와 다시 만난 것이다.

무라사키노우에는 두 사람의 만남을 눈치 채고 있었지만 아무 것도 모르는 척 저택으로 돌아온 히카루겐지를 맞아들인다. 무라사키노우에는 온나산노미야가 강혼한 이후 어떤 일에 대해서도 평온한 것처럼 자신을 꾸밀 수 있는 여인이 되었다. 이 때문에 무라사키노우에의 마음은 히카루겐지의 마음에서 점점 더 멀어지게 된다.

측실 소생의 굴욕감

무라사키노우에가 애지중지하며 키웠던 아카시노 뇨고가 출산과 친정 나들이를 겸해서 궁중 밖 로쿠조인 저택으로 나오게 된다. 애지중지하던 양녀 뇨고와 오랜만에 대면하는 것을 즐거운 마음으로 기대하던 무라사키노우에는 자진해서 히카루겐지에게 이 기회에 온나산노미야와도 대면하고 싶다고 말한다. 이는 무라사키노우에가 이미 온나산노미야를 어리고 유치해서 다루기 쉬운 상대라고 간파했기 때문일 것이다.

무라사키노우에는 이 어린 왕녀보다도 아카시노 뇨고의 생모인 아카시노기미야 말로 만만치 않은 상대라고 여기고 있었다. 수령 계급 출신이라고는 하지만 아카시노기미가 뛰어난 교양과 훌륭한 취미를 몸에 익힌 아름다운 여인이라는 것을 무라사키노우에는 잘 알고 있었다. 그리고 무엇보다도 궁중의 후궁들 중에서 누구보다도 가장 많은 총애를 받고 있는 뇨고의 생모이다.

이에 비해서 무라사키노우에에게는 단 한명의 자식도 없다. 히카루겐지와 거리가 멀어지고 있다고 느끼고 있는 만큼, 그녀는 자식을 낳지 않은 여인의 서러움을 사무치도록 통감하고 있는 것이다. 무라사키노우에는 홀로 자신의 생애를 되돌아본다.

> 무라사키노우에는 이와 같이 온나산노미야 거처에 가보려고 마음 먹으셨지만, 한편으로는 자신보다 뛰어난 여인이 따로 있을 리 없지 않은가, 단지 그 당시에 기댈 곳 없었던 내 처지를 그분이 돌봐주셨을 뿐이라는 식으로 자신도 모르게 고민하지 않을 수 없어서 수심에 젖어 계신다. 연습 삼아 와카를 적어 봐도 그 와카에서조차 자연스럽게 수심이 가득한 내용의 것만 적혀져서 어느 사이에 자신 속에 이러한 고민이 눌러 앉게 되었나라고 본인 스스로 깨닫게 되었다.
>
> ―「와카나조 마키」

온나산노미야와 대면하려고 하는 무라사키노우에가 자신은 신분상 왕녀에게도 결코 뒤떨어지지 않는다고 강한척 하는 부분에 주의하자. 확실히 그녀는 왕자인 효부쿄노미야의 딸자식으로 왕족 출신이지만 모친 쪽 핏줄 때문에 측실 소생일 수밖에 없다. 그러나 여기에서 억지로 이러한 자긍심을 드러내 보이는 것은 온나산노미야에게 자진해서 겸양의 태도를 가지고 문안인사를 드러가지 않으면 안 된다는 굴욕감을 겨우나마 견디어 보기 위한 것이었다.

그러나 무라사키노우에는 곧바로 쓰디쓴 고뇌를 되새길 수밖에 없었다. 자신이 측실소생이기 때문에 정식으로 결혼 수속을 밟지 않고 마치 약탈당하듯이 결혼한 것처럼 히카루겐지에게 보살핌을 받게 되었다고 하는 인식에 다다른 점에서 새삼스럽게 자기 출신이 변변치 못하다는 사실을 깨우치게 된다.

약해지는 '이로고노미'의 힘

무라사키노우에는 이와 같은 자신의 마음을 달래기 위해 몇 가지 옛 와카를 연습 삼아 적어보고, 나아가 그러한 옛 와카의 내용과 말에 영감을 받아 자기 자신의 와카를 노래한다. 헤이안시대 귀족들에게 있어서 연습 삼아 와카를 적어 보는 것은 특정한 목적이 없는 심심풀이에 불과했다. 그러나 그녀는 이러한 심심풀이로 적어본 옛 와카에 대해서 '내가 이런 노래를 적다니 나에게 고뇌하는 마음이 있었구나.'라고 새삼스럽게 자신의 마음속 깊은 곳에 자리 잡은 고뇌를 발견하고 있다.

히카루겐지와 주고받은 증답가에는 다음과 같이 적혀 있다. 무라사키노우에가 심심풀이 삼아 적어본 옛 와카에 대해서 히카루겐지가 와카로 응수하여 답한 것이다.

무라사키노우에
이 몸 가깝게 가을 다가왔구나 눈에 보이는 푸른 잎 가득한
산 모두 변해버렸네

> 히카루겐지
> 언제나 푸른 물새 깃털은 결코 변치 않지만 싸리나무 아랫잎
> 여느 때와 다르네
>
> —「와카나조 마키」

　무라사키노우에의 와카는 가을이 바로 코앞까지 다가온 것일까 매일 바라보던 푸르른 산자락이 어느 사이인가 색색으로 단풍이 들어 버렸다—히카루겐지는 나에게 싫증이 나고 애정이 식어서 차갑게 변해 버렸다는 의미다. '가을(あき)'과 '싫증(あき)'을 가케고토바(동음이의어 와카기법)로 사용한 이 와카는 가을 단풍이 들어가기 시작하자 나에게 싫증을 느끼는 계절이 되었는가라고 히카루겐지와의 사이를 걱정하고 있다.

　한편 히카루겐지의 와카는 가을이 되어도 물새의 푸른 깃털은 변하지 않았는데 싸리나무 아랫잎 쪽이야 말로 여느 때와 그 모습이 다르다—히카루겐지 자신의 마음은 변하지 않았는데 당신이야 말로 이상하게 변한 것이 아니냐는 의미이다.

　이 히카루겐지의 답가는 무라사키노우에의 '푸른 잎(あおば)'을 동음이의어인 '푸른 깃털(あおば)'로 바꿔서 자신의 변함없는 애정을 주장하고 있지만, 거의 앵무새같이 똑같은 말을 되풀이하는 듯한 대응에 그치고 있다. 그렇지만 일상적인 언어가 아니라 이러한 비일상적인 와카의 시어에 의해서 두 사람의 소통이 겨우 이루어지고 있다는 것도 사실이다.

　원래 왕년의 히카루겐지는 마치 상대방의 마음을 자신 안에 거두어들이 듯이 와카를 만들어 보냈는데 이 장면에서는 무라사키노우에의 와카를 단지 되풀이하듯이 따라하는 정도가 고작이었다. 더 이상 상대방과

영혼을 교감하지 못하는 히카루겐지의 고립된 존재감이 이곳에 상징적으로 그려지고 있는 것 같다.

실은 이 장면 이후 두 사람의 증답가에는 위와 같은 무라사키노우에 →히카루겐지라고 하는 순서가 똑같은 형식으로 되풀이 되어 간다. 와카를 통해서 상대방을 휘어감아 껴안으려고 하는 히카루겐지 일류의 '이로고노미' 방식이 차츰 쇠약해져 가고 있다고도 할 수 있다. 왜냐하면 두 사람 사이를 가르고 있는 마음의 고랑이 더 이상 메워지지 못할 정도로 넓어져 버렸기 때문이다.

그러나 아무 일도 없었던 것처럼 평온하게 대처하고 있는 무라사키노우에의 온화한 태도가 온나산노미야 강혼 이후 붕괴될 수도 있었던 로쿠조인 저택의 인간관계를 매우 원활하게 만들어 가고 있다. 무라사키노우에는 앞에서 기술한 온나산노미야와의 대면을 시작해서 아카시노기미나 하나치루사토 등과도 융화적으로 대처한다.

그녀는 어디까지나 로쿠조인 저택의 중추에 위치하는 여인으로서 저택 전체를 조화롭게 교류시키면서 화려한 세계로 번영시켜 가야 하는 역할을 언제나 짊어지고 있었다.

그러나 이러한 노력은 오히려 무라사키노우에 자신의 내면을 로쿠조인 세계로부터 고립시켜 가게 된다. 그리고 자기 마음속 끝자락을 바라보면서 이윽고 육체가 쇠약해지고 늙어가고 있음을 자각하게 된다.

물론 그렇다고 하더라도 그녀는 더더욱 온순하고 아름다운 여인으로 남아 있으려고 노력할 수밖에 없었다고 생각한다. 로쿠조인 저택은 이러한 무라사키노우에의 존재에 의해서 안정과 영광을 유지해 가고 있었다.

제3절 온나산노미야 —상대화되는 인간관계

다시 타오른 오보로즈키요와의 사랑

온나산노미야가 로쿠조인 저택에 강혼했지만 히카루겐지는 의외라고 느낄 정도로 어리고 유치한 이 왕녀의 모습에 실망하게 된다. 이 때문에 오히려 히카루겐지는 새삼스럽게도 무라사키노우에가 다시는 찾을 수 없는 훌륭하고 뛰어난 여인임을 되돌아보게 되었지만, 정작 그녀는 곤궁해진 자신의 삶을 되살려보기 위해 지혜를 짜내고 내면의 고뇌를 눌러 감추면서도 겉으로는 평정한 듯이 연기하고 있을 뿐이었다.

이렇게 마음을 굳게 닫은 무라사키노우에의 태도는 히카루겐지에게 있어서 자못 가슴 답답하고 도저히 공감할 수 없는 처신이었다. 히카루겐지는 이 불편한 상황에서 도망치듯이 15년 만에 오보로즈키요와의 사랑을 다시 불태우게 되었다.

스자쿠 천황에게 나이시노카미로서 가장 총애를 받았던 오보로즈키요는 천황이 출가한 이후 혼자 살고 있었다. 히카루겐지는 그녀와 지나간 옛사랑을 회상하고 그것이 원인이 되어 고키덴 황후에게 미움을 받아 스마 지역으로 낙향하게 된 것 등을 회상하면서 지나간 나날들을 잊을 수 없는 감미로운 추억으로 되살리려고 한다. 다음은 이 만남에서 두 사람이 노래한 증답가이다.

> 히카루겐지
> 전락했던 때 잊지도 않았는데 질리지 않고 이 몸 던지고 싶은
> 당신 집 연못(등나무)이여
> 오보로즈키요
> 몸 던지고픈 연못조차 진정한 연못 아닌데 믿으라고 하나요
> 질리지도 않은 채

히카루겐지의 와카는 당신 때문에 불행한 상황으로까지 전락하여 스마 지방으로 퇴거하게 된 것을 잊지도 않았는데 또 다시 질리지도 않고 내 온몸을 던져버리고 싶어지는 당신 집 연못이다—당신을 위해서라면 목숨도 던져버리고 싶어진다는 뜻이다. '질리지 않고(こりすま)'와 '스마 지방(すま)', '연못(ふち)'과 '등나무(ふじ)'가 동음이의어 가케고토바로 사용되고 있다. '등나무'는 히카루겐지가 오보로즈키요와 만난 등나무 꽃 연회를 상기시켜 준다.

이 노래에 있어서 그녀에 대한 히카루겐지의 집착은 예사롭지 않다. 사랑에 빠진 사람만이 지각할 수 있는 죽음조차도 직감하고 있기 때문이다. 이곳에는 사랑을 위해 목숨을 바치려고 하는, 마치 죽음의 연못을 들여다보고 있는 것 같은 두려움과 위험함이 엿보이고 있다.

이것에 대한 오보로즈키요의 답가는 당신이 몸을 던지고 싶다고 말하

는 연못은 진짜 연못이 아니겠지요, 그런 거짓된 연못을 근거로 지금에 와서 질리지도 않고 당신 때문에 눈물을 흘리는 일은 하고 싶지 않다는 의미이다. 노래 내용은 히카루겐지의 주장에 반발하면서 되받아치고 있지만 히카루겐지의 와카와 너무 밀착된 시어사용에서 그에 대한 깊은 공감이 나타나고 있다.

히카루겐지도 오보로즈키요도 지금 현재 어떻게 살고 있는가에 대한 생각은 버려지고 단지 과거 사건에 의해서만 관계 되고 있다. 이곳에는 지나간 옛사랑을 감미롭게 회상하는 비현실적인 감각밖에 없다. 그렇기 때문에 이 만남의 시간이 지나가 버리면 또다시 허무하게도 일상의 긴장 속으로 돌아가지 않으면 안 되는 것이다.

로쿠조인 저택으로 돌아간 히카루겐지를 기다리고 있었던 것은 두 사람의 만남을 직감하면서도 아무것도 모르는 척 행동하는 무라사키노우에였다. 이러한 그녀의 남모를 고충과 평정한 태도가 새삼스럽게 이야기 되면서 오히려 히카루겐지와 오보로즈키요의 재연된 사랑이 얼마나 허무한 사건인가를 부각시키고 있다.

인간관계의 상대화

이와 같이 온나산노미야가 로쿠조인 저택으로 강혼한 것을 계기로 그 내부의 인간관계에는 다양한 파문이 일어나서 각 구성원들의 고립이 두드러지게 된다. 이것은 단순히 온나산노미야가 새롭게 히카루겐지의 정실부인이 되었다는 사실에만 그치지 않고 많은 문제를 내포하고 있었다.

지금까지 로쿠조인 저택의 인간관계는 히카루겐지와 무라사키노우에, 히카루겐지와 아카시노기미, 히카루겐지와 하나치루사토 등과 같이 히카루겐지를 정점으로 방사상으로 이어지는 관계로 이야기되어 왔다. 따라서 히카루겐지와 무라사키노우에의 관계도 그 자체만으로 이야기되어 왔다.

그러나 온나산노미야와 결혼한 뒤, 히카루겐지와 온나산노미야와의 새로운 관계가 무라사키노우에의 존재를 근본에서부터 흔들고, 또한 히카루겐지와 오보로즈키요의 관계를 또다시 불러들이게 되고, 게다가 그것이 또다시 무라사키노우에에게 파급되어 간다.

이렇게 이야기 전개 방법 자체가 하나의 인간관계에서 다른 인간관계로 영향을 미치며 차례차례로 새로운 관계를 이끌어 내는 식으로 지금까지 고립되어 있었던 방사선적 인간관계가 상호 관련도 가능하게 되어 간다. 말하자면 수직적 관계만 있었던 것이 수평적 관계와 사선적 관계가 복잡하게 더해져 가게 되는 것이다. 이 이후 로쿠조인 저택의 인간관계는 복잡하게 상대화되면서 이야기되어 간다.

무라사키노우에가 당연히 질투를 느낄 수밖에 없는 온나산노미야와 자발적으로 대면하려고 하는 것도 이러한 인간관계 상대화의 결과이다. 어렴풋이 온나산노미야의 유치함을 느끼고 있었던 무라사키노우에는 그녀와 직접 대면해 보고 자신도 왕자의 딸자식이 아닌가라고 경쟁의식을 더해 간다. 이러한 무라사키노우에의 관점과 의식은 히카루겐지의 온나산노미야에 대한 낙담과도 깊은 부분에서 서로 공명하게 된다. 그리고 이후에도 아카시노기미 모녀 등과 다양한 관계 속에서 상대적으로 이야기되어 간다.

출산 준비를 위해 로쿠조인 저택으로 나들이 나온 아카시노 뇨고가 출산이 다가오자 친어머니 거처로 자리를 옮겨서 친어머니와 딸자식만의 오붓한 시간을 보내게 된다. 그러나 생모인 아카시노기미는 오랜만에 친딸과 재회한 것을 무턱대고 기뻐하거나 어리광부리게 만들지 않는다. 왜냐하면 혹시 아카시노 뇨고가 남자아이를 출산하게 되면 장래에 국모로서 황후에 오르는 것도 꿈이 아니므로 이것을 위해서 자신들에게 트집거리가 없도록 몸과 마음을 모두 긴장시키고 엄격한 처세태도를 유지하고 있었다.

마침내 아카시노기미의 염원대로 뇨고가 왕자를 출산해서 로쿠조인 저택은 기쁨에 싸인다. 갓난아기를 목욕시키는 의식에서는 조부모가 그 역할을 담당하는 관례에 따라 무라사키노우에가 갓 태어난 왕자를 안고 축복한다. 한편 친어머니인 아카시노기미는 목욕의식을 옆에서 보조하는 조연 역할에 전념한다. 그녀는 오로지 무라사키노우에에 대해 겸양의 태도로 일관하는데 그것이 주위에 있던 제3자의 눈에는 오히려 그녀의 고귀함으로 비춰지게 된다.

이 겸양의 태도는 물론 뇨고가 국모가 되는 꿈이 이루어질 때까지 작은 실수도 없도록 조심하려는 자기억제에서 시작되고 있다. 이것은 히카루겐지가 의도하는 로쿠조인 저택의 인간관계 질서를 따르는 것이기도 하다. 무라사키노우에에 대한 아카시노기미의 자기비하를 통해서 로쿠조인 저택의 안정은 유지될 수 있었다. 이것은 원래 자신의 미천한 '분수(신분)'에 대해서 괴로워하며 참아온 아카시노기미의 인내와 굴종의 인생에 의해 유도되고 있다고도 할 수 있지만 이곳에는 아카시 일족의 부

홍을 향한 만만치 않은 기대와 야망이 섞여 있다.

아카시노 뇨고의 출산과 함께 영화의 길로 접어든 아카시노기미와는 반대로 자연스럽게 무라사키노우에의 고립감이 부각되어 간다. 그녀에게는 자식을 직접 출산한 경험이 없다. 이야기 안에서 갓난아이를 돌보는 무라사키노우에의 모습이 어색한 것을 '보통 부모처럼 갓 태어난 왕자님을 안고 계시는 모습이 정말 아름다웠다.'라고 이야기하고 있는데 이 장면에는 어딘가 갓 태어난 왕자와 피가 섞이지 않은 무라사키노우에의 외로움이 느껴지고 있다. 이와 같이 새로운 왕자의 탄생에 의하여 아카시노기미의 위상이 상승하면서 로쿠조인 저택 내에서 종전까지 유지되어 왔던 균형관계도 변화하게 된다.

부귀영화의 정점으로

5년 뒤 히카루겐지가 46살이 되는 해, 26살인 레이제 천황이 퇴위한다. 새삼스럽게 설명할 필요도 없겠지만, 레이제 천황은 후지쓰보와 히카루겐지가 간통해서 낳은 비밀의 사생아로 어머니 후지쓰보가 죽은 뒤 천황은 자기 출생의 비밀을 알게 된다. 천황은 그 이후 히카루겐지를 자신의 친아버지로서 중시해 왔다. 이에 따라서 히카루겐지가 준태상천황 지위에 오르고 로쿠조인 저택에 역사상 전례가 없는 부귀영화를 가져오게 되었지만, 레이제 천황이 퇴위하게 되면서 히카루겐지 일가의 번영도 자연스럽게 다른 모습으로 나타나게 된다.

히카루겐지는 레이제 천황 치세 중에 우려할만한 사건이나 사고가 일어나지 않았고 히카루겐지와 후지쓰보의 죄도 무사히 감출 수 있었던 것에 안심하면서도 레이제 천황에게 자식이 없어서 왕통이 끊어지게 된 것을 한탄할 수밖에 없었다. 평온무사한 치세와 왕통의 단절이 말하자면 일종의 대가처럼 서로 바뀌어 맞추어진 것같이 공교로운 숙명을 느끼게 한다.

새롭게 즉위한 긴조 천황은 스자쿠 상왕의 아들이었다. 아카시노 뇨고는 이 긴조 천황의 총애를 독점하여 가까운 시일 내에 중궁 지위에 책봉되리라 여겨지고 있었다. 또한 긴조 천황은 스자쿠 상왕의 왕자이기 때문에 부친의 뜻을 고려해서 온나산노미야의 행복을 특별히 바라고 있었다. 원래 긴조 천황은 온나산노미야를 히카루겐지에게 강혼시킬 것을 스자쿠 상왕에게 적극적으로 진언한 사람들 중 한명이었다. 이 천황의 뜻에 따라 로쿠조인 저택에 강혼한 이후 온나산노미야의 지위는 정2품 내친왕으로 격상된다.

히카루겐지 쪽에서 보자면 적어도 표면적으로 온나산노미야를 로쿠조인 저택의 여주인으로 가장 총애하지 않으면 안 되는 것이다. 긴조 천황이나 스자쿠 상왕의 눈이 항상 로쿠조인 저택을 향하고 있었고, 히카루겐지는 이러한 천황과 상왕의 시선들을 피할 수 없었다. 이것도 또한 로쿠조인 저택의 인간관계를 재편시켜가는 한 요인이었다.

그리고 이번 긴조 천황 즉위식과 함께 동궁으로 책봉된 것은 아카시노 뇨고가 낳은 첫째왕자였다. 이 동궁이 나중에 즉위하게 되면 히카루겐지는 천황의 외조부, 아카시노기미는 외조모가 된다. 이렇게 긴조 천황의 즉위와 함께 로쿠조인 저택은 아카시노 뇨고를 매개로 하여 말하자면 섭관가문적인 위상으로 전환되어 간다. 그만큼 로쿠조인 저택에 있어서 아카시노기미 모녀의 위상이 높아지게 되는 것이다.

아카시 일족과의 인연

첫째왕자 탄생 이후 아카시 지방에서 칩거하던 아카시노뉴도가 아카시 일족과 스미요시 신의 인연에 대해서 상세하게 적은 서간을 보내온다(제2장 제4절 참조). 히카루겐지는 그 취지에 따라 스미요시 신사에 소원성취 참배를 하기로 결심한다. 긴조 천황 즉위 이후에도 계속 이어지는 로쿠조인 저택의 영광도 다년간에 걸친 아카시노뉴도의 독실한 스미요시 신앙이 있었기 때문에 가능했다.

그러나 히카루겐지는 아카시노뉴도의 소원성취 참배라는 본래 목적을 다른 사람들에게 숨기고 어디까지나 자신을 위한 참배를 명분으로 내세웠다. 아카시 일족과의 깊은 인연을 세상 사람들에게 억측 받고 싶지 않았던 것이다. 히카루겐지는 생모인 아카시노기미를 동반하는 것은 물론이지만 양모인 무라사키노우에도 같이 동행시킨다. 그는 로쿠조인 저택 내의 균형이 아카시노기미 쪽으로만 편중되는 것을 피하고, 이번 참배를 로쿠조인 저택 전체의 성대한 행사로 치루고 싶었던 것이다. 화려한 소달구지가 줄줄이 줄을 이은 성대하고 호화로운 대행렬을 만들면서 로쿠조인 저택 사람들은 스미요시 신사를 참배한다.

이 대행렬에는 노령의 아카시노아마기미도 참석한다. 아카시노기미는 "온 세상 사람들이 다 보고 있는 참배니까 노인이 동행하면 보기 흉하게 된다. 혹시 경사스럽게도 소원대로 뇨고가 국모로 책봉되는 것이 실현되는 때까지 살아 있다면 그때 동행해도 괜찮지 않아요?"라고 질책하지만 히카루겐지의 배려로 동행하게 된 것이다.

아카시노기미의 말은 노령의 아카시노아마기미의 존재가 아카시 일족의 미천한 신분을 드러나게 해서 뇨고를 동요시키게 만들면 안 된다고 하는 염려 때문이다. 그렇다고 하더라도 지금 정도의 번영으로는 부족하다는 아카시노기미의 불손하기까지 한 만만치 않은 욕망의 모습이 드러나고 있다. 이렇게 만만치 않은 욕망이 지금까지 이어진 아카시노기미의 인내와 굴종의 나날을 지탱해 주고 있었다.

때마침 화려하게 단풍으로 물든 스미요시 신사 신전에서 히카루겐지는 홀로 아카시 일족과의 깊은 인연을 생각하고 스마 지방으로의 유배도 이를 위해 운명 지워진 것이었다고 생각한다. 그는 아카시노기미와 아카시노아마기미가 타고 있는 소달구지를 향해 다음과 같이 노래한다.

> 어느 누구가 그 마음을 알아서 스미요시 신 오랜 세월 견뎌온
> 소나무에 물어볼까

당신들과 나 이외에 그 어느 누구가 옛날 사정을 잘 알고 있어서, 스미요시 신사의 신이 살고 있었던 그 옛날부터 오랜 세월을 같이 보내 온 소나무에게 말을 걸 수 있을까라는 의미로, 오늘 스미요시 신사에 참배한 진정한 이유를 아는 것은 자신과 아카시 일족 사람들뿐이라고 노래하고 있다.

무라사키노우에의 고독

한편 스미요시 신사 참배에 동행한 무라사키노우에 이외 다른 사람들은 이러한 진상을 당연히 알 수 없었다. 신전에서는 카구라와 같은 신전 봉헌 예능이 밤 세워 거행되었지만, 먼동이 터올 때가 되자 전날과는 분위기가 완전히 바뀌어서 새하얀 아침서리가 내린 겨울풍경이 되어 있었다. 무라사키노우에는 이렇게 급변한 초겨울 풍경을 와카로 노래한다.

스미요시의 밤 깊어 소나무에 내린 서리는 신께서 걸어두신 목면같이 보이네

이것은 스미요시 신사 안에 서 있는 소나무에 밤새 내린 서리는 스미요시 신이 걸어두신 목면일까(유카즈라, 목면으로 만든 제물), 정말 숭고하구나라는 뜻이다. 어제 저녁까지 화려하게 단풍으로 물들어 있던 가을 경치가 다음날 아침을 맞이해서 새하얀 서리가 내린 초겨울 경치로 바뀐 것을 히카루겐지의 절대적인 위상에 스미요시 신조차 감응했기 때문이라고 노래하고 있다.

이것은 스미요시 신사에 참배한 히카루겐지의 진의와는 전혀 무관한 발상을 근거로 만들어지고 있다. 무라사키노우에의 존재는 이 점에 있어서 아카시노키미와 비교하여 히카루겐지로부터 훨씬 멀리 떨어져 있다. 실은 이 성대한 스미요시 신사 참배를 전후한 이야기에는 무라사키노우에가 히카루겐지에게 출가 허락을 요청하는 장면이 들어가 있다.

세상이란 대체로 이런 식이구나라고 분별할 수 있는 나이가 되었습니다. 부디 제가 원하는 대로 출가하는 것을 허락해 주시기 바랍니다.

―「와카나게 마키」

그러나 히카루겐지는 무라사키노우에에 대한 강한 애착 때문에 그녀의 소원을 들어줄 수 없었다. 새로운 천황이 즉위하고 온나산노미야와 아카시노기미가 각각 위상을 격상시킨 이후 로쿠조인 저택의 상대적인 인간관계 속에서 무라사키노우에의 고독은 점점 더 깊어갈 뿐이었다.

또한 아카시노기미는 가장 중시되어야 할 온나산노미야와 무라사키노우에의 관계에 대한 비평을 말한 뒤, 한발 더 나아가 이러한 두 사람의 비교에서 반전하여 자신의 숙명이 가진 우위를 납득하는 장면도 로쿠조인 저택의 상대화가 현저하게 드러나고 있는 부분이다. 다음은 아카시노뉴도가 뇨고가 낳은 첫째왕자 탄생을 기뻐하면서 편지를 보낸 뒤 얼마 되지 않았을 때의 일이다.

아카시노기미는 자신의 숙명을 전혀 대단치 않은 것이라고 생각하고 계셨다. 온나산노미야나 무라사키노우에와 같이 고귀한 신분의 분들이라 하더라도 자기 마음먹은 대로 될 수 없는 것이 부부사이인데 더욱이 자기 같은 사람은 그러한 분들과 어깨를 겨눌만한 신분이라고 생각하지 않기 때문에 지금은 아무 미련도 없었다.

―「와카나게 마키」

무라사키노우에나 온나산노미야라고 하더라도 어차피 히카루겐지의 총애에 따라 일회일비할 수밖에 없지만 그에 비해서 자신은 반드시 히카루겐지에게 매달려 살아갈 필요는 없다고 생각하고 있다. 아카시노 뇨고가 국모로 책봉되는 날을 학수고대하는 아카시노기미로서는 로쿠조인 저택에서 살아가는 처첩들의 일원이라고 하는 입장에서 상당히 자유로운 존재가 되고 있다.

겸허하게 처신하려고 하는 그녀의 자제적인 처세태도는 히카루겐지에게 찬사를 받는 것처럼 로쿠조인 저택 질서에 순종하고자 하는 것이라기보다 오히려 그것을 호도하고 덧칠하려는 것이라고 할 수도 있다. 그리고 또 한편으로는 그곳에서 홀로 자립할 수 있는 정신도 품에 안고 있다. 이전에 '분수(신분)'의식을 자기 스스로 받아들여 그것을 자기 언행의 근거로 삼았던 그녀는, 그 연장선상에서 로쿠조인 저택 세계에 있어서 자신의 태도와 정신을 엄격히 구별하며 살아가려고 하고 있다.

온나가쿠의 위상

47살을 맞이한 히카루겐지는 정월 19일 새벽 온나산노미야 처소에 무라사키노우에, 아카시노 뇨고, 아카시노기미를 모아서 온나가쿠를 개최한다. 온나가쿠란 이 4명의 여자들만으로 구성된 현악합주회를 말한다.

원래 히카루겐지는 50살을 맞이하는 스자쿠 상왕을 위해 축하연회를 계획하고 그곳에서 칠현금 연주기술이 많이 숙달된 온나산노미야의 모습을 보여주기 위해서 열심히 가르치고 있었다. 그녀의 숙달된 칠현금 연주를 친아버지인 스자쿠 상왕에게 들려주어서 자신이 온나산노미야를 잘 후대하고 있다는 것을 증명하려는 속셈이었다. 이 온나가쿠는 그녀가 준비해온 연주 연습을 총 정리한다는 의도에서 시작되고 있지만 이왕이면 다른 여인들의 악기 연주와 경쟁시켜 보겠다는 생각이 더해져서 봄날 새벽에 온나가쿠가 개최된다.

온나산노미야가 칠현금을 무라사키노우에가 일본금을 아카시노 뇨고가 쟁(가야금과 비슷한 중국 악기)을 아카시노기미가 비파를 각각 담당한다. 그리고 유기리와 히게쿠로의 나이어린 아이들도 생과 피리를 불게 되어서 유기리 본인도 후견인으로 초대받게 되었다. 물론 고귀한 신분의 여인들 앞에는 발이 드리워져서 유기리의 눈앞에 그 모습을 드러내는 일은 없었다.

여인들의 악기연주소리가 각각 히카루겐지와 유기리의 귀에 들려오게 된다. 비파 연주의 명수로 명성이 자자한 아카시노기미의 비파소리는 숭고하기까지 한 절묘한 음색을 내고 있다. 유기리는 태풍이 불던 날 무라사키노우에를 잠시 엿본 이래 뇌리에서 그 모습을 지울 수 없었는데 그녀의 아름다운 일본금 소리를 듣고 미칠 것 같은 마음이 든다. 히카루겐지는 히카루겐지 대로 어려운 연주기법을 자유자재로 연주하고 있는 온나산노미야 모습에 가슴을 쓸어내린다. 온나산노미야의 칠현금 연주에서는 능숙해진 연주솜씨가 곳곳에 엿보이고 있었다. 그리고 아카시노 뇨고의 쟁은 그녀 나름대로 가련한 매력을 발휘하고 있었다.

한편 온나가쿠를 연주하는 4명 여인들의 아름다움이 각각 히카루겐지의 눈과 마음을 통하여 인식되면서 그 용모와 사람 됨됨이가 비평받게 된다. '2월 20일을 즈음하여 푸른 버드나무가 조금 시들기 시작한 것 같은 느낌으로 휘파람새가 날아다니는 날갯짓 바람에도 흔들릴 것 같이 연약하게 보이셨다.'라는 부분은 온나산노미야의 덧없고 가냘픈 고귀함을 표현하는 부분이다.

'나뭇가지가 휘도록 만발한 등나무 꽃이 여름이 다 지나도록 계속 피어 있어서 달리 비견할 수 있는 꽃이 없는 아침풍경 같은 분위기'라고 하는 것은 긴조 천황의 총애를 독점하며 마침내 국모가 되려고 하는 아카시노 뇨고의 우아하고 아름다우면서도 고상한 매력을 표현하고 있다.

복잡화되는 로쿠조인 저택의 인간관계

그리고 '꽃이라고 한다면 벚꽃과 비교되겠지만 그 벚꽃보다 더욱더 뛰어난 아름다운 자태'라고 하는 것이 다름 아닌 무라사키노우에를 표현하는 부분이다. 이 벚꽃을 초월한 절대적 아름다움이라는 무라사키노우에에 대한 히카루겐지의 평가는 바로 그녀가 로쿠조인 저택을 대표하는 어머니이자 여주인이라는 증거이다.

그러나 이러한 히카루겐지의 찬사도 온나산노미야의 행복을 염원하는 스자쿠 상왕과 긴조 천황에 대한 배려, 그리고 아카시 일족의 영광에 대한 배려 때문에 히카루겐지 자신의 마음속에 봉인할 수밖에 없었다. 히카루겐지의 심경에서 보자면 무라사키노우에야말로 로쿠조인 저택의 중심이 되는 존재지만 그곳에서 살고 있는 여인들 각각의 입장에서 본다면 극히 복잡한 양상을 나타내고 있다.

아카시노기미는 '마치 5월을 기다리는 귤나무로, 꽃도 열매도 모두 따 버린 뒤의 향기로움'이라고 평하고 있다. 꽃과 열매를 모두 갖추고 있다는 것은 신중하다고 말할 정도로 고상한 아름다움을 가지면서 로쿠조인 저택 장래의 번영을 떠받치는 여인으로 회상되고 있다.

이와 같이 히카루겐지의 눈과 마음에 비쳐지는 여인들의 모습은 그대로 히카루겐지와 관계하는 방식, 바꾸어 말하자면 로쿠조인 저택에서 차지하는 각자의 위상을 나타내고 있다. 무라사키노우에에 대한 절대적인 평가나 종전과는 다른 아카시노기미에 대한 재평가에도 이러한 측면이 잘 드러나고 있다.

그러나 이와 같은 히카루겐지의 입장과 여인들의 마음가짐이 항상 잘 맞아 떨어지고 있는 것은 아니다. 애초에 지금까지 기술해온 것처럼 무라사키노우에는 자신의 고독을 마음 아플 정도로 자각하게 되었다.

이와 같이 와카나조 마키 이후 제2부 이야기에서는 로쿠조인 저택의 주민들이 서로에 대하여 어떻게 관계해 가는가를 상대적으로 그려가게 된다. 이것은 그물망과 같은 인간관계 속에서 살아가야하는 사람들과 각각의 위상을 역학적으로 헤아려 가는 방법이라고 할 수도 있다.

# 가시와기와 유기리 —피할 수 없는 숙명

가시와기의 용서받지 못하는 사랑

스자쿠 상왕이 애지중지하는 온나산노미야의 남편감을 선별하고 있을 때, 그 후보의 한사람으로 가시와기라고 하는 청년이 있었다. 태정대신 (이전에 히카루겐지의 친구였던 도노추조)의 장남이다.

그는 상왕의 총애를 가장 많이 받고 있는 왕녀를 아내로 취함으로써 자신의 영달을 쟁취하려고 생각하고 있었다. 왕녀와의 결혼을 소망하는 이유는 어디까지나 권문세가의 후계자답게 야심적인 권력지향에서 시작되고 있다. 그러나 이러한 그의 기대를 저버리고 온나산노미야는 히카루겐지의 로쿠조인 저택에 강혼해 버렸다.

그러나 가시와기는 온나산노미야를 포기하지 못하고 독신으로 지내고 있었다. 이세상은 무상하고 히카루겐지 대감이 이전부터 소망하던 출가의 뜻을 이루시게 된 다음에는 온나산노미야 왕녀를 자기 것으로 만들고 싶다고 가시와기는 생각한다. 그는 히카루겐지가 출가한 다음 온나산노미야가 독신으로 되돌아가는 가능성에 모든 희망을 걸 정도로 집착하고 있었다.

늦은 봄 화창한 어느 날 로쿠조인 저택에서 공차기 행사가[24] 개최되었다. 가시와기는 우연히도 저녁 땅거미가 지는 저택 창문에 발이 내려진 사이로 온나산노미야가 서 있는 모습을 엿보고 말았다. 오랜 세월 동안 그 모습을 머릿속으로 상상할 수밖에 없었던 그녀가 지금 눈앞에 그 아름다운 모습을 드러낸 것이다. 가시와기는 온나산노미야를 품위 있고 어딘가 가련하면서도 대범하고 젊은 매력을 가진 여인이라고 생각한다. 그는 발 옆으로 뛰쳐나온 온나산노미야가 귀여워하는 고양이를 안아 올리고 그녀의 향기를 느낀다.

이날 이후 가시와기에게는 온나산노미야의 환영이 미쳐버릴 정도로 각인되어 있었다. 그러나 온나산노미야의 몸종인 고지주를 통해 편지를 보내도 히카루겐지와 결혼한 그녀가 지금에 와서 새삼스럽게 가시와기를 상대해줄 까닭이 없었다. 마침내 혼란을 더해가던 그는 그녀가 귀여워하는 고양이를 얻으려고 계략을 짜고 결국 실현시킨다. 온나산노미야의 향기가 남아 있는 고양이의 얼굴을 뚫어지게 바라보면서 이것은 숙명적인 사랑이라고 혼잣말하는 그의 모습은 비정상적이라고 표현할 수밖에 없었다.

이로부터 6년 뒤 가시와기는 온나산노미야의 배다른 언니인 온나니노미야 왕녀(오치바노미야)를 아내로 맞이하지만 아직까지 온나산노미야에 대한 집착을 버리지 못하고 있었다. 처음으로 온나산노미야의 남편감 찾기가 이야기에 등장한 뒤 이미 8년이라는 세월이 지나 있었다. 처음에는

---

24) 蹴鞠. 헤이안시대 귀족들이 즐기던 공차기 놀이.

왕녀와 결혼한다는 명예와 영광을 꿈꾸고 있었던 가시와기였지만 이제는 미친 사랑의 화신이 되어버렸다.

그해 4월 중순 가시와기는 히카루겐지가 무라사키노우에의 발병으로 로쿠조인 저택을 비운 것을 틈타서 몸종인 고지주를 설득하여 온나산노미야의 침실에 숨어들어가 마침내 그녀와 정을 통하고 말았다.

가시와기에게 있어서 이 만남은 한편으로는 감미로운 사랑에 도취시키는 것이었지만 또 한편으로는 절대 권력자인 히카루겐지의 정실부인을 범했다고 하는 죄의식에 떨지 않을 수 없었다. 이것은 원래 온나산노미야에 대한 사랑이 가시와기의 권력지향에서 시작되고 있었기 때문이기도 하다. 히카루겐지에 대한 배신은 자신의 치명적인 파멸을 의미하고 있었다.

가시와기는 온나산노미야에 대해서 '더 이상 살아가더라도 무용한 일입니다. 이 몸은 허무하게 될 수밖에 없을 것입니다.'라고 말하면서 '하다못해 가련하다고 만이라도 말씀해 주십시오.'라고 되풀이하여 호소하고 있다. '이 몸은 허무하게'라는 것은 일신의 파멸 혹은 무익한 죽음을 표현하는 말로 사회적인 생명을 잃어버리는 것을 뜻한다. '하다못해 애련하다고 만이라도'는 하다못해 죽음을 의식하는 자신에 대해 동정을 표하는 말 한마디라도 건네 달라는 뜻이다. 원래 '애련하다(哀れ)'는 마음속에 스며들어 영혼조차 흔들리게 하는 인간적인 감동을 의미한다.

가시와기가 이와 같이 적어도 애련한 자신에 대한 감동을 말로 표현해 달라고 하소연하면서 상대방에게 공감을 구하는 것은 두 사람의 관계를 자신의 고독한 짝사랑으로 끝내고 싶지 않다는 절실한 마음에서 우러나오고 있다. 가시와기에게 있어서 온나산노미야와 '애련'한 감정을 공감하는 것은 자신의 '몸은 허무하게' 만들어 버리는 파멸의 의식과 자리바꿈하는 관계에 있다.

하다못해 애련하다고 말이라도

가시와기는 하룻밤을 온나산노미야와 같이 새우고 완전히 날이 밝은 뒤 다음과 같은 노래를 서로 주고받는다.

> 가시와기
> 잠에서 깨어 돌아갈 정처조차 없는 새벽에 이슬은 왜 떨어져
> 옷소매 적시는가
> 온나산노미야
> 이른 새벽에 정처 없는 이 몸은 사라집니다 꿈이었구나라고
> 생각해도 좋도록

가시와기는 온나산노미야의 답가야 말로 바로 자신에 대한 깊은 인간적인 감동 '애련'의 공감이라고 생각하자 영혼이 뒤흔들리는 듯한 느낌을 받는다. 이야기 속에서는 '영혼이 정말로 몸에서 빠져나와 저쪽으로 자리 잡은 것 같은 마음이 든다.'라고 기술되고 있어서, 자신의 육체에서 유리된 영혼이 온나산노미야에게로 날아가 버렸다고 생각하면서 가까스로 자기 저택으로 돌아간다.

당연하지만 가시와기와 온나산노미야는 자신들이 저질러버린 죄에 떨면서 하루하루를 보낼 수밖에 없었다. 게다가 이 간통은 결국 히카

루겐지에게 발각되고 만다. 온나산노미야의 부주의로 가시와기가 보낸 연애편지를 히카루겐지가 발견하게 된 것이다.

히카루겐지도 두 사람의 간통에 커다란 충격을 받았다. 자신은 가장 사랑하는 무라사키노우에보다 온나산노미야를 훨씬 더 후대하고 있었는데 하필 가시와기 같은 새파란 청년과 정을 통해버리니 분노가 치밀어 올라왔다.

그러나 한편으로는 이러한 불미스러운 일이 결코 다른 사람들에게 알려져서는 안 된다고 생각한다. 온나산노미야는 스자쿠 상왕과 긴조 천황이 모두 주목하고 있었기 때문에 혹시 이러한 불미스러운 일이 그들 귀에 들어간다면 자칫 자신이 온나산노미야를 박대해서 일어난 불상사라고 생각할 것이 틀림없기 때문이다.

또한 히카루겐지 내면에 과거 의붓어머니인 후지쓰보와 정을 통했던 젊은 날의 기억이 무겁게 되살아난다. 당사자인 두 사람은 아무도 모르게 잘 감추었다고 생각했지만 혹시 아버지인 기리쓰보 천황은 그 사실을 알고 있으면서도 아무 것도 모르는 척했던 것일지도 모른다고 생각하면 새삼스럽게 자신이 저지른 돌이킬 수 없는 죄에 전율할 수밖에 없었다.

한편 자신에게 있어서 후지쓰보와의 간통도 어찌 할 수 없는 자신의 영혼이 그곳으로 이끌었기 때문이었다. 어리석지만 인간의 의지만으로는 억제할 수 없는 것이 애련의 감정이다. 그렇다면 당사자 이외에 어느 누구도 비난할 수 있는 자격이 없지 않은가라고 생각하게 된다.

이렇게 해서 히카루겐지는 스자쿠 상왕과 긴조 천황에 대한 의리 혹은 과거 자신이 저지른 잘못을 반추함으로써, 가시와기와 온나산노미야가 저지른 죄를 증오하면서도 그들에 대해서 지탄조차 할 수 없었다.

한편 가시와기는 몸종인 고지주를 통하여 자신들의 비밀이 드러났음을 전해 듣고 동요한다. 절대적인 권력자를 배신한 사실에 대한 공포 때문에, 삼복더위가 맹위를 떨치는 한여름에도 불구하고 온몸이 얼어붙는 듯한 느낌이었다. 또한 히카루겐지가 지금까지 자신을 얼마나 중용해 왔는지도 상기된다. 온나산노미야 침소에 숨어들어간 그때부터 자신의 파멸을 기구해 왔지만 지금이야말로 '이 몸은 허무하게' 되어 버린다는 것이 현실로 다가 오는 느낌이었다.

히카루겐지에 대한 공포

가시와기가 로쿠조인 저택의 시악(궁중현악연주회 예행연습)을 위해 조금 강제로 초대되었다. 현악연주회가 끝난 뒤 연회 자리에서 히카루겐지가 가시와기에게 술에 취해 우는 것을 가장하며 다음과 같이 말을 건넨다.

> 밀려오는 세월의 파도에 따라 술에 취해 눈물을 흘리는 이 버릇은 어찌 할 수 없는 것 같군요. 에몬노카미(가시와기)가 이러한 제 모습을 눈치 빠르게 발견하고 웃음을 띠고 계시는데 왠지 마음이 편치 않아요. 아니 그것도 지금 한때라고 생각합니다. 거꾸로 돌아가지 못하는 것이 세월. 어느 누구도 늙어가는 것에서부터 도망칠 수 없으니까요.
> ―「와카나게 마키」

히카루겐지는 스스로를 노망 난 노인이라고 자조하면서 가시와기에게 통렬한 비아냥거림을 던지고 있다. 당신은 늙은 나를 경시하고 있겠지만 당신이 지금 아무리 젊다고 하더라도 언젠가는 나이를 먹기 마련이다라고 말하면서 젊은 가시와기의 교만하고 사악한 사랑을 훈계한다.

여기에는 히카루겐지 자신이 늙어 가는 것에 대한 고충도 들어가 있지만 그것과는 별개로 가시와기는 원래 히카루겐지에 대한 공포로 떨고 있었기 때문에 이러한 비아냥거림은 날카롭게 그의 가슴에 파고들어 꽂혀 버린다.

잔혹할 정도로 주눅이 든 가시와기는 자기 저택으로 돌아온 뒤 얼마 지나지 않아 몸져눕게 된다. 그는 병상에서 이제 자신의 앞길에는 죽음밖에 없다고 생각한다. 오히려 그는 자신의 죽음을 스스로 이끌어서 초래하고 있다고도 말할 수 있다. 혹시 억지로 목숨을 유지한다고 하더라도 온나산노미야와 간통한 소문이 세상에 널리 퍼져서 자멸할 수밖에 없다고 생각한다. 그는 지금이야말로 자신이 죽어야 할 때라고 생각한다.

가시와기가 가장 두려워하고 있는 것은 세상 사람들의 조롱거리가 되어 귀족사회에서 매장되는 사태이다. 그러나 지금 상태라면 온나산노미야에 대한 사랑에 자신의 목숨을 바치는 것이 되고 또한 히카루겐지도 자신을 결국 용서해 줄 것이라고 생각한다.

여기에서 주목해야 할 것은 가시와기 내면에 있어서 히카루겐지가 공포의 대상에서 자신을 구원해 줄 구세주로 전환되고 있다는 점이다. 자신이 죽음에 직면하면 아무리 두려운 히카루겐지라고 하더라도 한때 자신을 중용해 주었기 때문에 용서해 줄 것이라고 생각한다. 여기에는 갓난아기 같은 어리광이라고 비판 받아 마땅한 가시와기의 안이한 비약이 숨어 있다. 이와 같이 온나산노미야와 히카루겐지에 대한 막연한 공감을 자신이 지금까지 살아온 인생의 움직일 수 없는 증거로 삼으면서 죽음에 임하려는 부분에 가시와기 나름대로의 죽음의 미학이 있었다.

가시와기가 생각한 죽음의 의식

가시와기의 이와 같은 죽음의 의식에는 종교적인 죄업이나 구원의 문제가 전혀 나타나지 않고 있다. 이에 대해서 생각해 보기 위해 죽음의 문턱에 다다른 가시와기가 온나산노미야와 주고받은 와카를 읽어 보자.

    온나산노미야
  '측은하다고 생각하고 있습니다만 어찌 병문안을 갈 수 있겠습니까. 단지 미루어 짐작할 뿐입니다. 당신이 보낸 서간에 적힌 '불처럼 뜨거운 이 마음은 역시 남아있겠지요.'라고 노래한 그 불에서 피어나는 연기는 아니지만
    둘이 나란히 사라져버릴까요 우울한 것을 생각하면 혼탁한 연
     기와 비교하며
당신에게 뒤쳐질 수 있겠습니까.'라고만 적혀 있는 것을 가시와기는 뼈에 사무치도록 슬프고 또한 황송하게 생각한다.
    가시와기
  '이제는 당신이 적은 '연기와 비교하며'라는 말만이 내가 이 세상에 살아 있었다는 추억으로 남겠지요. 생각해보면 덧없는 인연이었습니다.'라고 더욱 세차게 울음을 터뜨린 뒤 온나산노미야에 대한 답장을 자리에 누운 채로 쉬엄쉬엄 붓으로 써내려갔다. 글자도 띄엄띄엄 이어

지고 이상한 새 발자국 같은 필적으로

'돌아가야 할 정처 없는 연기가 되어서라도 사모하는 님 곁을 떠나가지 않으리

저녁 무렵에는 무엇보다 제가 연기가 되어 올라간 하늘을 봐 주십시오. 훈계하시던 분의 일도 제가 죽은 다음에는 걱정하지 마십시오. 지금에 와서 아무 소용없는 일이지만 적어도 측은하다고 만이라도 생각해주세요.'라고 흔들리는 필적으로 흘려 쓰고 있던 중에……

―「가시와기 마키」

가시와기가 온나산노미야의 답장을 받고 '뼈에 사무치도록 슬프고 또한 황송'할 정도로 감동한 것은 지금까지 그녀에게 되풀이해서 '하다못해 애련하다고 만이라도 말씀해 주십시오.'라고 호소해 온 것에 대해 그녀가 응답해 주었다고 생각했기 때문이다.

그리고 가시와기의 와카에는 죽은 뒤 자신이 어떻게 될지 이상할 정도로 전혀 생각하지 않고 있다. 21세기 현대에 살고 있는 우리들의 사고나 감성이라면 모르겠지만, 일본 헤이안시대 당시에 유행하던 불교 정토종의 논리에서 본다면, 사후의 안녕을 얻기 위해서는 현세에 대한 집착을 되도록 경감하지 않으면 안 된다.

그러나 가시와기의 '돌아가야 할' 와카에 나타난 집착이나, '적어도 측은하다고 만이라도 생각해주세요.'라고 적은 편지 내용은 속세이탈을 중요시하는 불교적 구원과는 전혀 다른 정반대의 논리이다.

이와 같이 가시와기에게 있어서 종교적 구원의 문제는 극히 애매한 것으로 남아 있다. 이것은 히카루겐지가 나중에 애련집착의 죄업에 떨게

되는 것과는 자못 상극적이고 이질적이다.

'성실한 사람' 유기리

이윽고 온나산노미야는 가시와기의 아이를 출산한 뒤 출가하여 비구니가 된다. 그 소식을 접한 가시와기는 '거품이 사라지듯이' 숨을 거둔다. 온나산노미야와 히카루겐지에 대한 막연한 공감을 이어가고 싶다고 염원하면서 마지막 죽음의 길을 떠난 것이다.

히카루겐지는 온나산노미야가 낳은 남자아이(나중에 가오루)의 오십일 잔칫날에 자기 자식이 아닌 자기 자식을 품에 안고 복잡한 감회에 젖게 된다. 『겐지모노가타리 그림책』의 한 장면으로 선정된 것으로도 유명한 명장면이다. 갓난아기에게서 느껴지는 더할 나위 없는 가련함과 귀여움에 '가련하다'고 감동하면서도 한편으로 이 아이를 만든 불의의 사랑에 목숨을 바친 가시와기의 짧은 생애에 대한 깊은 감회에 잠기고 있다.

히카루겐지는 가시와기의 죄를 용서한 것도 아니지만 그렇다고 규탄하려고 한 것도 아니었다. 고인의 공교로운 숙명을 되돌아봄으로써 인간 세계의 덧없음에 마음 아파한다. 갓난아이의 웃는 얼굴을 들여다보면서 친아버지 가시와기와 닮았다고 말하고 싶은 히카루겐지의 마음속에는 숙명에 농락당한 덧없는 인간존재 그 자체에 대한 혐오와 애착이 뒤섞인 인생무상의 감회가 치밀어 올라온다. 게다가 갓난아이의 어린 생명을 눈앞에 두고 나이 먹은 자신의 쇠약함도 자각하게 된다.

이와 같이 가시와기와 온나산노미야의 간통사건은 단지 가시와기 이야기로 시종일관하는 것이 아니라 실은 히카루겐지 이야기와 하나로 융합되고 있다. 그리고 가시와기의 죽음에서 파생하는 유기리 이야기도 또한 히카루겐지의 의식과 깊이 관계되어 간다.

유기리는 친한 친구였던 가시와기가 죽은 뒤, 고인의 유언에 따라 미망인이 된 오치바노미야(온나니노미야 왕녀)를 자주 방문한다. 그러던 사이에 유기리 마음 한구석에는 이 미망인을 향한 사랑이 싹트게 된다. 원래 유기리는 구모이노카리와의 첫사랑을 이루고 많은 아이들도 가지고 있었다. 세상 사람들에게 '성실한 사람'으로 평가되는 그는 확실히 아내 구모이노카리와 가정에 성실한 남편이었다.

하지만 유기리에게도 아내 구모이노카리에 대한 불만이 없지는 않았다. 로쿠조인 저택에서 개최된 봄날 새벽의 화려한 온나가쿠(여인들의 현악합주회)를 접하고 깊은 감흥을 받아 집으로 돌아 왔을 때, 자신의 아내는 음악적인 교양도 없고 수많은 아이를 낳아 주부로 눌러앉아 있을 뿐이라고 생각한다.

이따금 보이는 질투만이 잠시나마 유기리의 감정을 신선하게 해줄 정도로 평소에는 아무런 감흥도 느끼지 못하는 부부관계가 되어 있었다. 이러한 아무런 감동도 없는 일상이 유기리를 절친한 친구의 미망인과의 사랑에 빠져들게 만든다.

피할 수 없는 인간의 숙명

유기리 마키 첫 부분에서 오치바노미야는 친어머니인 이치조미야스도코로의 병 요양을 위해 오노지방에 있는 산장으로 거처를 옮긴다. 이윽고 오치바노미야를 향한 연모의 정을 키워가던 유기리는 이치조미야스도코로의 병문안을 구실로 중추절을 앞두고 오노 산장을 방문한다. 병든 이치조미야스도코로를 대신하여 오치바노미야가 응접하러 나오자 그는 즉시 자기 마음을 털어놓는다. 그리고 자욱하게 낀 저녁 안개를 구실삼아 자기 저택으로 돌아가지 않은 채 오치바노미야 옆에서 하룻밤을 지새우게 된다. 그러나 오치바노미야는 유기리에게 마음을 열려고 하지 않는다.

이치조미야스도코로는 퇴마주술을 외우는 승려에게 유기리가 오치바노미야의 거처에서 하룻밤을 함께 보낸 것을 듣고 오치바노미야가 유기리와 관계를 맺은 것이 아닌가라고 마음 아파한다. 이치조미야스도코로는 오치바노미야를 불러서 사실관계를 확인하려고 했지만 그녀의 말만으로는 진상을 확인할 수 없었다.

원래 이치조미야스도코로는 스자쿠 상왕의 사랑을 받아 왕녀를 낳은 것에 대해 남다른 자부심을 가지고 있었다. 그런데 스자쿠 상왕의 피를 이어받은 오치바노미야가 가시와기와 같은 일개 신하에게 강혼한 것에 큰 불만을 가지고 있던 와중에 설상가상으로 그 남편이 요절하는 불운이 겹친 것을 한탄하고 있었다. 또다시 오치바노미야가 유기리의 숨겨진 애인 같은 존재가 된다면 이치조미야스도코로로서는 도저히 그 굴욕을 참을 수 없었다.

이치조미야스도코로는 유기리에게 그날 밤의 진상과 그의 본심을 확인하려고 편지를 보낸다. 그러나 이 편지는 오치바노미야와의 관계를 질투하는 구모이노카리에게 빼앗겨서 어딘가에 숨겨지게 된다. 이치조미야스도코로는 유기리가 답장조차 보내오지 않는 것에 절망하고 비탄한 나머지 마침내 숨을 거두게 된다. 유기리는 이치조미야스도코로의 장례에 관련된 모든 일을 도맡아서 돌봐주는 한편 오치바노미야를 향한 연모로 초조함을 더해가지만 망연자실한 오치바노미야는 마음을 굳게 닫을 뿐이었다.

오치바노미야는 출가를 원하지만 아버지인 스자쿠 상왕에게 허락받지 못하고, 결국 그녀와 결혼하려고 하는 유기리에 의해 강제로 원래 기거하던 교토의 자택 이치조 왕궁으로 돌아가게 된다. 그녀는 유기리를 피해서 방안에 숨지만 결국 유기리는 그녀와 관계를 맺게 된다. 그리고 친어머니의 상중에도 불구하고 결혼식이 거행된다. 정실부인인 구모이노카리는 이러한 사태를 참지 못하고 친정으로 돌아간다. 나중에 이어지는 이야기에 따르면 유기리는 한 달 중 날짜를 나누어서 구모이노카리와 오치바노미야 양쪽 거처에 기거하게 되었다고 한다.

한편 히카루겐지와 무라사키노우에도 이 유기리와 오치바노미야의 관계를 알고 각각 복잡한 상념에 빠진다. 히카루겐지는 평소에 아들 유기리의 성실한 사람 됨됨이를 믿음직스러워하면서 부모인 자기보다 훌륭한 자식이라고 만족하고 있었다. 젊은 날 자신이 수많은 여인들과의 사랑에 온몸을 애태우며 다양한 연애편력들을 남겼던 사실에 대해 세상 사람들의 평판이 나빴던 것에 비하여, 유기리의 성실함은 그야말로 도덕군자처럼 훌륭하다고 생각하고 있었다. 그러나 이번 유기리를 둘러싼 소문들은 어찌된 일인지, 유기리 본인도 그녀들의 측은함을 모르는 바가 아닐터인데 상대방인 오치바노미야도 아내인 구모이노카리도 모두를 가엾게 만들어 버리는 결과를 초래했다.

이처럼 생각한 히카루겐지는 '사람의 숙명이라는 것은 피할 수 없는 것', 즉 인간으로서 피할 수 없는 숙명의 존재를 생각하지 않을 수 없었다. 수많은 연애편력을 경험해온 자기 자신의 반생애를 되돌아보면 인간은 때로는 정해진 숙명 때문에 애련집착에 빠지지 않을 수 없게 되는 존재라고 새삼스럽게 숙명에 대하여 엄숙한 두려움을 느낀다. 그렇게 생각하면 생각할수록 유기리의 이번 사태에 대해서 이러쿵저러쿵 영리한 척 충고하는 것은 쓸데없는 짓이라고 여겨졌다.

살아가기 힘든 여인의 삶

한편 무라사키노우에도 '여자만큼 스스로 운신할 여지가 좁아서 이토록 가련한 존재는 없다.'라고 여인으로 태어났기에 살아가기 힘든 어려움과 남자와 관계하며 살아갈 수밖에 없는 여인의 숙명적인 통한을 생각한다. 여자는 어떤 일이라도 마음속에 남겨두고 타인의 선의를 잘 구별하면서도 시종일관 묵묵하게 살아가는 것이 무난한 삶의 방식이라고 할 수 있다. 그러나 그렇게 현명한 여인의 삶도 실은 보잘 것 없는 것이 아닐까?

자연스러운 감동을 감동으로서 마음에 품으면서 적절하게 처신하기 위해서는 어떻게 하는 것이 좋을까. 여기에는 여인의 삶의 방식에 대해서 거의 절망적인 상념이 오가고 있다. 말할 것도 없이 여기에는 무라사키노우에 인생의 역사가 겹쳐지고 있다. 특히 온나산노미야 강혼 이후 몸이 찢어지는 듯한 괴로움이 되새겨지고 있을 것이다. 그녀는 자신의 마음은 그 마음 그대로 은폐하면서도 한편으로는 타인과 협조적으로 행동해야 할 처세태도를 굳게 지켜가고 있었다. 지금 오치바노미야나 구모이노카리의 가여운 상황을 소문으로 전해 들으면서 새삼스럽게 여인의 힘든 삶을 통감할 수밖에 없었다.

　이와 같이 히카루겐지도 무라사키노우에도 각각 자신들의 인생이 회고되고 있다는 점에서 당사자인 유기리 이상으로 남녀관계의 어려움에 대해서 이것저것 넓고 깊게 생각하고 있다. 유기리 이야기는 결코 유기리 개인의 문제로 끝나지 않는다. 마치 가시와기의 이야기가 히카루겐지 이야기의 일부로 짜 맞추어지며 삽입된 것과 같이, 유기리 이야기는 히카루겐지와 무라사키노우에에게 방관되고 유기리의 연애편력이 인간의 애련과 숙명을 주제로 다시 해석되면서 히카루겐지 이야기의 일부로 자리 잡게 된다.

제5절 방황하는 영혼 —'이로고노미'의 구원

비견할 수 없는 우수

히카루겐지 47살 봄날 아침 로쿠조인 저택에서 온나가쿠가 개최된다. 온나산노미야가 칠현금을 아카시노 뇨고가 쟁을 무라사키노우에가 일본금을 아카시노기미가 비파를 각각 담당하고 각자의 기량을 마음껏 발휘해보는 현악합주회를 가졌다. 이 호화로운 합주회가 끝난 다음날 아직 날이 밝지 않은 새벽녘에 히카루겐지는 무라사키노우에를 상대로 자신의 일생을 술회하고 있다. 다음은 그 장면의 전반부이다.

나 자신은 어렸을 때부터 보통 사람들과 다른 신분으로, 과장되고 야단스러운 대우를 받으며 자라났고, 또한 지금 세간에서 중시되고 있다는 점이나 풍요롭게 생활하고 있다는 점에서 과거에 나와 같은 전례는 그다지 없었습니다. 그러나 한편으로는 또한 이 세상에서 특별한 슬픔을 경험한 것도 다른 사람들보다 훨씬 더 많았습니다. 무엇보다도 먼저 소중하게 생각하던 사람들이 먼저 돌아가시고 뒤에 홀로 남겨져서 지금 만년을 맞이하게 되었어도 변함없이 뜻대로 되지 않아 슬프게 느껴지는 것들이 많아서, 도리에 어긋나는 사건에 연루되는 것에 있어서도 묘하게 생각지도 않았던 고민을 껴안고 마음을 채우지 못하는 수심이 이 몸에서 떠나지 않는 채로 지금까지 계속 살아온 것이니까……

―「와카나게 마키」

히카루겐지는 무라사키노우에와 대화를 나누던 도중에 자신의 일생을 술회하고 있기 때문에 진상을 감추려는 말투가 되고 있는지도 모르겠지만 결코 거짓된 술회는 아니다. 오히려 이것은 히카루겐지라고 하는 인물의 본성 혹은 이야기의 주제와도 관계되는 매우 중요한 술회라고 여겨진다.

이것에 따르자면 히카루겐지의 영화 영달은 비길 데 없이 뛰어난 것임과 동시에 그가 경험한 우수의 마음도 비길 데 없이 깊었다고 한다. 확실히 히카루겐지는 남달리 뛰어난 재능을 가진 왕자로 태어나 궁중사회 모두에게 사랑을 받고 나중에는 준태상천황의 지위에 올라 영화 영달의 극치를 이룬 인물이다. 그러나 이 영화 영달과 같을 정도로 비견할 수 없는 우수를 경험했다는 것은 무엇을 의식하며 한 말일까?

후지쓰보에서 시작되는 죄업

'무엇보다도 먼저' 이하의 기술에서 히카루겐지의 우수에 찬 마음을 생각해 보기로 하자. '소중하게 생각하던 사람들이 먼저 돌아가시고'라는 것은 육친과의 사별을 말한다. 지금까지 그의 인생에는 천애고독이라는 마음이 일관되어 왔다.

또한 '생각지도 않았던 고민을 껴안고 마음을 채우지 못하는 수심'이라는 것은 후지쓰보와 나눈 금단의 사랑 때문에 만들어진 우수를 지칭한다. 친어머니의 따뜻한 품속을 모르고 자라난 히카루겐지는 어머니와 쏙 빼어 닮았다고 하는 후지쓰보에게서 친어머니의 모습을 발견하고 오랜 세월 동안 아무도 모르게 연모하고 있었다.

그러나 그녀는 친아버지인 기리쓰보 천황의 황후이다. 이 이룰 수 없는 금단의 정념이 히카루겐지를 수많은 여인들과의 연애편력으로 내몰았다.

그렇지만 후지쓰보를 사모하는 히카루겐지의 열정은 쉽게 수그러들지 않았다. 마침내 남녀로서 관계를 맺어버리고 이 간통으로 아들까지 낳게 되었다. 혹시 발각되면 히카루겐지 자신과 후지쓰보만이 아니라 갓 태어난 아기까지도 파멸할 수밖에 없었다. 두 사람은 이에 공감하면서도 자신들의 비밀을 은폐하며 살아가지 않으면 안 되었다.

히카루겐지는 이 중대한 비밀을 잘 숨길 수 있었기 때문에 레이제 천황의 알려지지 않은 친아버지로서 준태상천황의 지위에까지 오르게 되지만 그것과 맞바꾸어 평생 동안 우수의 마음에서 자유롭지 못했다. 바로 이것이 그의 인생에 있어서 영화와 우수가 표리일체의 관계로 될 수밖에 없는 이유이다.

히카루겐지의 우수에 잠긴 마음은 이미 후지쓰보를 사모하던 시절부터 시작되고 있었다. 18살의 히카루겐지가 기타야마 산에서 와카무라사키(나이 어린 무라사키노우에)를 발견했는데 그때 스님과 대면한 자리에서 다음과 같이 말하고 있다.

> 내가(히카루겐지) 저지른 엄청난 죄업이 두렵고, 도리에 어긋난 어찌 할 수 없는 것에 마음을 빼앗겨 살아가고 있는 한 이를 괴로워하지 않으면 안 된다. 게다가 저 세상에서 당해야할 끔찍한 고통과 번뇌에 대해서도 생각하시고는 속세를 버리고 이처럼 산속에 칩거하면서 생활하고 싶다고 생각하시지만…….
>
> ―「와카무라사키 마키」

'죄업'은 불교에서 말하는 죄·죄업을 말한다. '도리에 어긋난 어찌 할 수 없는 것'은 히카루겐지가 본의 아니게 마음정리를 잘 할 수 없는 것, 즉 후지쓰보에 대한 절망적인 정념을 지칭한다. 또한 '저 세상'이라는 것은 사후의 세계로, 헤이안시대 당시 유행했던 정토종의 불교교리에 따르자면, 사람이 죽은 뒤 절대적인 평안을 얻고 극락왕생하기 위해서는 남녀의 애정은 물론 부자의 감정 등 현세의 집착을 모두 단절하지 않으면 안 된다고 여겨지고 있었다.

히카루겐지는 이룰 수 없는 금단의 사랑이기에 살아있는 한 의미 없는 우수에 굴복하지 않을 수 없지만 그것은 극락왕생을 방해하는 번뇌에 지나지 않는다고 생각한다. 그렇기 때문에 차라리 출가해서 아름다운 산과 깨끗한 물에 둘러싸여 정진하는 산속 암자의 수도생활을 동경하기도 한다.

히카루겐지의 출가소망

히카루겐지는 일찍부터 한편으로 현세를 혐오하면서 언젠가는 출가하고 싶다는 소망을 가지고 있었다. 두말 할 필요도 없이 이것은 후지쓰보를 사모하는 것에 대한 반작용으로 만들어진 우수의 감정이다. 히카루겐지는 후지쓰보에 대한 연모를 단념하지 않는 이상 현세에 대한 우수의 마음으로부터 자유로울 수 없었다.

히카루겐지는 로쿠조미야스도코로의 생귀신이 아오이노우에를 죽인 사건을 직접 눈으로 목격했을 때 심각하게 출가를 생각했다. 그 장면에서 히카루겐지의 출가소망은 단순히 요절한 아오이노우에에 대한 무상감 때문이 아니라, 귀신이 되어 나타날 수밖에 없었던 여인의 섬뜩한 집념에서 구원받기 어려운 인간의 추한 업보를 발견했기 때문이다.

그리고 히카루겐지의 출가소망이 심각하게 되풀이 될 수밖에 없는 것은 원래 그에게 후지쓰보에 대한 절대적인 애착이 있었기 때문이라고 보지 않으면 안 된다. 히카루겐지 스스로는 어떻게 대처할 수 없는 애련 집착의 무서움이라는 점에서 후지쓰보에 대한 애정도 로쿠조미야스도코로에 대한 애정도 전혀 다를 것이 없기 때문이다.

히카루겐지는 이와 같이 자주 심각한 염세관에 빠지면서도 언제나 당면한 문제들을 이유로 출가를 보류해 왔다. 나이 어린 무라사키노우에를 홀로 남겨둘 수 없었고, 친아들인 유기리도 또한 아직 나이가 어리다는 이유였다. 무라사키노우에나 유기리의 존재는 출가하고자 하는 히카루겐지의 마음을 다시 고쳐먹게 만드는 일종의 안전핀 역할을 하고 있었다.

그리고 이야기 전개상 무엇보다 주목되는 것은 그에게 있어서 마음에 걸리던 문제들이 일단 해결되고 한층 더 부귀영화가 약속되는 부분에서 이 출가소망이 정말 당돌하게 다시 제기되고 있다는 점이다.

예를 들면 양녀로 맞이하여 레이제 천황에게 입궁시킨 사이구 뇨고(아키코노무 중궁)가 후궁에서 가장 총애 받는 뇨고로 장래에 중궁으로 책봉되는 것도 가능하리라 여겨지는 시기에 갑자기 오랜 세월 동안 남모르게 소망해 왔던 출가를 이루려고 생각한다(에아와세 마키). 혹은 아카시노 뇨고를 동궁비로 입궁시키고 유기리도 마침내 첫사랑의 결실을 맺어서 구모이노카리와 결혼한 단계에서 똑같이 출가를 생각한다(후지노우라바 마키).

이처럼 일찍부터 히카루겐지의 의식 저변에는 염세관과 출가소망이 침전되어 있었다고 보인다. 따라서 주변 상황이 변화할 때마다 그것이 문득 의식 위로 떠오르는 것도 당연하다고 한다면 당연할 것이다. 말하자면 밝게 빛나는 영화로운 인생의 밑바닥에 그 정체를 알 수 없는 어두운 그림자가 아른거리고 있다는 식이다.

그리고 이것은 무엇보다도 후지쓰보를 시작으로 수많은 여인들에 대한 집착에서 시작되고 있다고 보지 않으면 안 된다. 히카루겐지의 '이로고노미'는 수많은 여인들과 깊이 관계하면서도 그녀들과 영속적으로 관계해 간다는 미덕의 구도를 가지고 있지만, 그것을 불교적인 구원이라는 시점에서 다시 파악해 보면 갑자기 애련집착이라는 종교적 주제가 그 모습을 드러내게 된다. 엄청난 애집이 이면에서 꿈틀거리는 로쿠조미야스도코로의 인물상은 이와 같은 히카루겐지의 '이로고노미'를 냉정하게 다시 관찰하게 만드는 하나의 계기가 되고 있다고도 말할 수 있다.

그러나 히카루겐지가 더할 나위 없는 영화 영달을 향해 한 걸음씩 나아가는 제1부의 이야기에서는 이러한 주제를 이야기하는 것이 극히 보류되어 왔다. 광명 속에서 아른거리는 작은 그림자에 불과했다. 그러나 이야기가 제2부로 들어가 등장인물들 각각의 존재가 상대화되어가면서 히카루겐지의 이러한 주제도 다시금 도마 위에 올라가지 않을 수 없게 된 것이다.

부처님의 구원

와카나게 마키에서 무라사키노우에는 온나가쿠가 개최된 뒤 갑자기 발병하여 로쿠조인 저택에서 니조인 저택으로 자리를 옮겨 요양하게 된다. 어느 날 병세가 급격히 악화되어 한때에는 절명했다고까지 생각되었다.

히카루겐지는 동요하면서도 망령과 잡귀들의 소행이라고 생각하고 목숨을 연명시키는 가호주문과 퇴마기도를 음양사[25]와 스님들에게 명령한다. 예상대로 망령이 나타나고 무라사키노우에는 소생한다. 이 망령은 다름 아닌 로쿠조미야스도코로였다. 성불하지 못하고 구천에서 맴돌던 그녀의 죽은 영혼이 망령이 되어 다시 나타난 것이다.

이 로쿠조미야스도코로의 망령이 말하는 바에 의하면 딸아이인 아키코노무 중궁에 대한 히카루겐지의 보살핌에 대해서는 감사하고 있지만, 이승과 저승의 경계를 넘어서게 되면 딸아이의 일까지 깊게 생각하지

---

25) 陰陽師. 헤이안시대에 있었던 퇴마사. 음양오행설을 바탕으로 점과 주술을 다루었다.

못하는 탓인지 자기 자신이 히카루겐지를 원망스럽게 생각해 왔던 집념만이 마지막까지 남아서 언제까지나 현세에 머무를 수밖에 없었다고 말한다.

로쿠조미야스도코로의 망령은 히카루겐지에 대한 집착을 버릴 수 없어서 성불하지 못하고 언제까지나 구천을 떠돌 수밖에 없었다. 히카루겐지 곁에 머물고 싶었지만 신불의 가호가 너무 강해서 가까이 갈 수 없다. 그러니까 적어도 당신 목소리라도 듣고 싶었다고 망령은 말한다. 이러한 말을 직접 듣고 있던 히카루겐지가 섬뜩하게 느낄 정도로 무시무시한 집념을 가진 망령의 모습이었다. 이렇게 겐지에 대한 애착을 스스로 어찌할 수 없는 로쿠조미야스도코로의 망령은 괴로움 속에서 부처님의 구원을 기구한다.

이와 같이 애집의 화신으로 변한 로쿠조미야스도코로의 영혼을 보면서 히카루겐지는 전율하지 않을 수 없었다. 젊은 날의 생귀신 사건까지 생생하게 회상되면서 새삼스럽게 애련집착의 추함과 무서움을 생각하게 된다. 그러나 히카루겐지는 이러한 인간의 업보에 떨면서도 무의식중에 병상에 누워 있던 무라사키노우에에 대한 애착을 더해가고 있다. 이 장면에서 다음 한 구절을 읽어보자.

히카루겐지님은 눈꼴사나울 정도로 무라사키노우에 옆에 바짝 가까이 붙어서 몇 번이나 눈물을 닦아 내시고는 같이 부처님께 기원하고 계시지만, 그 모습은 아무리 지금까지 이 속세에서 남다르게 뛰어난 분이셨지만 정말 이렇게 사리분별을 가늠할 수 없는 어려운 일에 처한 경우에는 도저히 침착할 수 없는 법이라고 생각되었다. 히카루

겐지님은 어떠한 일이 있더라도 이 분을 살려서 목숨을 이어가게 하
고 싶다고만 생각하시며 낮이고 밤이고 마음 아파하고 계셔서 멍하니
넋이 빠진 듯이 보이는 얼굴도 조금 핼쑥해지셨다.

―「와카나게 마키」

빈사상태인 병자를 앞에 두고 동요하는 것은 어디까지나 자연스러운 인간의 감정일지도 모르지만 서술자(내레이터)의 조금 야유 섞인 말투에서 알 수 있듯이 이러한 히카루겐지의 집착은 예사로운 일이 아니었다. 무라사키노우에 옆에 바짝 붙어서 부처님의 가호에 매달리며 마치 제정신을 놓은 것 같이 멍하게 앉아 있는 히카루겐지의 모습은 적어도 권문세가다운 풍모는 아니었다. 히카루겐지는 망령과 직접 대면하면서 진절머리 나도록 속세를 싫어하지만, 한편 이와 같은 행동을 할 수밖에 없는 그의 무의식 속에서는 애련집착의 고뇌를 스스로 껴안고 있었다.

무시무시한 업보

애당초 무라사키노우에는 온나산노미야가 강혼한 이후 자신은 차츰차츰 고립되어갈 수밖에 없는 존재임을 자각하고 있었다. 이러한 고립감은 그녀에게 현실 세계에서 행복을 추구하는 것을 포기하게 만들었고, 몇 번이나 사후세계를 상상시키면서 극락왕생이라는 절대적인 평안을 희구하게 만들었다.

이를 위해 비구니로 출가하고 싶다는 소망을 히카루겐지에게 여러 차

례 요청했지만 그는 결코 허락하지 않았다. 빈사상태에 있는 그녀의 출가 애원에 대해서도 단지 목숨을 연명시키기 위해 재가불교신자로서 수계만 시켰을 뿐이었다.

한편으로는 히카루겐지 자신도 차츰 고립감을 느끼고 있었다. 새로 시집온 온나산노미야에게 실망하고 무라사키노우에에 대해서 새로운 감동을 느꼈지만 그것이 무라사키노우에의 고독을 치유할 수는 없었다. 때로는 국모의 친어머니가 되려고 하는 아카시노기미에 대해서 감탄도 하지만 그녀의 진의는 파악하지 못하고 있었다.

히카루겐지가 자신의 고립을 자각하면 할수록 그가 가장 사랑하는 여인으로서 무라사키노우에에 대한 집착은 강해졌고 필연적으로 그녀의 출가는 절대로 허락할 수 없다고 생각하게 되는 것이다. 출가란 삶을 살아가면서 죽음의 세계를 표방하는 것이다. 히카루겐지로서는 출가와 같이 자기가 다가갈 수 없는 다른 세계에 무라사키노우에를 놓아 주는 것은 도저히 상상할 수 없는 일이었다. 이것은 망집이라고 밖에 달리 표현할 길이 없는 분별없는 집념이었다.

히카루겐지는 그 뒤에 가시와기가 온나산노미야와 간통하여 번뇌 속에서 젊은 생애를 마감하는 사건과 만나게 된다. 또한 '성실한 사람'으로 평가되던 유기리가 의외로 가시와기의 미망인과 사랑에 빠져서 단란했던 가정을 파괴시켜 버리는 사건도 목격한다.

이것들은 히카루겐지가 단순한 방관자로 마음 편하게 바라볼 수 있는 사건이 아니었다. 가시와기와 온나산노미야의 간통도 이전에 후지쓰보와 함께 저지른 죄업의 인과응보라고 하는 단순한 것이 아니다. 그 어느 것도 인간이 껴안고 있는 무시무시한 업보 혹은 그 업보를 껴안고 살아가지 않으면 안 되는 무서운 숙명을 생각하면서 히카루겐지는 단지 팔짱을 끼고 바라볼 수밖에 없었다. 그들의 업보는 다름 아닌 자기 자신들의 업보이기 때문이다.

히카루겐지의 무라사키노우에에 대한 집착은 더욱더 강해질 뿐이었다. 병상에서 일진일퇴하는 무라사키노우에의 모습을 바라보며 그는 일희일비를 거듭할 수밖에 없었다. 이윽고 무라사키노우에에게도 그 생애를 마감하는 날이 찾아온다. 히카루겐지가 등잔불을 가까이 하고 심지를 올려 그녀의 죽은 얼굴을 비추어 본다. 들여다보는 자신이 황송할 정도로 가련함과 함께 훌륭한 기품이 엿보이는 아름다운 무라사키노우에의 얼굴, 대충 펼쳐 놓은 검은 머리칼이 조그마한 엉클어짐도 없이 윤기 있고 아름답다. 등잔불에 비추어진 분첩 화장이 신비스러울 정도로 하얗게 빛나고 있었다.

8월 14일 미명에 절명한 그녀는 다음 날 15일 새벽에 화장된다. 여기에는 『다케토리모노가타리』에서 8월 15일 지상의 모든 인연을 끊고 달나라로 승천한 가구야히메의 이미지가 겹쳐지고 있다. 이것이 히카루겐지와 함께 인생을 걸어온 무라사키노우에의 마지막 빛이었다.

무라사키노우에에 대한 집착

여기까지 오게 되면 히카루겐지 앞에는 출가의 길 밖에 남겨져 있지 않았다. 앞에서 언급한 영화 영달과 함께 슬픔과 우수도 다른 사람과 비교되지 않을 정도로 깊었다고 하는 술회가 또다시 되풀이 된다. 여기서부터는 다음과 같이 회고된다.

> 어릴 적부터 인간 세상이 슬프고 무상하다는 것을 뼈저리게 느끼고 깨우치라고 부처님과 같은 어떤 존재가 권해 주신 이 몸의 숙명을 어기차게 모르는 척 살아와서, 그 결과 지금 이전에도 이후에도 전례가 없으리라고 생각할 수밖에 없는 커다란 슬픔을 껴안게 되었다.
>
> ―「미노리 마키」

 이와 같이 출가라고 하는 주제가 히카루겐지의 최대의 관심사로 떠오르게 된다. 부처님이 자신을 이끌어 주셨기 때문에 우수를 경험했다고 하는 것은 쉽게 결행하기 어려운 출가를 자기 자신에게 알아듣도록 타일러서 합리화하려는 것이다.
 새해가 밝아서 따뜻한 봄이 성큼 다가와도 무라사키노우에를 잃어버린 히카루겐지의 마음은 쉽게 치유되지 않았을 뿐만 아니라 오히려 깊은 우수를 껴안게 된다. 마보로시 마키는 이러한 히카루겐지의 일 년간을 그린 마키이다.
 그해 연말에 히카루겐지는 무라사키노우에와 주고받은 수많은 편지들을 모두 태워버린다. 여기에는 『다케토리모노가타리』에서 카구야히메가 이 세상에 두고 간 불로불사의 영약과 편지를 모두 태워버렸다는 그 천황의 모습이 겹쳐지고 있다. 『다케토리모노가타리』에서 카구야히메를 떠나보낸 천황은 그녀에 대한 추모와 애련집착의 마음을 껴안은 채 앞으로 영겁의 삶을 사는 것은 참을 수 없는 괴로움이라고 생각하고 불로불사의 영약을 태워버린다. 히카루겐지도 또한 무라사키노우에에 대한 모든 애련집착을 단절하고자 추억이 깃든 수많은 편지들을 태워버리는 것이다.

그러나 과연 히카루겐지는 모든 애련집착을 단절할 수 있었을까? 이야기는 직접적으로 이 문제를 기술하지 않은 채 상념에 빠진 히카루겐지의 일 년을 그리면서 마보로시 마키를 끝맺고 있다. 히카루겐지 이야기의 속편인 우지주조에 이르러서 처음으로 히카루겐지가 사가노 지방에서 출가하고 이윽고 죽었다고 회상된다. 말하자면 그는 이야기 밖에서 출가를 이룬 것이 된다.

히카루겐지의 생애는 무엇보다도 이상적인 '이로고노미'의 힘에 의하여 수많은 여인들과 깊은 관계를 만들어 왔다. 그러나 만년의 히카루겐지 이야기는 이러한 '이로고노미'의 미덕이 인간의 구원이라는 종교적 차원에서 다시 파악되었기 때문에 마치 출구가 없는 고독과 절망으로 인도되지 않을 수 없었다. 히카루겐지의 마지막 일 년을 그린 마보로시 마키는 언뜻 보면 오로지 무라사키노우에의 죽음을 애통해하는 일 년처럼 보이지만 실은 자신의 '이로고노미'의 전 생애를 절망적으로 회고하는 이야기였다.

제4장

부록

―겐지모노가타리 그림책, 「야도리기 마키」

　유기리는 자기 딸인 로쿠노키미와 니오우미야를 결혼시키려고 결심하고, 긴조 천황과 아카시노 중궁의 동의를 얻어 혼담을 적극적으로 진행시킨다. 니오우미야는 처음에는 주저했지만, 점점 로쿠노키미에게 마음이 이끌려서 부인인 나카노키미를 방문하는 날이 적어지게 된다.

제1절 줄거리

어느 천황 치세 때 일인지 알 수 없지만 뇨고와 그보다 지위가 낮은 고이들이 수많이 모시고 있던 중에 그다지 높지 않은 신분이지만 천황(기리쓰보 천황)의 총애를 한 몸에 받고 있었던 고이가 있었다. 아버지인 대납언은 이미 죽었고 특별한 후견인도 없이 어머니 혼자 뒷바라지를 하던 이 고이에게 다른 뇨고와 고이들의 질투와 증오가 집중된다.

그러나 이윽고 고이는 옥처럼 아름다운 둘째 왕자를 출산한다. 이것이 본 이야기의 주인공이 되는 히카루겐지이다. 권문세가로 권세를 휘두르는 우대신의 딸 고키덴노 뇨고는 이 둘째 왕자가 자신이 낳은 첫째 왕자를 뛰어 넘어 동궁(황태자)으로 책봉되는 것이 아닐까라고 의심하고 이 고이 모자를 격렬하게 증오한다. 천황이 그녀에게 편들면 편들수록 뇨고들의 증오와 박해가 더해져서 고이는 마침내 견디지 못하고 왕자가 세살이 되는 여름에 병들어 죽어버린다.

그 뒤 둘째 왕자의 아름다움은 눈이 부실 정도였고 성장과 함께 학문 예술에 있어서도 타고난 재능을 발휘한다. 아버지인 기리쓰보 천황은 남달리 뛰어난 이 왕자를 동궁으로 삼고 싶었지만 오히려 정쟁에 휘말려 희생될지도 모른다는 위험 때문에 신하로 강등시키고 겐지 성을 하사한다. 이것이 주인공을 겐지라고 부르는 이유이다.

그때 선왕의 넷째 공주로 죽은 고이와 쏙 빼닮은 후지쓰보 공주가 천황의 후궁으로 입궁하여 기리쓰보 천황의 상심한 마음도 겨우 치유 받을 수 있었다. 겐지도 죽은 친어머니의 모습을 찾아서 후지쓰보를 따르게 된다. 천황에게 두터운 총애를 받는 겐지와 후지쓰보를 세상 사람들은 '빛나는 왕자님', '반짝이는 공주님'이라고 부르며 칭송했다.

12살이 된 겐지는 성인식을 치른 뒤 좌대신 일가의 외동딸 아오이노우에와 맺어진다. 그러나 겐지는 이 심규의 가인을 사랑할 수가 없었다. 왜냐하면 그의 마음속에는 어느 사이엔가 후지쓰보를 향한 애절한 사모의 정이 싹트고 있었기 때문이다.

―「기리쓰보 마키」

겐지가 17살이 되는 해 장맛비가 내리던 날 밤 궁궐에 있는 겐지의 숙소에 친구인 도노추조(좌대신 일가의 장남, 아오이노우에의 오빠)와 몇몇 청년귀족들이 찾아와 세상 여인들에 대해서 이야기를 나눈다. 이때 겐지는 아직 경험하지 못한 중류계층의 여인들에 대해서 관심을 가지게 된다. 유명한 비 내리는 밤의 여인 품평회이다.

겐지는 다음날 저녁 우연히 방문한 기노 지방 수령(지방 관리) 저택에서 늙은 수령 후처로 자리 잡고 있었던 우쓰세미를 만나고 은밀하게 관계를 맺게 된다. 겐지는 그 다음에도 다시 만나려고 하지만 우쓰세미는 자신의 미천한 신분을 생각하고 겐지를 동경한다고 해서 그에게 빠져들면 결코 안 된다고 생각한다.

―「하하키기 마키」

겐지는 또다시 우쓰세미 침소에 숨어 들어간다. 그러나 그녀는 그것을 미리 눈치 채고 고우치기 겉옷만을 남겨 두고 몸을 피한다. 겐지는 허무한 마음으로 침소에 남아 있던 고우치기 겉옷을 추억거리로 가지고 돌아간다. 한편 새삼스럽게 겐지의 노래가 적힌 편지를 받은 우쓰세미는 자신의 보잘 것 없는 운명을 되씹어 본다.

―「우쓰세미 마키」

그해 여름 겐지는 고조 거리 한 모퉁이에서 하얀 박꽃이 핀 집에 호기심을 가지게 되었다. 어린 여자아이가 박꽃을 올리고 건네 준 부채에는 수수께끼 같은 노래가 적혀 있었다. 겐지는 이 집주인인 여인에게 이상할 정도로 깊은 관심을 가지고 이윽고 자기 정체를 숨긴 채 관계를 가지게 된다. 이 여인이 바로 유가오이다. 두 사람은 서로에 대해서 마법에 걸린 듯이 상대가 누구인지도 모르면서 사랑에 빠져 들어간다.

8월 15일 저녁 비좁은 유가오 집에서 하룻밤을 보낸 겐지는 다음날 아침 여인을 데리고 모처의 저택으로 자리를 옮긴다. 그는 그 저택에서 유가오의 가련한 아름다움에 다시 한번 이끌리지만 밤이 깊어지자 그녀는 귀신에 홀려서 비명횡사한다. 나중에 겐지는 상심 속에서 이 여인이 도노추조의 옛 애인이었음을 알게 된다.

―「유가오 마키」

18살이 된 겐지는 병 치료를 위해 기타야마 산을 방문했을 때, 우연히 후지쓰보와 쏙 빼닮은 아름다운 소녀를 엿보게 된다. 이 소녀가 실은 효부쿄노미야 왕자 측실 소생의 딸로 후지쓰보의 조카라는 것을 알고 자기 저택으로 데리고 와서 이상적인 여인으로 키워보고 싶다고 생각한다.

그 다음 겐지는 병 때문에 사저로 나와 있었던 후지쓰보 침소에 숨어들어가 마침내 그녀와 꿈같은 관계를 맺어 버린다. 후지쓰보는 또다시 겐지와 잘못을 되풀이한 자신의 기구한 숙명을 통감한다. 그리고 이 한 번의 관계로 겐지의 자식을 임신하게 된다. 그해 늦은 가을 겐지는 기타야마 산에서 본 소녀를 강제로 자기 저택으로 데리고 온다. 이 소녀는 나중에 무라사키노우에라고 불리게 된다.

―「와카무라사키 마키」

겐지는 유가오와의 덧없는 사랑을 잊지 못하던 중에 죽은 히타치노미야 왕자의 따님에게 강한 관심을 가진다. 어느 겨울날 아침 하얀 눈빛 속에서 비춰진 그녀의 이상할 정도로 추한 용모에 깜짝 놀란다. 코끼리처럼 길게 늘어난 코가 새빨간 홍화처럼 빨갛게 축 처져 있지 않은가? 이 때문에 그녀는 스에쓰무하나(홍화)라고 불리게 된다. 그러나 히카루겐지는 몰락한 이 왕족 후손에게 어떻게 해서든지 현실 생활에서 불편하지 않도록 원조하자고 결심한다.

―「스에쓰무하나 마키」

단풍이 아름답게 진 가을날 궁중에서 개최된 무악에서 히카루겐지가 도노추조를 상대로 춘 세가이하 춤은 보는 사람들에게 영혼이 깃든 춤이었다고 절찬 받는다. 새해가 밝은 다음해 2월 후지쓰보는 자신이 낳은 남자아이가 히카루겐지와 쏙 빼닮았기 때문에 간통의 비밀이 발각되는 것이 두려워서 차츰 불안을 느끼게 된다. 그러나 기리쓰보 천황은 조금도 의심을 품지 않고 있었다. 천황은 이전에 히카루겐지를 동궁에 책봉하지 못했다는 마음의 빚을 느끼고 있었기 때문에 히카루겐지와 쏙 빼닮은 왕자를 동궁에 책봉함으로써 그 빚을 청산하려고 마음먹고 있었다. 히카루겐지가 겐노나이시노스케라고 하는 호색한 늙은 여자 관리와 장난삼아 관계를 가진 것도 이 무렵이었다.

―「모미지노가 마키」

다음 해 2월 궁중의 남쪽 궁전에서 개최된 벚꽃 연회에서도 히카루겐지의 춤과 한시가 사람들을 경탄시켰다. 그날 깊은 밤이 되어 히카루겐지는 우연히 우대신 일가의 따님인 오보로즈키요와 만나게 된다. 그녀는 동궁(후에 스자쿠 천황)에게 입궁하기로 예정되어 있었지만 이 만남으로 히카루겐지에게 마음을 빼앗기게 된다.

—「하나노엔 마키」

히카루겐지가 21살이 되는 해, 기리쓰보 천황은 권력을 양위하고 동궁이 스자쿠 천황으로 즉위한다. 그리고 새로운 동궁으로 기리쓰보 상왕의 의도대로 후지쓰보가 낳은 왕자(실은 히카루겐지 사이에서 낳은 남자아이)가 책봉되었다.

이전부터 히카루겐지의 냉담한 태도에 한탄하고 있었던 로쿠조미야스도코로는 이미 죽은 전 동궁과의 사이에서 낳은 외동딸이 이세신궁의 신을 섬기는 사이구로 임명된 것을 계기로 자신도 이세에 내려가려고 생각하고 있었다. 그녀는 4월 가모신사의 아오이 축제에서 히카루겐지가 참석한 축제행렬을 몰래 구경하려고 나왔는데 히카루겐지의 정실부인인 아오이노우에 일행과 시비가 붙어서 소달구지가 부서지는 험한 꼴을 당하게 된다.

이 굴욕감으로 삶의 의욕을 잃어버린 로쿠조미야스도코로의 영혼은 자신의 의지와는 상관없이 육체에서 빠져나와 아오이노우에에게 씌우게 된다. 이 생귀신은 유기리를 출산한 아오이노우에를 마침내 죽이고 만다. 히카루겐지는 젊은 아내의 죽음에 슬퍼하면서도 여인의 섬뜩한 원한과 집념을 직접 눈으로 보고 경악할 수밖에 없었다. 아오이노우에의 장례가 끝난 뒤 히카루겐지는 무라사키노우에와 첫날밤을 지낸다.

—「아오이 마키」

히카루겐지 23살 9월 초엽, 로쿠조미야스도코로 모녀가 이세로 내려가는 날이 다가오자 히카루겐지는 역시 미련을 억누르지 못하고 노노미야 지방으로 로쿠조미야스도코로를 찾아간다. 두 사람은 사가노 지역 가을 풍경 속에서 겨우 서로의 마음을 소통시키지만 그녀의 결심은 흔들리지 않았다.

10월 겨울 기리쓰보 상왕이 중태에 빠지고 이윽고 붕어한다. 오보로즈키요는 히카루겐지와의 사이가 세상에 알려지게 되어서 후궁에 정식으로 입궁하지 못하고 여자관리로서 가장 높은 지위인 나이시노카미로서 스자쿠 천황을 섬기게 된다.

스자쿠 천황은 기리쓰보 상왕이 임종하는 자리에서 동궁과 히카루겐지를 중용하라는 유언을 받았지만 원래 유약한 성격이었기 때문에 고키덴 대왕대비와 우대신 일가의 전횡을 허락하게 된다. 히카루겐지와 후지쓰보에게 이들에 의한 압력이 더해진다. 그러나 히카루겐지는 타고난 성벽 때문에 후지쓰보를 시작으로 오보로즈키요, 아사가오노 사이인 등에게 위험천만한 구혼을 되풀이 한다.

후지쓰보는 자기 자식인 동궁의 유일한 후견인인 히카루겐지에게 의지하지 않을 수 없었지만 그는 기회가 있을 때마다 자신의 연정을 호소해 왔다. 이 비밀이 발각되면 자신도 히카루겐지도 동궁도 모두 파멸할 수밖에 없었다. 파멸을 두려워하는 후지쓰보는 히카루겐지의 격렬한 연모의 정을 봉인하면서도 그의 협력을 얻기 위해서는 스스로 출가하는 것이 가장 좋은 방법이라고 생각하여 마침내 삭발해 버린다.

어느 번개 치는 비 오는 날 새벽, 오보로즈키요 침소에 숨어들어온 히카루겐지는 우대신에게 발각된다. 격노하는 우대신과 고키덴 대왕대비가 이번에야말로 히카루겐지를 실각시키려고 계략을 짜기 시작한다.

-「사카키 마키」

장맛비가 잠시 그친 어느 날, 히카루겐지는 죽은 기리쓰보 상왕의 뇨고 중 한 명이었던 레이케덴 뇨고 저택을 방문한다. 같은 저택 안에서 살고 있는 여동생인 하나치루사토는 히카루겐지의 애인이었다. 그는 이 자매와 함께 기리쓰보 상왕 생전의 세월을 그리워하며 마음을 달랬다.

―「하나치루사토 마키」

히카루겐지 26살 봄, 그는 이대로 교토에 있게 되면 중앙정계에서 완전히 추방될 수도 있다는 위기를 느끼고 스스로 스마 지방으로 퇴거하기로 결심한다. 헤어지기 싫은 사람들과 이별을 아쉬워하면서 3월 하순 소수의 수하들과 함께 스마로 출발한다.

스마 지방에서는 날이 갈수록 한적한 생활에 대한 쓸쓸함이 더해간다. 장마철 그는 수도에 남아있는 여인들과 이세 지방의 로쿠조미야스도코로에게 편지를 보낸다. 교토에서도 사람들이 각각 히카루겐지를 그리워하고 있었다. 히카루겐지가 칠현금, 그림, 노래를 벗삼아 마음을 달래는 동안 가을과 겨울이 지나갔다. 다음 해 3월 3일 히카루겐지가 해변에서 운수대통을 기원하는 목욕재개를 시작하자 갑자기 폭풍우가 불어 닥치고 기이한 꿈에 위협을 느낀다.

―「스마 마키」

3월 13일 저녁 문득 선잠이 든 히카루겐지의 꿈속에 죽은 기리쓰보 상왕이 나타나서 빨리 이 땅을 떠나라고 말한다. 이와 호응하듯이 매년마다 스미요시 신에게 소원을 빌러 오던 아카시노뉴도 일행이 찾아온다. 아카시노뉴도도 꿈속에서 히카루겐지를 맞이하라고 스미요시 신에게 계시를 받았다고 한다.

아카시 지방으로 자리를 옮긴 히카루겐지는 아카시노뉴도의 주선으로 억지로 그의 외동딸인 아카시노기미와 맺어진다. 아카시노기미는 히카루겐지와 비견조차 할 수 없는 자신의 비천한 신분을 염려해서 쉽게 관계를 허락하지 않는다. 이러한 아카시노기미의 태도를 히카루겐지는 어울리지 않는 고결함이라고 생각했지만 차츰 그녀의 기품 있는 취미와 마음가짐에 이끌리게 된다.

교토에서는 불길한 일들이 연이어 일어나고 스자쿠 천황도 눈병을 앓게 되었다. 동요한 천황은 히카루겐지를 급히 소환하려고 하지만 고키덴 대왕대비는 병든 몸에도 불구하고 반대한다. 그러나 다음 해 스자쿠 천황은 보위를 동궁에게 양위하기로 결심하고 어머니 대왕대비의 반대를 무릅쓰고 히카루겐지 소환을 결정한다. 히카루겐지는 회임한 아카시노기미에게 칠현금을 남겨두고 이별을 아쉬워하며 마침내 상경한다. 그는 권대납언 지위에 복위된다.

―「아카시 마키」

히카루겐지가 29살 되는 해, 스자쿠 천황이 양위하고 동궁이 즉위해서 레이제 천황이 되었다. 히카루겐지도 내대신으로 승진한다. 3월 아카시노기미가 여자아이를 출산했다는 보고를 들은 히카루겐지는 딸아이를 장래 황후감으로 양육하려고 생각한다. 니조인 저택 건설을 서두르는 한편 신중하게 유모를 선정해서 아카시 지방으로 내려보낸 것은 이러한 의도 때문이었다. 무라사키노우에에게도 딸아이가 태어난 사실을 털어 놓는다.

후지쓰보는 자식인 레이제 천황이 즉위하면서 이례적으로 여자의 몸으로 상왕이 되었다. 8월 권중납언(도노추조)의 딸이 레이제 천황 후궁에 입궁하여 뇨고가 되었다. 이를 계기로 장래에 권중납언이 정계의 중진이 될 수 있는 가능성이 열린다.

그해 가을 히카루겐지가 소원성취 기도를 위해서 스미요시 신사를 참배한다. 이때 우연히 같은 날 참배하러온 아카시노기미는 히카루겐지 일행의 화려하고 장엄한 참배 행렬 모습에 그와 너무 동떨어진 신분의 격차를 느끼고 자기 숙명에 슬픔을 느낀다.

이 무렵 로쿠조미야스도코로 모녀가 상경하여 얼마 지나지 않아 로쿠조미야스도코로는 죽게 된다. 유언으로 딸아이 사이구의 후견인을 부탁받은 히카루겐지는 그녀를 양녀로 삼은 다음에 레이제 천황 후궁으로 입궁시키려고 생각한다.

이것을 실현하기 위해서 후지쓰보의 전면적인 협력을 약속 받는다.

-「미오쓰쿠시 마키」

　히카루겐지가 스마 아카시 지방에서 유랑하고 있었던 시기 동안 스에쓰무하나의 생활은 비참함이 극에 달하고 있었다. 그러나 그녀는 고집스럽게 아버지의 유품을 묵묵히 지키면서 정원에 심어 놓은 운치 있는 정원수나 고풍스러운 가재도구를 원하는 사람들이 있어도 결코 남에게 넘겨주려고 하지 않았다. 이전에 이 왕자 일가에게 경멸당하던 숙모가 지금이야말로 복수를 하려고 마음먹고 이런저런 심술궂은 일들을 저지르고는 단 한명의 상담 상대였던 뇨보까지 자기 집으로 데려가 버린다. 불안함이 더해가는 스에쓰무하나 저택에 겨울이 다가와 눈에 파묻히게 된다.
　다음 해 4월 교토에 상경해 있었던 히카루겐지가 우연히 이 황폐해진 저택 앞을 지나가게 되었다. 그는 자신을 일편단심으로 기다려준 이 여인의 호의에 감동한다. 앞으로 계속 뒷바라지해줄 것을 마음속으로 결심하고 마침내 새롭게 건설한 니조인 저택으로 데려간다.

-「요모기우 마키」

　일전에 히카루겐지와 하룻밤의 인연을 맺은 우쓰세미는 오랜 세월 남편의 부임지에서 지내고 있었지만 그 임기가 끝나 상경한다. 그 일행이 오사카 관문을 지나갈 때, 이시야마 신사를 참배하러 가던 히카루겐지 일행과 마주치게 된다. 우쓰세미는 히카루겐지 노래에 옛날을 그리워하며 감회에 젖는다. 그녀는 남편의 사후 출가하여 비구니가 된다. 그러나 그 뒤 히카루겐지에게 보호를 받아 니조인 저택에서 살게 된다.

-「세키야 마키」

히카루겐지 31살의 해, 죽은 로쿠조미야스도코로의 딸 사이구는 히카루겐지의 의도대로 레이제 천황의 후궁으로 입궁한다. 이 사이구 뇨고는 일찍부터 입궁해 있었던 권중납언의 딸 고키덴노 뇨고와 천황의 총애를 나누어 가지게 된다. 레이제 천황은 취미로 그림을 좋아했는데 두 뇨고의 거처에는 유명한 그림들이 수집되어 서로 경쟁하게 되었다.

3월 대왕대비인 후지쓰보 어전에서 두 뇨고가 좌우로 나뉘어 이야기그림 겨루기 시합을 개최하게 되었는데 우열을 가릴 수 없었다. 자리를 옮겨서 천황 어전에서 이야기그림 겨루기 시합을 개최하게 되었다. 이 날도 쉽게 판가름이 나지 않았지만 마지막에 제시된 히카루겐지 스마 그림일기에 의해서 사이구 뇨고 쪽이 이긴다. 이를 계기로 사이구 뇨고가 후궁에서 가장 높은 위상을 가진 존재가 되었고 나아가서 히카루겐지의 권세도 결정적으로 확고해 진다.

―「에아와세 마키」

히카루겐지는 아카시노키미 모녀에게 교토로 상경하도록 권하지만 자신의 낮은 신분에 고뇌하는 아카시노키미는 쉽게 결심이 서지 않았다. 그러나 아카시노뉴도와 아카시노아마기미의 배려로 사가 지방 오오이가 강 근처에 소유하고 있었던 별장으로 이사 가서 살게 되었다. 히카루겐지도 바로 별장으로 찾아온다. 아카시노키미와는 3년만의 재회였다. 처음으로 대면하는 어린 딸아이는 자못 가련하고 귀여웠다. 히카루겐지는 새로 건립한 사가 지방 불당에서 염불을 드린다는 명목으로 한 달에 두 번 정도는 아카시노키미 거처를 방문하게 된다.

―「마쓰카제 마키」

딸아이를 장래에 황후로 삼으려는 히카루겐지는 딸아이 위상을 격상시키기 위해 무라사키노우에의 양녀로 데려가고 싶다는 뜻을 아카시노키미에게 전한다. 그녀는 고심한 끝에 이를 수락한다. 함박눈과 싸라기눈이 번갈아 내리는 마음

편치 못한 어느 날 딸아이가 히카루겐지와 함께 교토 니조인 저택으로 상경하면서 모녀는 이별하게 된다.

히카루겐지 33살, 흉조로 여겨지는 천지이변이 연이어 이어지는 가운데 후지쓰보도 37살의 생애를 마감한다. 세상 사람들이 이 여자 상왕의 덕을 기리며 추모하는 한편으로 히카루겐지는 남몰래 깊은 비탄에 잠긴다. 이러한 와중에 후지쓰보의 극락왕생을 비는 기도승이 레이제 천황에게 실은 천황이 히카루겐지의 자식이라는 출생의 비밀을 알려준다. 이 사실을 직감한 히카루겐지는 동요하는 천황을 넌지시 훈계한다.

가을 니조인 저택에 친정나들이 나온 사이구 뇨고를 상대로 히카루겐지는 로쿠조미야스도코로와의 추억을 말하고 춘추우열론을 이야기한다. 히카루겐지는 무라사키노우에가 봄을 좋아하는 것에 비해서 사이구 뇨고가 가을을 좋아하는 것을 알고 사계 아름다움의 진수를 만끽할 수 있는 장엄한 저택을 조영하고 싶다고 생각한다. 이것이 나중에 로쿠조인 저택이 된다.

―「우스구모 마키」

히카루겐지는 도엔시키부쿄노미야 왕자 딸인 아사가오 왕녀에게 되풀이해서 구혼한다. 그녀에게 지금까지 몇 번이나 구애해 왔지만 지금은 후지쓰보를 잃어버린 공허한 마음이 더해져서 더욱 열을 올리고 있었다. 그러나 그녀는 결코 마음을 열려고 하지 않았다. 무라사키노우에도 이러한 히카루겐지의 구애를 질투했지만 기우에 불과하다고 알게 된다.

―「아사가오 마키」

히카루겐지 33살의 해, 장남인 유기리가 성인식을 치루고 대학에서 엄격한 교육을 받게 되었다. 성실한 유기리는 각고면려(刻苦勉勵)해서 이례적으로 빨리 임관시험에 급제한다. 그리고 사이구 뇨고는 중궁이 되고 히카루겐지도 태정대신으로 승진한다.

내대신으로 승진한 옛 친구 도노추조는 장녀 고키덴노 뇨고가 중궁이 되지 못한 지금 차녀인 구모이노카리에게 동궁 입궁의 기대를 걸고 있었다. 그러나 구모이노카리는 오미야(내대신의 어머니) 슬하에서 같이 자란 소꿉친구인 유기리와 서로 사랑하는 사이가 되었다. 이것을 알게 된 내대신은 분개하면서 그녀를 오미야 거처에서 자기 저택으로 데리고 가버린다. 내대신은 오기로라도 두 사람 사이를 허락하려고 하지 않았다.

히카루겐지 35살 가을, 로쿠조인 저택이 완성된다. 봄 저택에는 무라사키노우에가 히카루겐지와 함께 살고 가을 저택에는 아키코노무 중궁(원래 사이구 뇨고), 여름 저택에는 하나치루사토, 겨울 저택에는 아카시노기미가 각각 살게 되었다.

―「오토메 마키」

히카루겐지는 아직까지 요절한 유가오를 잊을 수 없었다. 하다못해 그 딸아이라도 만나보고 싶었다. 실은 이 딸아이 다마카즈라는 4살 때 유모 일가와 함께 쓰쿠시 지방(규슈 북쪽 지방)으로 내려가 지금은 20살 정도가 되어 있었다. 히고 지방 호족인 다유노겐 등의 집요한 구혼을 피하기 위해 마침내 그 지방에서 탈출하여 수도 교토에 다다르게 된다. 그러나 의지할 친척은 한명도 없었다. 부처님의 영험에 의지하여 하쓰세 지방의 하세데라 절을 참배했을 때 우연히 여관 숙소에서 죽은 유가오의 뇨보로 지금은 히카루겐지를 섬기고 있는 우콘과 만나게 된다.

우콘은 이 감동적인 재회를 히카루겐지에게 전한다. 이를 기뻐한 히카루겐지는 다마카즈라를 자기 양녀로 삼아서 로쿠조인 저택으로 맞아들이기로 하고, 하나치루사토를 후견인으로 하여 여름 저택에 살도록 배려한다. 그녀는 시골에서 자랐지만 총명하고 교양이 있었으며 더욱이 아름다운 외모를 가지고 있었다. 이러한 다마카즈라를 보고 자못 만족스러워하던 히카루겐지는 무라사키노우에를 상대로 로쿠조인 저택에 출입하는 호색한들의 마음을 흔들어 보자고 말한다.

―「다마카즈라 마키」

작년 가을에 완성된 로쿠조인 저택에 처음으로 정월 새해가 찾아 왔다. 히카루겐지 36살이 되는 해이다. 그는 무라사키노우에와 새해를 축하한 뒤 이 훌륭한 저택 안을 한 바퀴 걸어서 순회하면서 차례차례로 여인들의 거처를 방문하여 정월 초하루를 축하했다. 로쿠조인 저택은 밝은 빛으로 가득 차 있었지만 따로따로 헤어져 살고 있는 아카시노기미와 딸아이의 고충을 히카루겐지가 모를 리 없었다.

―「하쓰네 마키」

늦은 봄 3월 히카루겐지는 봄 저택에서 선상아악을 개최한다. 다음날에는 아키코노무 중궁이 주최하는 계절 독경회 불교 행사가 있었다. 모두 헤이안시대 그림책에서 빠져 나온 듯한 호화로운 행사였다.

초여름 무렵 다마카즈라 거처에는 수많은 구애편지가 도착하였다. 히카루겐지는 다마카즈라를 상대로 구혼자들의 인물평을 하거나 연애편지 다루는 법 등을 가르쳐 준다. 그리고 히카루겐지 자신도 차츰 다마카즈라에게 연모의 정을 가지게 되어 그녀를 곤혹스럽게 만든다.

―「고초 마키」

다마카즈라는 히카루겐지의 구애에 애를 먹으면서 구혼자들 중에서 효부쿄노미야 왕자를 그다지 싫지 않다고 생각하게 된다. 이 왕자가 방문했을 때 히카루겐지가 꾀를 내어 다마카즈라 가까이에 반딧불을 풀어놓았다. 그 희미한 불빛 속에서 그녀의 모습이 비추어 보이도록 만든 것이다. 왕자는 그 아름다움에 놀라면서도 한편으로는 그녀에 대한 집착이 차츰 깊어가게 된다.

장맛비가 이어지던 어느 날 다마카즈라는 모노가타리에 열중하고 있었다. 히카루겐지는 이러한 그녀를 상대로 모노가타리의 본질을 이야기하고 모노가타리의 허구 속에야 말로 진실이 깃들어 있다고 말한다.

−「호타루 마키」

더운 여름 날 히카루겐지는 대청마루에서 더위를 피하면서 유기리와 내대신의 자식들을 상대로 내대신이 최근 받아들인 측실소생 딸 오미노기미를 화제로 빈정거린다. 실은 이 오미노기미의 몰상식한 행실에 친아버지 내대신도 매우 곤란해 하고 있었다. 또한 내대신은 구모이노카리에 대해서는 유기리와의 결혼을 인정해 줄까라고 생각하지만 히카루겐지 쪽이 양보해서 간청해야 하지 않겠냐고 고집을 피우고 있었다.

−「도코나쓰 마키」

초가을 달 밝은 밤 다마카즈라 거처를 찾은 히카루겐지는 칠현금을 베개 삼아 그녀와 함께 누웠다. 그러나 그 이상의 행위로 나가는 일 없이 정원 앞 화톳불 연기에 비유하며 자신의 끊을 수 없는 사모의 정을 그녀에게 호소한다.

−「가가리비 마키」

중추 8월 거센 태풍이 로쿠조인 저택을 덮친다. 태풍이 지나간 뒤 문안인사차 봄 저택을 방문한 유기리는 뜻하지 않게 무라사키노우에를 엿보고 말았다. 그는 안개 사이로 만개한 벚꽃나무 같은 그녀의 아름다움에 영혼을 빼앗긴 듯한 느낌이었다. 그 다음 날 아침 유기리는 다시 로쿠조인 저택을 방문해서 각 저택에 문안을 드린다. 히카루겐지도 유기리와 동행하여 여인들을 문안하기 위해 저택 안을 순회한다. 다마카즈라 거처에서 유기리는 히카루겐지가 그녀와 장난치는 모습을 보고 놀란다.

―「노와키 마키」

    12월 레이제 천황이 오하라노 지방으로 거둥한다. 다마카즈라도 동행하여 천황의 아름다운 모습을 보고 깜짝 놀란다. 실은 히카루겐지는 그녀를 나이시노카미로서 천황에게 출사시키려고 마음먹고 있었다. 그는 이것을 실현시키기 위해 내대신을 성인식 후견인으로 삼아서 다마카즈라의 성인식을 치르려고 생각한다. 내대신은 한때 거절했지만 오미야(내대신의 어머니)의 중개로 히카루겐지와 내대신 두 사람이 대면하여 친밀하게 이야기를 나누면서 그동안 쌓아온 나쁜 감정들을 풀어버린다. 내대신은 다마카즈라의 정체를 듣고 감동하면서 성인식 후견인 역할을 승낙한다. 그리고 성인식 의례가 성대하게 거행된다. 히카루겐지 37살 봄의 일이었다.

―「미유키 마키」

    다마카즈라와 친형제가 아니라는 것을 알게 된 유기리는 새삼스럽게 그녀에 대해 연모의 정을 가지지만 단념해야 한다고 생각한다. 다마카즈라가 나이시노카미로 출사하는 날짜가 10월로 결정되었다. 지금까지 구혼해온 남자들은 각각 애를 태우고 있었다.

―「후지바카마 마키」

    의외의 일이었지만 히게쿠로가 다마카즈라를 강제로 자기 것으로 만들어 버렸다. 히카루겐지는 이런 사태에 크게 실망한다. 히게쿠로는 이 결혼을 위해 정실부인을 버리게 된다. 이 때문에 정실부인은 귀신에 쒸워서 제정신을 잃어버린다. 함박눈이 내리는 어느 날 밤 정실부인은 갑자기 정신착란을 일으켜 부삽에 들어 있던 재를 히게쿠로에게 뿌려 버린다. 공포를 느낀 히게쿠로는 다마카즈라의 거처로 도망친다. 정실부인의 친아버지인 시키부쿄노미야 왕자는 딸을 자기 저택으로 데리고 가려고 수하를 보낸다. 정실부인도 히게쿠로와의 부부관계를 단념하고 아이들을 데리고 저택을 떠난다. 나중에 히게쿠로는 다마카즈라를 자기 저택에 데리고 온다. 한편 히카루겐지는 다마카즈라를 잊지 못하고 편지를 보낸다.

―「마키바시라 마키」

히카루겐지 39살의 해, 아카시노히메기미가 동궁에게 입궁하는 날이 가까워지자 히카루겐지는 이를 위한 성인식 준비에 여념이 없었다. 히카루겐지와 여인들에 의한 향기 겨루기 시합이 개최된다. 또한 아카시노히메기미의 입궁을 위해 당대 명필들이 적은 책자들도 많이 수집하도록 명령한다. 내대신은 이러한 히카루겐지의 동향을 보고 들으면서 구모이노카리의 앞날에 대해서 진지하게 생각하게 된다.

―「우메가에 마키」

3월 죽은 오미야 3주기 무렵, 내대신은 유기리에게 구모이노카리와의 결혼을 허락한다. 소꿉친구였던 두 사람은 행복하게 맺어지게 되었다. 4월 하순 아카시노히메기미가 입궁한다. 무라사키노우에는 생모인 아카시노기미의 안타까운 마음을 알아차리고 그녀를 아카시노히메기미의 후견인으로 추천한다. 이에 따라 모녀가 겨우 재회할 수 있게 되었다. 무라사키노우에와 아카시노기미가 처음으로 대면하고 상대의 뛰어난 인격을 서로 인정하게 된다.

가을이 되어, 히카루겐지는 이례적으로 준태상천황의 지위에 오르게 된다. 10월 하순 히카루겐지의 로쿠조인 저택에 레이제 천황과 스자쿠 상왕이 함께 거둥한다. 사람들은 기리쓰보 상왕 시대를 회상하면서 감회에 젖는다.

―「후지노우라바 마키」

병약한 스자쿠 상왕은 하루라도 빨리 출가하려고 생각하고 있었지만 애지중지하는 공주 온나산노미야 왕녀의 장래가 불안했다. 고뇌 끝에 그는 히카루겐지에게 강혼시키기로 하고, 히카루겐지는 온나산노미야가 후지쓰보의 조카라는 점에서 이를 승낙한다.

이 사태에 가장 깊은 상처를 입은 것은 무라사키노우에였다. 새삼스럽게 자신의 허무한 처지와 비천한 숙명을 뼈저리게 느낄 수밖에 없었다. 그리고 그녀는 자기 마음의 동요가 다른 사람들에게 알려져서 어설픈 동정을 받게 되면 더욱 자신이 비참해질 것이라고 생각하고 표면적으로는 어디까지나 평정을 꾸미면서 이 결혼에 협력적인 태도를 취한다.

한편 히카루겐지는 온나산노미야의 유치함에 실망하고 새삼스럽게 무라사키노우에의 뛰어남을 확인한다. 그러나 무라사키노우에와의 사이에 만들어진 마음의 골은 더 이상 메울 수 없을 정도로 깊었다. 히카루겐지는 무라사키노우에와 온나산노미야와의 사이에서 휘둘리는 현실로부터 벗어나기 위해 오보로즈키요를 몰래 찾아간다.

이 해에 히카루겐지는 40살이 된다. 수많은 사람들이 40살 축하연회를 개최해 준다.

다음 해 3월 친정으로 내려온 아카시노 뇨고(아카시노히메기미)가 동궁의 왕자를 무사히 출산한다. 이 경사를 숙원의 결실로 기뻐하는 아카시노뉴도는 오랜 세월에 걸쳐서 꾸준히 신에게 빌어 왔던 소망의 내용을 편지로 자세히 적어 보낸다. 이 편지를 읽은 아카시노기미와 아카시노아마기미는 기이한 숙명을 생각하며 희비가 엇갈리는 느낌이었다.

히카루겐지도 아카시노뉴도의 편지를 보고 기구한 숙명을 생각하면서도 아카시노 뇨고를 양육한 공을 무라사키노우에에게 돌리며 칭송하고 아카시 일가 사람들에게 자만하지 않도록 훈계한다. 아카시노기미는 이러한 히카루겐지의 말에 인내와 굴종의 나날을 살아온 자신에게 자부심을 느낀다.

3월 말 로쿠조인 저택에서 공차기 놀이가 개최되었을 때 태정대신(도노추조) 일가의 장남 가시와기가 우연히 침소의 발이 떨어진 틈으로 온나산노미야의 모습을 엿보고 말았다. 그는 온나산노미야의 남편 후보 중 한명으로 거론되었던 인물로 아직까지 그녀를 포기하지 못하고 있었다. 후일 가시와기는 고지주라고 하는 뇨보를 통해서 처음으로 온나산노미야에게 연애편지를 보낸다.

-「와카나조 마키」

이윽고 가시와기의 연모는 미칠 정도로 더해 간다. 그로부터 4년의 세월이 흘렀다. 레이제 상왕이 퇴위하고 긴조 천황(스자쿠 상왕의 왕자)이 즉위하여 아카시노 뇨고가 낳은 첫째 왕자가 동궁이 되었다. 그해 10월 히카루겐지는 무라사키노우에와 아카시노 뇨고 아카시노기미 등과 함께 스미요시 신사로 성대하게 참배를 떠난다. 뇨보가 낳은 왕자가 동궁이 될 수 있었던 것도 결국 아카시노뉴도가 오랜 세월에 걸쳐서 소원을 빌어 온 스미요시 신에 대한 신앙 덕이라고 생각하여 그 소원성취를 축하하기 위한 참배였다.

무라사키노우에는 온나산노미야나 아카시노기미에 비해서 자신이 얼마나 불안한 처지에 있는지를 생각하고 출가를 바라게 되었다. 그러나 히카루겐지의 허락을 얻을 수는 없었다.

히카루겐지가 47살이 된 어느 이른 봄날 새벽 그는 로쿠조인 저택의 여인들을 모아서 여자만으로 구성된 현악합주회를 개최한다. 무라사키노우에는 일본금, 온나산노미야는 칠현금, 아카시노기미는 비파, 아카시노 뇨고는 쟁을 각각 담당했다. 여인들의 아름다운 연주소리에 히카루겐지도 매우 만족한다. 그러나 그 직후 무라사키노우에가 발병한다. 회복의 조짐조차 보이지 않은 채 3월 그녀는 니조인 저택으로 자리를 옮기게 된다. 히카루겐지는 그녀 곁에 항상 붙어서 간호하고 있었다.

무라사키노우에의 병으로 소원해진 틈을 타고 로쿠조인 저택에 불상사가 일어난다. 가시와기가 고지주의 안내로 온나산노미야의 침소에 숨어들어가 마침내 정을 통하고 만 것이다. 같은 시각 무라사키노우에가 위독해졌다. 기도승들의 절실한 퇴마기도에 굴복하고 모습을 드러낸 것은 로쿠조미야스도코로의 망령이었다. 히카루겐지는 이 섬뜩한 여인의 망집에 전율한다.

히카루겐지는 온나산노미야 거처에서 우연히 가시와기의 연애편지를 발견하고 사건의 진상을 알게 된다. 가시와기도 이 사실을 전해 듣고 두려움에 빠진다. 히카루겐지, 가시와기, 온나산노미야는 제각각 고뇌를 껴안게 된다. 로쿠조인 저택을 방문한 가시와기는 주연에서 히카루겐지의 야유 섞인 말을 듣고 너무 충격을 받아 몸져눕게 된다.

―「와카나게 마키」

히카루겐지 48살의 해. 신년을 맞이해도 가시와기의 병세는 회복될 조짐이 보이지 않았다. 이제 자기 앞길에는 죽음 밖에 없다고 생각하는 가시와기는 온나산노미야와의 사랑을 자기가 이제까지 살아온 인생의 증거라고 생각하며 죽음에 몸을 던지려고 한다. 병든 몸으로 마지막 편지를 써서 온나산노미야에게 보낸다.

온나산노미야는 남자아이를 출산한다. 이 남자아이는 가시와기와의 간통으로 만들어진 아이로 나중에 가오루라고 불리게 된다. 성대한 출산 의례 속에서 히카루겐지는 암담한 자신의 마음을 음미한다. 온나산노미야는 초췌해진 그녀를 걱정하여 하산한 친아버지 스자쿠 상왕에게 간청하여 갑자기 출가해 버린다. 가시와기는 병문안 온 친구 유기리에게 아내 오치바노미야 왕녀의 뒷일을 부탁하고 거품이 사라지듯이 죽어버린다.

3월 가오루의 오십일 축하 잔치에서 히카루겐지는 자기 아이가 아닌 자기 아이를 안고 얄궂은 운명을 생각한다. 가시와기의 유언을 받은 유기리는 미망인이 된 오치바노미야 왕녀에게 문안 간다. 그 뒤 오치바노미야 왕녀를 자주 찾아가는 사이에 유기리의 마음속에는 이 미망인을 향한 연모가 싹트고 있었다.

―「가시와기 마키」

　가시와기 일주기가 정중하게 치러졌다. 온나산노미야 왕녀를 배려하는 스자쿠 상왕으로부터 자주 편지가 전해진다. 스자쿠 상왕으로부터 죽순 등이 전해진 날 히카루겐지는 온나산노미야의 비구니 모습에 안타까운 마음을 느끼고 천진난만하게 죽순을 깨물며 먹고 있는 가오루의 어린 모습에서 자기가 나이를 먹었다는 것을 자각한다.
　가을날, 유기리가 오치바노미야 왕녀 모녀를 병문안한다. 고인에 대해 이야기를 나누고 비파로 상부련(想夫戀) 곡을 연주하기도 한다. 그는 돌아가는 길에 가시와기가 애용하던 피리를 받게 된다. 자기 저택으로 돌아오자 아내인 구모이노카리는 기분이 좋지 않았다. 그날 밤 꿈속에서 가시와기가 나타나 피리를 전해 주고 싶은 사람은 따로 있다고 알려 준다. 다음 날 애용하던 피리를 어떻게 처리해야 할지 히카루겐지에게 상담하기 위해 로쿠조인 저택을 방문한다. 유기리의 이야기를 들은 히카루겐지는 피리는 사정이 있어서 자신이 가지고 있겠다고 말하지만 유언에 관한 질문은 아무 일도 아닌 듯 흘러 보낸다.

―「요코부에 마키」

　히카루겐지 50살 여름, 온나산노미야 주최 불상개안공양법회가 성대하게 개최되어 히카루겐지가 그녀의 출가생활을 성심성의껏 후원하게 된다. 가을 히카루겐지는 온나산노미야 거처의 앞뜰을 가을 풍경으로 다시 연출하며 가을의 풀벌레들을 풀어놓았다. 그는 온나산노미야에 대한 아직 꺼지지 않은 집착을 입에 담고 그녀를 곤혹스럽게 한다. 8월 15일 밤 히카루겐지 등이 레이제 상왕을 방문하여 한시 와카 관현악으로 여흥을 즐긴다. 이때 히카루겐지는 아키코노무 중궁에게 죽은 로쿠조미야스도코로가 아직까지 성불하지 못하고 있다고 듣고 애련집착의 무서움을 새삼스럽게 생각한다.

―「스즈무시 마키」

　　오치바노미야 왕녀가 어머니 이치조미야스도코로의 병 요양을 위해 오노 지방 산장에 자리를 옮긴다. 그곳에 병문안을 간 유기리가 오치바노미야에게 자기 마음을 호소하고 그녀 옆에서 하룻밤을 지낸다. 그러나 그녀는 결코 마음을 열지 않았다. 하룻밤 체류한 것을 알게 된 어머니 이치조미야스도코로는 유기리의 진의를 확인하기 위해 편지를 보낸다. 그러나 이 편지는 오치바노미야와의 관계를 질투하는 구모이노카리에게 빼앗겨서 감춰지게 된다.

　　이치조미야스도코로는 유기리에게 아무런 답장이 없는 것에 실망하여 비탄 끝에 숨을 거둔다. 유기리는 장례에 관련된 모든 일들을 도맡아 돌보면서 오치바노미야를 향한 연모를 키워가지만 왕녀는 마음을 굳게 닫을 뿐이었다. 히카루겐지가 두 사람의 소문을 듣고 이것도 숙명이라고 생각한다. 무라사키노우에는 여자의 슬픈 숙명을 생각한다.

　　오치바노미야는 결혼을 꾀하는 유기리에 의해 강제로 이치조미야 저택에 되돌아오게 된다. 그녀는 침소로 도망치지만 유기리는 마침내 왕녀와 관계를 가지고 어머니의 상중에 결혼식이 거행된다. 구모이노카리는 이러한 사태를 참지 못하고 친정인 아버지 집으로 돌아간다.

―「유기리 마키」

　　히카루겐지가 51살 되는 해 3월 무라사키노우에 발원 법화경 천부필사공양이 니조인 저택에서 성대하게 개최된다. 죽음이 다가온 것을 예감한 무라사키노우에는 아카시노기미나 하나치루사토 등과 와카를 주고받으며 넌지시 이별을 고한다. 여름에는 한층 더 쇠약해진다. 중추 8월 아카시노 중궁(아카시노히메기미)이 병문안온 저녁 무렵 무라사키노우에는 히카루겐지가 바라보는 가운데 중궁의 손을 잡고 이슬이 사라지듯이 그 생애를 마감한다. 망연자실하는 히카루겐지의 눈에 그 죽은 얼굴이 생전과 비견할 수 없을 정도로 아름답게 비춰졌다. 히카루겐지는 잠시 이 슬픔을 견딘 뒤에 출가를 하자고 생각한다.

—「미노리 마키」

    히카루겐지 52살 신년을 맞이하지만 히카루겐지의 슬픔은 전혀 치유되지 못하고 있었다. 깊어가는 봄 풍경을 보며 봄을 사랑했던 고인에 대한 추모의 정이 더해갈 뿐이었다. 그리고 자기 생애를 되돌아보면서 화려했지만 우수로 가득 찬 인생이었다고 회고한다. 계절이 여름, 가을, 겨울로 바뀌어 가지만 그때 마다의 풍경이 점점 더 히카루겐지의 슬픔과 근심을 드러내고 있었다. 연말이 다가오자 눈물을 흘리며 무라사키노우에와 주고받은 편지를 모두 불태워 버린다. 그리고 자기 일생이 끝난 것을 자각하며 깊은 감회에 젖는다.

—「마보로시 마키」

| **저자 한글번역본 후기** |

　『겐지모노가타리』는 오늘날 세계적인 고전으로 널리 알려져 다양한 외국어로 번역되고 있습니다. 이처럼 수많은 사람들에게 받아들여지고 있는 것은 이 모노가타리가 무엇보다도 시대와 지역을 초월한 인류 혹은 인간세계의 보편적인 본모습에 깊이 다다르고 있기 때문입니다.

　본 서적은 처음으로 이 작품에 접하는 분들에게 하나의 안내표식 정도가 되었으면 하는 바람으로 만들어진 것입니다. 모노가타리 문학으로서의 특성, 작품의 구조 등에 대하여 특히 주인공 히카루겐지의 특수한 위상을 중심으로 생각해 보았습니다. 이번에 이 보잘 것 없는 입문서가 바다를 건너 한국인 여러분에게 읽혀지게 된 것은 저자로서는 미처 기대하지 못했던 기쁨입니다.

| 역자 후기 |

    역자가 스즈키 교수님을 처음 만난 것은 1996년 일본 동경대학으로 유학을 갔을 때였다. 일본 고전문학의 저명한 학자로 널리 알려져 있었던 교수님을 만나기 위해 국문학과 사무실을 들어서던 것이 바로 어제처럼 느껴진다. 『처음 읽어보는 겐지모노가타리』는 역자가 당시 『겐지모노가타리』의 진정한 가치도 모르던 연구생으로 이 방대한 고전문학을 어떻게 연구 분석해야 할까 방황하던 때에 접했던 책이다. 나는 스즈키 교수님의 본 저서를 통해서 많은 자극과 영감을 받았다.

    잠시 스즈키 교수님을 소개하자면 고대 와카 연구와 모노가타리 연구에 눈부신 성과를 남긴 일본 굴지의 국문학자이다. 1998년까지 동경대학 국문과에서 교수로 재직하면서 수많은 저서와 논문을 발표하여 오늘날 고대 와카 연구와 모노가타리 연구의 권위자로 평가받고 있다.

    『겐지모노가타리』는 일본문화를 전공하는 사람이라면 한번쯤은 들어본 적이 있는 고전문학작품이다. 한국문학사로 말하자면 한반도에서 고려가요가 노래되던 시대에, 일본 헤이안시대 교토에서 만들어진 고전소설로 지금부터 1000년 전에 만들어진 소설이라고 상상할 수 없을 정도로 양도 방대하지만 그 내용과 구성은 독특한 짜임새가 있다. 본 서적은 『겐지모노가타리』를 처음 읽어보는 일반 독자뿐만 아니라 앞으로 『겐지모노가타리』를 전공하고자 하는 연구자들에게도 많은 영감을 줄 것으로 기대한다.

    일본 유학 당시 별천지 같이 느껴지던 스즈키 교수님의 수업을 들으면서 언젠가 교수님의 저서를 한글로 번역하고 싶다고 생각했었다. 나의 이러한 작은 계획이 이번 기회에 실현될 수 있어서 기쁘다.

| 저자 소개 |

스즈키 히데오(鈴木日出男)
일본 동경대학 전직 교수. 동경대학 명예교수. 일본 헤이안시대 문학 전공.

| 저서 |

『源氏物語歲時記』, 筑摩書房, 1989
『古代和歌史論』, 東京大學出版會, 1990
『百人一首』, ちくま文庫, 1990
『はじめての源氏物語』, 講談社現代新書, 1991
『光源氏の世界』, 放送大學, 1994
『源氏物語の文章表現』, 至文堂, 1997
『源氏物語への道』, 小學館, 1998
『淸少納言と紫式部 王朝女流文學の世界』, 放送大學, 1998
『古代和歌の世界』, ちくま新書, 1999
『王の歌 古代歌謠論』, 筑摩書房, 1999
『万葉集入門』, 岩波ジュニア新書, 2002
『源氏物語虛構論』, 東京大學出版會, 2003
『高校生のための古文キーワード100』, ちくま新書, 2006
『えんぴつで脳を鍛える源氏物語』, 宝島社, 2006
『書いて味わう百人一首-雅びの世界を旅する』, PHP研究所, 2007
『知識ゼロからの源氏物語』, 幻冬舍, 2008. 10

| 편저 |

『源氏物語の時空 王朝文學新考』, 笠間書院, 1997

『源氏物語ハンドブック』, 三省堂, 1998
『文學史上の「源氏物語」』, 至文堂, 1998
『人物造型からみた「源氏物語」』, 至文堂, 1998
『ことばが拓く古代文學史』, 笠間書院, 1999
『平安朝の文學』, 小町谷照彦共編著 放送大學, 2001. 3
『全譯全解古語辭典』, 山口堯二共編 文英堂, 2004. 10
『日本の古典 古代編』, 多田一臣, 藤原克己共著, 放送大學, 2005. 3
『王朝文化辭典 万葉から江戸まで』, 山口明穂共編, 朝倉書店, 2008. 11

| 역자 소개 |

김홍래(金弘來)

일본 동경대학 인문사회연구과 일본문화연구전공 문학박사. 일본 헤이안시대 문학 전공.

BK21 네오재패네스크 전략분석과 일본문화 전문가 육성팀 신진연구원.

현재 중앙대학교 시간강사.

honglae@hotmail.com

| 논문 |

「紫上物語に於ける継子譚的話型の再檢討」,『國語と國文學』, 至文堂, 2007. 9
「桐壺更衣物語の悲劇の構図―中國後宮女性像との比較を中心に―」,『むらさき』, 武藏野書院, 2008. 12
「桐壺更衣物語と李夫人說話―「不言の依賴」と「聞こえまほしげなること」―」,『日本硏究』, 中央大學校, 2009. 2
「紫上の地位と子供―継子譚と「母性」を中心に―」,『日語日文學硏究』, 韓國日語日文學會, 2009. 5
「光源氏物語試論―好色性の否定を中心に―」,『日本學硏究』, 檀國大學校, 2009. 5
「紫上物語における「母性」の理想性」,『日語日文學硏究』, 韓國日語日文學會, 2009. 11
「『綿菓子』における『源氏物語』のモチーフ」,『日語日文學硏究』, 韓國日語日文學會, 2010. 8
「浮舟入水に於ける「主體性」と「狀況性」の再檢討」,『日本學硏究』, 檀國大學校, 2011. 1
「幻卷における光源氏の實像―罪と悔恨を中心に―」,『日語日文學硏究』, 韓國日語日文學會, 2011. 1

처음 읽어 보는 겐지모노가타리

초판 인쇄 2011년 12월 20일
초판 발행 2011년 12월 30일

지 은 이 스즈키 히데오
옮 긴 이 김홍래
펴 낸 이 최종숙
펴 낸 곳 글누림출판사

책임편집 전희성
편   집 이태곤 임애정
디 자 인 안혜진
마 케 팅 박태훈 안현진

주   소 서울시 서초구 반포4동 577-25 문창빌딩 2층(137-807)
전   화 02-3409-2055(대표), 2058(영업), 2060(편집)
팩   스 02-3409-2059
전자메일 nurim3888@hanmail.net
홈페이지 www.geulnurim.co.kr
등록번호 제303-2005-000038호(2005.10.5)

정 가 20,000원
ISBN 978-89-6327-146-0 03830

* 잘못된 책은 교환해 드립니다.